大学でまなぶ
日本の歴史

木村茂光
小山俊樹
戸部良一
深谷幸治
［編］

吉川弘文館

オリエンテーション

▶ **読者のみなさんへ**

　みなさんは，中学校・高等学校の授業で歴史を学んだだけでなく，テレビや小説さらに漫画やゲームを通じて歴史に接してきたことも多いと思います。みなさんはそこからなにに興味をもったのでしょう。戦国の争乱でしょうか，明治維新の群像でしょうか。最近は城郭や刀剣などに興味をもつ人たちが増えているそうです。

　このように歴史は私たちの身近なところに存在しています。しかし，テレビや小説やゲームなどで知った歴史は，特定の興味や関心にもとづいた限られた内容の場合が多く，また，フィクションも相当含まれていて，これだけでは歴史の全体像を理解することはできません。ですから，それらを通じて得た興味や関心を出発点にして，より広く，より深く歴史を学ぶことが大切になってきます。

　本書は，みなさんが自分の興味・関心をもとにして，より広く深く日本の歴史を学ぶための素材にしてほしいと思い，編集しました。各執筆者は，本書の各所に最新の研究成果を取り入れるよう努力しましたので，この1冊で，日本の歴史の基本的な流れを理解することができるだけでなく，一番新しい成果にもとづいた日本の歴史を学ぶことができると思います。ぜひ手にとって，新しい日本の歴史を学んでください。

▶ **歴史の学び方**

　ところで「日本の歴史」と一口にいっても，数十万年におよぶ長い時間幅があり，北は北海道から南は沖縄までという広い地域を対象にしています。その時間と

地域のすべての歴史をこの1冊に書きこむことはできません。当然，なにを書くのか，という選択が行われています。逆にいえば，書かれなかった多くの事実＝歴史が存在しているということです。

　実は，みなさんが読み，学んできた日本の歴史もまた，だれかが選択した事実にもとづいて書かれたものなのです。ですから，日本の歴史を学ぶときは，その歴史の背景に選択されなかった多くの事実＝歴史があることを理解しておくことが重要です。

　たとえば，みなさんが学んできた中学・高等学校の「日本史」は，多くの場合，政治的な勝者を中心に書かれているため，政治的な敗者や弱者（女性や子ども，老人，病人など）はほとんど登場しません。また，政治の中心地，宮都(きゅうと)（平城京や平安京）や幕府の所在地（鎌倉や室町・江戸），大名の城下町などは叙述されますが，そのような性格をもたない普通の村や町もほとんど扱われていません。さらに，政治的な勝者の歴史が中心であるため，日本の歴史がある1本の道を淡々と進んできたかのように書かれる危険性をもっています。

　本書もまたこのような傾向をもっていることは否定できません。したがって，読者のみなさんにぜひお願いしたいことは，叙述されている内容の背景に，書かれなかった多くの人びとや地域の歴史や文化があることについて，つねに関心をもちながら学んでいただきたいということです。農民や漁民や手工業者など庶民の生活，エゾ地＝北海道や琉球(りゅうきゅう)＝沖縄の歴史と文化，などに焦点をあてて勉強すると，きっとこれまでにない発見があるにちがいありません。本書で基本的な歴史の流れを学びながらも，さまざまな人びと，多様な地域の歴史にも関心をもってほしいと思います。

　また，日本の歴史は，1本の道ではなくて，いろいろな障害にぶつかって立ち往生したり，道がみえなくなってしまったとき，それを克服するためにいくつかの選択肢の中からもっとも可能性のある道を選択する

ことを繰り返して現在にいたっています。歴史は結果ではなく，可能性とその選択によって成り立っていることも知ってほしいと思います。なぜ源頼朝(みなもとのよりとも)だけが幕府を作れたのか，平氏に，奥州藤原氏(おうしゅうふじわらし)にその可能性はなかったのか，というような視点から，もういちど日本の歴史を考えてみてほしいのです。

　もちろん，このような視点から学ぶことはそれほど容易なことではありません。しかし，固定観念にとらわれず，自由な発想で日本の歴史を学べるのは，若いみなさんの特権ですから，その特権を生かして果敢に挑戦されることを期待します。

歴史と現在

　さて，私たちの先輩は，歴史を学ぶときに「歴史と現在」との関係をしっかり理解することが重要だといっています。その意味について若干紹介しましょう。

　イタリアの歴史哲学者クローチェは「すべての歴史は現代史である」といっています。また，イギリスの歴史学者E・H・カーは，名著『歴史とは何か』（岩波新書，1962年）のなかで，クローチェのことばをいい換えて「歴史とは過去と現在との絶え間ない対話である」といっています。

　2人のことばに共通しているのは，カーのことばから明らかなように，「歴史というのは現代・現在を起点にして過去と対話をすることである」ということです。これを参考にすると，「歴史とは現在の視点に立って過去を分析し復元する作業だ」ということができます。これは日本の歴史においても同じです。

　「歴史は暗記ものだ」ということばをよく耳にしますが，それは間違いであるといわざるを得ません。もちろん，中学校・高等学校での歴史の授業は，入学試験制度の影響などもあって，残念ながら「暗記」の要素が大きくなっていますが，その暗記した豊かな知識を使って過去と対

話することこそ大学において日本史を学ぶことだと思います。

　このように，歴史を考え学ぶとき，なによりも重要なのは「現在」です。この「現在」とは，いま大学で日本の歴史を学ぼうとしているみなさんの「現在」にほかなりません。ですから，みなさんが自分の「いま」の生活を起点にして過去と対話をすること，過去と向き合って勉強すること，それが歴史学なのです。みなさん1人1人のこのようなとり組みによって歴史学は発展します。だれか一部の研究者が研究室に閉じこもって研究することだけが歴史の研究ではありませんし，それだけで歴史学が発展するわけではありません。

　「現在」を生きている1人1人が過去との対話を繰り返していくことこそ，過去を知り歴史を解明して，未来を考えるための重要なとり組みなのです。

▍本書の構成と特徴

　本書は，大学の一般教育科目の「日本史」，専門基礎科目の「日本史概説」の講義用テキストを意図して編集しました。

　原始古代・中世・近世・近現代に時期区分し，全41章で構成しました。また各章は1回の講義で使用しやすいよう6〜7ページで作ってあります。

　先の「歴史と現代」でも強調しましたように，歴史学・日本の歴史を勉強するには「現在」という視点が重要ですので，全41章中15章を近現代史にあてました。近現代史重視，というのが本書の特徴の第1です。

　第2の特徴は，時代から時代への「移行期」を重視したことです。そのため，古代から中世へ，中世から近世へ，近世から近代へ，に該当する章を，それぞれ1人の執筆者が叙述して，「移行期」を一貫して理解できるようにしました。「歴史の学び方」で書きましたように，移行期における「いくつかの可能性」についても考えてほしいと思います。

第3は，当然のことながら，大学で学ぶ日本の歴史にふさわしいように，歴史学・日本史研究の最新の成果をわかりやすく盛りこむ努力をしました。各時代，各分野の最先端の研究者の執筆による一番新しい「日本史」のテキストになっていると自負しています。

　なお，編集にあたっては，章編成，各章の小見出しについては執筆者全員で確認して，内容の統一をはかるようにしましたが，各章の叙述内容については各執筆者にゆだねました。そのため，各執筆者間で文章の流れや文体などで雰囲気の違いがあるかもしれませんが，その点は執筆者の個性としてご理解ください。

　最後に，大学用テキストを意図して編集したため，高等学校で学んでこなかった用語や歴史的な事柄がいろいろな箇所で出てくると思います。その際は，本書の末尾で紹介した「基礎的な参考書」を参考にして，理解を深めてください。また，興味をもった事件や人物を発見し，もっと勉強してみたいと思ったときは，これも本書末尾で紹介した「もっと知りたい時の文献案内」を活用してください。

　本書が，みなさんが日本の歴史に興味をもつきっかけになること，さらに日本の歴史の理解を深める一助になることを願っています。

編者・執筆者一同

目次

オリエンテーション

I　原始・古代

第1章　日本列島への人類の渡来と定住 ……… 2
　　　人類の拡散と日本列島への渡来／旧石器時代の遊動生活／定住化のはじまりと縄文文化の成立／生活の変化と地域差

第2章　弥生時代から古墳時代へ ……… 8
　　　水田稲作と金属器の普及／水田稲作技術の受容と拡散／弥生時代の金属器／前方後円墳の出現と展開／古墳時代の副葬品

第3章　ヤマト王権の政治と外交 ……… 14
　　　邪馬台国／倭の五王の外交／5世紀の大王と地方豪族／継体朝の政治と大王権力の伸張／王権による支配制度の確立

第4章　飛鳥時代の政治と文化 ……… 20
　　　蘇我氏の台頭と仏教公伝／推古朝の政治改革／遣隋使と国際交流／舒明朝の国づくり

第5章　律令制導入への道 ……… 25
　　　乙巳の変と大化改新の諸政策／斉明朝の政治と白村江の戦い／壬申の乱と天皇権力の高まり／藤原京の成立

第6章　平城京と地方社会 ……… 31
　　　律令と官僚制／くりかえされる政変／国司と郡司／仏教と民衆

第7章　平安遷都 ……… 36
　　　平安遷都と蝦夷戦争／藤原北家の隆盛／富豪層と院宮王臣家／最澄と空海

第8章　摂関政治と地方の争乱……………………………………41
　　　　受領と負名／天慶の乱／摂関政治／浄土の信仰

II　中世

第9章　院政……………………………………………………………48
　　　　延久の荘園整理令／白河親政／院政の展開／荘園と公領／領域型荘園の景観と構造／『今昔物語集』と絵巻物

第10章　鎌倉開幕……………………………………………………56
　　　　前九年・後三年合戦／保元・平治の乱／源平の争乱／鎌倉幕府の成立

第11章　執権政治の展開……………………………………………62
　　　　承久の乱／「御成敗式目」の制定／「御成敗式目」の世界／中世百姓の地位と闘争

第12章　モンゴル戦争………………………………………………68
　　　　得宗専制／2度のモンゴル戦争／永仁の徳政令／悪党の跳梁／鎌倉仏教と神々

第13章　南北朝内乱…………………………………………………75
　　　　鎌倉幕府の滅亡／建武新政／南北朝の内乱／室町幕府／バサラと寄合

第14章　京都・室町幕府の推移……………………………………82
　　　　義満の時代／貿易と外交／義持・義教の時代／幕府と鎌倉府

第15章　一味から一揆へ……………………………………………88
　　　　一揆の時代／国一揆・郡中惣／惣村と社会環境／室町文化のひろがり

第16章　戦国の争乱…………………………………………………94
　　　　応仁・文明の乱／戦国大名と地域国家／東国の戦乱／西国の戦乱

第17章 天下一統 101

織田信長の天下統一／豊臣秀吉の天下統一／文禄・慶長朝鮮戦争／天下人の挫折

III 近世

第18章 江戸幕府の開創 110

徳川家康の天下統一／江戸初期社会の構造／貿易と鎖国／都市・町場・村落の形成

第19章 幕藩体制の安定 116

慶安事件と寛文印知／明暦の大火と都市政策／綱吉期の政治と社会／寛永文化と元禄文化

第20章 享保の改革 122

日朝外交の移り変わり／貨幣改鋳／新田開発と年貢増徴策／法典の編纂

第21章 田沼時代 127

大岡忠光と田沼意次／勘定所の再編と実力主義／意次の経済政策／藩政改革の伝播

第22章 寛政の改革 133

打ちこわしと政権交代／都市と農村の再建／定信の海防強化策／尊号一件と大政委任論

第23章 徳川家斉の政治 139

文政・天保期の政治／天保の飢饉／大塩平八郎の乱／蛮社の獄

第24章 天保の改革 145

物価引き下げと農村復興／海防と薪水給与令／化政文化と風俗統制／諸藩による政治改革

第25章 開国と開港 ……………………………………………… 151
　外国使節の来航と和親条約／ハリスの来日と条約勅許問題／
　通商条約の締結と大老井伊直弼／開港と外国貿易

第26章 幕府の終焉 ……………………………………………… 157
　攘夷の高まり／薩摩と長州／大政奉還と王政復古／戊辰戦争

IV 近代・現代

第27章 明治政府の成立 ………………………………………… 164
　国内諸体制の整備／文明開化と殖産興業／国際問題への対応
　／新政府への抵抗

第28章 民権と国権 ……………………………………………… 170
　伊藤博文と大隈重信／財政再建とデフレ／激化事件／条約改
　正の失敗

第29章 憲法と議会 ……………………………………………… 176
　帝国憲法の制定／初期議会の波乱／日清戦争／産業革命

第30章 日露戦争 ………………………………………………… 182
　三国干渉以後／立憲政友会の成立／開戦―講和―戦後の東ア
　ジア／大正政変

第31章 世界大戦 ………………………………………………… 188
　世界大戦と大戦景気／米騒動と民衆運動／本格的政党内閣／
　ワシントン会議

第32章 関東大震災 ……………………………………………… 194
　マグニチュード7.9／恐慌の時代／都市と農村

第33章 政党の政治 ……………………………………………… 200
　普選とデモクラシー／二大政党政治の成立／中国統一と日本
　／国家改造運動の胎動

第34章 満洲事変 206
満洲の「危機」／謀略と事変拡大／満洲国の樹立／満洲国承認と国際連盟脱退

第35章 内政・外交の変質 212
陸軍の政治的台頭／国体明徴運動と二・二六事件／日中関係安定化の試み／華北分離工作

第36章 日中戦争 218
盧溝橋事件とエスカレーション／「事変」の長期化／新体制運動／欧州大戦と三国同盟

第37章 太平洋戦争 224
南進と開戦／戦争の理念／戦局の推移／終戦

第38章 占領と講和 230
「大日本帝国」の崩壊／連合国の占領政策／占領下の政治状況／サンフランシスコ講和への道

第39章 国際社会への復帰と戦後処理 236
冷戦と「吉田路線」／賠償と経済協力／日ソ国交回復と日韓・日中国交正常化／沖縄返還

第40章 「経済大国」日本の模索 242
55年体制の成立／高度経済成長と日本社会の変化／デタント期の政治と外交／「戦後政治の総決算」

第41章 冷戦後の日本 248
「湾岸戦争のトラウマ」／政権交代と連立政権の時代／未完の戦後処理問題／東日本大震災後の日本

より深くまなぶための文献案内　254

I

原始・古代

第1章 日本列島への人類の渡来と定住

人類の拡散と日本列島への渡来

　ヒトは約700万年前のアフリカでチンパンジーの祖先からわかれ，猿人，原人，旧人，新人へと進化した。約175万年前までに原人の一部がアフリカを出て，ユーラシア大陸に広がった。以前は，各地の原人が旧人，新人へと進化したと理解されていたが，今では新人は約20万年前にアフリカで出現し，約10万年前にアフリカを出て世界各地に拡散したと考えられている。また，新人がアフリカを出た後，西アジアで旧人の一種であるネアンデルタール人と混血した可能性が指摘されている。

　新人は，筏や丸木舟などを使っての渡航技術をもっていた。オーストラリア大陸への進出は約5万年前であるが，氷河期にいくら海面が低下しても，ユーラシア大陸と地続きになることはないからである。日本でも伊豆半島の南の神津島産の黒曜岩が新人に利用されていた事実が注目される。最終氷期極寒期に約120m海面が低下しても，伊豆半島南端部と神津島は30km以上も離れていたのである。

　日本列島の初期人類に関し，北京原人などがいたころの大陸の動物群が東シナ海の陸橋を経由して渡来していたことが明らかなので，大陸の人類が日本に渡来していた可能性はある。しかし，かつて原人・旧人段階と位置づけられていた日本の化石資料は疑問視され，また，この時期の文化遺物は判然としていない。確実な資料は新人化石と後期旧石器時代の石器である。沖縄県港川で発見された約1.8万年前の人骨はインドネシアのワジャク人に類似するとされ，南方ルートが渡来経路の候補と

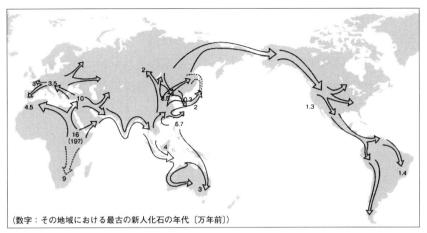

図1　新人の拡散経路推測図
（溝口優司『アフリカで誕生した人類が日本人になるまで』ソフトバンク新書，2011年）

してあげられる。文化遺物では北海道・本州島で約3.5万年前の後期旧石器時代前半期の石器群が出土しているので，朝鮮半島経由，沿海州・サハリン経由も新人の渡来ルートの候補となってくる。このように，渡来の時期・ルートは大きな課題となっている。

旧石器時代の遊動生活

　後期旧石器時代にあたる後期更新世後半期では，海面が低下し，北海道は沿海州・サハリンと地続きとなり，本州は四国・九州とつながって本州島となっていた。この寒冷期には，北海道～本州島東部では亜寒帯性針葉樹，それ以西では温帯性針葉樹と落葉広葉樹の混交林であった。動物相は，本州島ではナウマンゾウ・ヤベオオツノジカ・ステップバイソン，北海道ではマンモス・ナウマンゾウ・ヤベオオツノジカなどの化石が発見されている。長野県野尻湖遺跡では，ナウマンゾウ・ヤベオオツノジカ・ヒグマ・ニホンジカ・ノウサギなどが出土し，ナウマンゾウの骨には道具に加工されたものがある。また，針葉樹のチョウセンゴヨ

ウ，落葉広葉樹のオニグルミ・ブナ・ハシバミなどの可食植物も出土しており，これらの動植物は資源として利用されていたのであろう。

　動植物や石器材料などの資源は季節や地域により偏在しているので，人びとは遊動生活を送ることになる。遊動は，数家族で構成されるバンドという単位とみられる。狩猟採集集団である現代のバンドは平等主義社会で，遊動しながらさまざまな資源を獲得し，配偶者を含めた資源・情報を他のバンドから得ている。旧石器時代でも物・人・情報をバンド間で交換していたであろう。

　遊動範囲を杉久保型ナイフ形石器で検討すると，この石器は野尻湖遺跡を含む長野県北部・新潟県・山形県にわたる，北東方向で約250km，北西方向で約100kmの分布域をもつので，これがバンドの最大領域とみられる。この地域は，北西は沿岸部・平野部，南東は低丘陵・山地と連続的に変化しており，北西方向で生物や石材の資源がことなる。そして山地から北西方向に川が流れ，河岸段丘にほとんどの遺跡が立地する。新潟県の南部では信濃川が北東方向に流れ，その上流域に野尻湖が位置する。各河川はことなる資源環境地帯を流れているので，新潟県北部・山形県では北西（南東）方向，長野県北部・新潟県南部では北東（南西）方向の遊動が合理的であり，複数のバンドが領域を異にして遊動していた可能性が高い。

　これらの遺跡の石器材料である頁岩・安山岩・黒曜岩などは，ある種の黒曜岩をのぞくと，最大領域内で採集可能である。山形県でおもに採集される良質の頁岩が長野県北部・新潟県南部の石器にも用いられているが，新潟県南部などを遊動するバンドが北部のバンドから獲得していた可能性が考えられる。また，杉久保型ナイフ形石器の分布域外に位置する長野県和田峠産の黒曜岩なども用いられているので，ことなる文化伝統のバンドとの交換もあったと推定できる。

　遊動域でいったんキャンプを設営すると，周辺を探索してさまざまな

資源をキャンプ地にもちこみ，食料の調理や道具の製作・補修を行っていた。これらの作業とともに，石材が豊富な地域の遺跡では，石器製作の練習，技術の伝承が行われていた。ある程度の期間が経つと，道具などをもってつぎのキャンプ地に向かう。多数のキャンプ地が連鎖して計画的に組みこまれていたのである。

定住化のはじまりと縄文文化の成立

　更新世から完新世にかけて急激な温暖化がおこった。高山などの氷河が溶けはじめ，海水面が上昇し，日本では約7000年前に現在の海水準となり，日本列島が生まれた。そして，日本海に暖流が流れこみ，日本海側の多雪化がはじまった。植物や動物も変化した。広葉樹林が南から広がり，西日本はアカガシ・シイなどの常緑広葉樹林，東日本はクリ・クルミ・トチ・コナラなどの落葉広葉樹林に覆われるようになった。ナウマンゾウやヤベオオツノジカなどは絶滅し，より小型のイノシシ・ニホンジカ・カモシカ・ノウサギなどが増えた。狩猟・採集によって，これらの資源を利用した。また，漁労が発達し，海産資源も利用するようになって定住化が進んだ。

　しかし，縄文時代草創期では，堅果類の製粉を予想させる石器が出土しはじめるが，明確な漁労活動は確認できない。また，この時期の遺跡の規模は小さく，住居などの遺構，遺物が少ないので，完全な定住生活であったとは考えにくい。初期の石器には旧石器時代伝統の細石刃などがみられるので，旧石器文化を基盤として縄文文化が成立したと理解される。旧石器時代と縄文時代の人骨の類似性は，この理解と矛盾しない。この時期に出現した土器が縄文時代開始の指標とされる。放射性炭素年代測定で約1万4000年前とされているが，さらに古くなる可能性がある。最初の土器は無文であるが，その後，隆線文，爪形文，縄を使っての縄文などがみられるようになる。土器は丸底のものが多く，高

さが20cm前後であるが、30cmを超えるものや、5cm前後のものまである。土器の表面にはススやコゲとみられる炭化物が付着しているので、煮沸（しゃふつ）がおもな役割であったと判断される。

　土器出現の理由として広葉樹林に実る堅果類の積極的利用が考えられているが、土器に付着した炭化物の分析によって、多様な植物や動物が煮沸されていたと判断された。煮沸は食料を消化しやすくし、食料の安全を保ち、汁も飲めるなどの利点をもち、容器があればできる簡単な調理法である。この点から、旧石器時代でも熱した石を水・食料の入った革袋に投げこんで煮沸していた可能性が考えられる。旧石器時代の東ヨーロッパでは、土製のビーナスがあるように土を焼くと硬くなるという化学変化は知られていたと考えられるが、土器は作られなかった。旧石器時代の遊動生活では、大きくて壊れやすい土器は不便であったのであろう。したがって、土器の出現は多様な食料の利用とともに定住化に負っていたと考えられる。しかし、日本の土器とほぼ同時期の土器が沿海州などでも発見されているので、土器の起源を伝播（でんぱ）という視点からも検討しなければならない。

生活の変化と地域差

　漁労活動が明確になるのは、貝塚（かいづか）が形成されはじめる早期からであり、以降、陸上の動植物資源に加えて海・川の資源の利用が本格化する。現代日本人の食料のほとんどがこの時期に開拓された。草創期にくらべて定住化が進み、遺跡の規模、遺構・遺物の種類と量が増大する。また、地域間での物や情報の交換が行われ、貝殻でつけた土器文様を例にとれば、東日本一帯に広がる。前期では、徐々に遺跡数が増え、大規模な遺跡が出現し、10mを超える大型住居も作られるようになる。このころに本格的な定住がはじまった。中期になると、さらに遺跡の数・規模の拡大がおこった。しかし、土器の文様では地域ごとに特徴的なも

のが現れ，前期にくらべて地域間の情報交換網が縮小した可能性が高い。

　後期になると，一転して遺跡の数・規模が縮小する。この変化は気候の寒冷化による植物資源などの減少によるといわれる。ところが，後期では地域間での交換網が拡大している。ヒスイは，中期では原産地の新潟県糸魚川を中心として北陸・中部・関東・東北などに搬入されていたが，後期では九州から北海道まで広がっている。こうした現象は，石器の形や土器の文様などでもみられる。後期の関東地方で一般的な加曽利B式土器の文様は，北海道の礼文島でも見られ，沿海州にも広がっている可能性がある。交換網の拡大は，各地域の資源や情報の均衡化をはかるためであったと考えられる。この時期に葬儀や祭祀にかかわる大規模な構造物である北海道の美々4遺跡の環状周堤墓・秋田県大湯の環状列石などが作られる。これらの構造物の建設と運営を通して，集落内・集落間の関係を強化し，交換網を維持していたのであろう。

　以上の前期以降の変化はおもに東日本でおこっており，西日本での遺跡の数や規模の変化は大きくはない。西日本が常緑広葉樹林帯であるように，資源の違いが影響しているのであり，縄文時代の地域差を明瞭に示している。この違いはつぎの弥生時代に引きつがれ，東西における水稲農耕の広がりかたの違いとして現れている。

【参考文献】
安蒜政雄『旧石器時代の日本列島史』（学生社，2010年）
今村啓爾『縄文の実像を求めて』（歴史文化ライブラリー，吉川弘文館，1999年）
佐原真監修『ドイツ展記念概説　日本の考古学』上巻（学生社，2005年）
溝口優司『アフリカで誕生した人類が日本人になるまで』（ソフトバンク新書，2011年）

第2章 弥生時代から古墳時代へ

水田稲作と金属器の普及

　弥生時代は一般的には日本列島において農耕がはじまった時代として認識されている。しかし近年，縄文時代前期から晩期にかけての遺跡で栽培植物が発見されており，縄文時代にも農耕が存在したとする「縄文農耕論」が注目されている。いっぽうで現在までのところ，縄文時代の水田の跡はみつかっていないため，水田での稲作は弥生時代の開始にともなって日本列島に伝わったと考えられる。陸稲と水田で栽培する水稲では生産性に大きな差があり，水稲のほうが収穫量は高い。縄文時代の栽培植物はさまざまな食糧獲得手段の一つとして利用されたのに対して，弥生時代開始期の水稲栽培の普及によって食糧の大部分を農耕に頼る農耕社会への移行がはじまったといえるだろう。

　弥生時代に生じたもう一つの大きな変化としては，この時期になって青銅器や鉄器が日本列島で出現した点があげられる。青銅器や鉄器は生産に高度な技術を必要とするため，自給自足的な社会から専門の職人が存在する分業化した社会への移行があったと考えられる。また青銅器や鉄器はそれ自体が希少性の高い貴重品であり，これらを所有することが富や権威の象徴であったといえ，社会の階層化を示している。

水田稲作技術の受容と拡散

　イネの栽培は中国大陸南部，長江中流域の新石器文化である彭頭山文化で今から約9000年前にはじまったとされる。日本列島での水田稲作の起源も中国大陸南部に起源を求めることができるが，直接的に影響

を受けたのは朝鮮半島南部の農耕文化である。イネを栽培する水田以外にも木製農耕具や大陸系磨製石器群とよばれる縄文時代にはなかった新しいタイプの石器群なども出現する。木製農耕具には鍬・鋤などがあり、形状は現代で使用されている鍬や鋤とよく似ているが、刃先まですべて木製

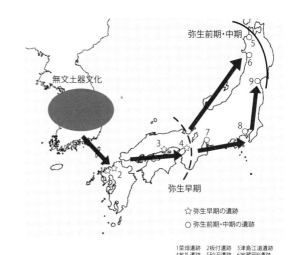

図2　水田稲作の伝播ルート

であり、鉄や青銅といった金属は使われていない。

　木製品や石器といった道具類だけでなく、生活の場である集落の構造も弥生時代の開始期に変化がみられ、竪穴住居や掘立柱建物、貯蔵穴を溝でとり囲んだ環濠集落が登場する。溝は断面がV字形で幅が3～5m、深さが3m前後のものが多く、平面の形は楕円形、あるいは卵形をしたものがほとんどである。水田稲作農耕とそれに付随するさまざまな道具類や環濠集落といった新しい文化要素をもたらしたのは、朝鮮半島南部から移住してきたとみられる渡来系弥生人とよばれる人びとである。

　渡来系弥生人と縄文人の間には骨の形状にかなりの違いがみられる。とくに頭部に大きな差がみられ、渡来系弥生人が面長で縦に長い顔であるのに対して、縄文人はそれほど縦には長くなく丸みを帯びた形状をしている。また眉間から鼻の付け根あたりまでの部分の隆起をくらべると、縄文人はこの部分の隆起がはっきりしており、いわゆる「彫りの深い」顔立ちをしている。日本列島に居住していた在来の縄文人が渡来系

弥生人のもたらした新たな文化要素をとりいれることによって水田での稲作が日本列島に広がっていったといえる。

弥生時代の金属器

　日本列島で青銅器が墓の副葬品としてあらわれるのは，弥生時代中期初頭の段階で，細形銅剣や細形銅矛，細形銅戈などの武器類と朝鮮半島に特有の鏡である多鈕細文鏡がみられる。その後北部九州では遅くとも中期前半ごろには青銅製武器の生産が行われるようになったことが鋳型の出土によって確認されている。青銅器の生産が開始されてからあまり時間をおかず，中細形銅剣や中細形銅矛などの祭器化した武器形青銅器があらわれ，中広形や広形などのさらに大型化した製品が製作されるようになる。

　武器類以外の青銅器で多くみられるものとしては，鏡と銅鐸をあげることができる。初期段階では朝鮮半島の鏡である多鈕細文鏡が出土するが，弥生中期後半になると中国の鏡である漢鏡がみられるようになる。銅鐸は釣鐘型の青銅器で，弥生時代中期後半から後期後半にかけて製作された。大きさは15cm程度のものから1mを超すものまである。銅鐸はほとんどが集落から離れた丘陵部に埋納された状態で出土することから，個人の所有物ではなく共同体共有の祭器であったと考えられている。

　鉄器の出現は青銅器からやや遅れる弥生時代中期前半段階であり，青銅器と鉄器の出現時期には時間差が存在する。剣，刀，鏃などの武器類，ノミ，カンナ，小刀，斧などの工具類，鋤先や鍬先，鎌などの農具類がある。青銅器の場合，武器類と鏡や銅鐸が中心であるのに対して鉄器は工具や農具が存在することから，青銅器がおもに権威の象徴や祭器として用いられたのに対して，鉄器は実用品としての性格ももっていたことがうかがわれる。ただし弥生時代の鉄器は希少価値の高いものであ

り，普通の集落から大量に出土するものではない。とくに鉄剣や鉄刀などは墓の副葬品として出土するものがほとんどであり，所有者の権威や富の象徴としてあつかわれていたと考えられる。鉄製の工具や農耕具のより一般的な普及は古墳時代に入ってからになる。

前方後円墳の出現と展開

　前方後円墳(ぜんぽうこうえんふん)は円形と方形の墳丘(ふんきゅう)を組みあわせた墳丘墓であり，3世紀の後半から7世紀にかけて日本列島各地で築造された。分布範囲は岩手県から鹿児島県におよぶ。前方後円墳の起源についてはこれまでさまざまな説が示されてきたが，もっとも有力なものは弥生時代の墳丘墓から発展したという説である。古墳時代には前方後円墳以外にも前方後方墳や円墳，方墳などが存在するが，各地域の最有力な首長墓のほとんどに前方後円墳が採用され，日本列島のほぼ全域に広がることが古墳時代を定義する特徴の一つとなっている。

　前方後円墳は土を盛りあげて形成した墳丘，被葬者の遺体を収めた埋葬施設，墳丘表面を覆う葺石(ふきいし)などで構成されている。後円部は埋葬施設が存在する場所で，古墳時代前期から中期にかけては粘土槨(ねんどかく)による竪穴式石室(たてあなしきせきしつ)が用いられる。古墳時代中期後半からは墳丘の側面を掘りこみ，遺体を納める玄室(げんしつ)へつながる羨道(せんどう)をともなった石積みの墓室である横穴式石室が主流となってくる。

　横穴式石室は高句麗(こうくり)や百済(くだら)，新羅(しらぎ)などの朝鮮半島諸国の石室が日本に伝播(でんぱ)したものであると考えられ，6～7世紀の古墳に多くみられる。6世紀に入ると関東から西の地域では前方後円墳の規模が縮小しはじめるが，関東地方では他の地方とはことなり，6世紀前半段階までは大型の前方後円墳がさかんに造られる。6世紀後半になると関東地方も含めた日本列島各地で前方後円墳の築造は下火になる。

古墳時代の副葬品

　前期から中期初頭にかけての古墳の副葬品には鏡，石製の装身具である玉類，鉄剣や鉄刀，鉄鏃などの武器類，鉄製の農耕具や工具類がある。古墳時代前期の副葬品の特徴としては，弥生時代以来の鏡と武器と装身具という組み合わせが引きつがれているということが指摘できる。

　副葬されている鏡の種類が弥生時代のものとはことなることや武器の材質が青銅ではなく鉄が中心となっている点，石製装身具に弥生時代の貝輪を模した車輪石や鍬形石，石釧など弥生時代にはみられないものが加わる点などに違いはあるが，古墳時代前期の葬送儀礼や祭祀は弥生時代のものと断絶しているのではなく，むしろ連続性をもつといえる。

　古墳時代中期になると，前期の鏡や鉄剣，鉄刀などに加えて，甲冑の副葬例が増加し馬具の副葬もはじまる。甲には短甲とよばれる型式と挂甲とよばれる型式がある。いずれも鉄製の板状部品をつなぎ合わせて作られているが，挂甲は小札とよばれる長方形状の板を使っている点，鋲留めはせずに革紐や組紐で綴じ合わせている点，胴部だけでなく腰の部分まで覆う防具である点で短甲とはことなる。胴部を保護する甲と合わせて，頭部を保護する防具である衝角付冑や眉庇付冑も副葬されるようになる。衝角付冑は前面に船の衝角のような尖った稜をもつことが名前の由来となっている冑である。眉庇付冑は前面に眉庇とよばれる帽子のつばのような板が付いていることからこの名でよばれている。

　馬具は馬を操るため，あるいは馬の身体を飾るために馬に装着する道具である。馬を操るための実用的な馬具としては鉄製の轡や鐙，木製の鞍などがある。装飾品としての馬具は金・銀が使われているものもあり，鏡板や杏葉などの飾り板をもつ。甲冑や馬具の出現は中国大陸や朝鮮半島からの新たな技術の伝播にともなうものであり，この時期に古墳時代の大きな画期があるといえる。

古墳時代後期には中期段階と同様に武器や馬具類などの副葬が行われるが，副葬品自体が減少する傾向がみられるようになる。副葬品の減少は，6世紀後半になると大規模な前方後円墳の築造が下火になることなどとも関連した現象である。背景にはみずからの社会的な地位や身分を，古墳の築造や副葬品によって示し強調する必要性が薄くなるという社会構造の変化があると考えられる。あるいはこの時期に首長層の性格が，それまでの武力を背景とした豪族的な存在から古代国家の貴族や官人的な存在へと変化しはじめたのかもしれない。その意味では古墳時代後期，とくに6世紀後半以降は古墳時代から古代国家の段階への過渡期とみることができるだろう。

【参考文献】
岡村秀典『三角縁神獣鏡の時代』(歴史文化ライブラリー，吉川弘文館，1999年)
春成秀爾『弥生時代の始まり』(東京大学出版会，1990年)
広瀬和雄『前方後円墳の世界』(岩波新書，2010年)

第3章 ヤマト王権の政治と外交

邪馬台国

　倭の初見は、紀元1世紀ころ成立の『漢書』地理志で、百余国に分かれて漢に朝貢していたと記されている。『後漢書』東夷伝には、紀元57年に奴国王が後漢の光武帝に使者を送り、印（志賀島発見の金印「漢委奴国王」とされる）を得たこと、107年には倭国王帥升が生口（奴隷）160人を献上したことがある。しかし、2世紀後半には倭国に大乱が起こり、小国の対立と統合が進んだ。その結果、女王卑弥呼が共立され、邪馬台国を盟主とする諸国連合が成立した。

　『魏書』東夷伝（「魏志倭人伝」）によると、卑弥呼は「鬼道」（呪術）を用いるシャーマン的存在であり、「男弟」が表に立って政治を行っていた。国内には市やそれを統括する役人、諸国の監察官がおかれた。人々には「大人」「下戸」「生口」という身分的区別もあったという。外交面では、魏に使者を送って「親魏倭王」の称号を得て、その権威を背景に倭王として君臨し、狗奴国などの外部勢力と抗争を繰り広げた。

　3世紀中ごろ、卑弥呼が没すると男王が立ったが国内は治まらず、卑弥呼の宗女壱与（台与）が女王となることで争いは収まった。これは、連合政権の上に立つ倭王の権力が不安定であったことを示す。なお、邪馬台国の所在地については大和説と北九州説が併存するが、近年では奈良県桜井市の箸墓古墳や纒向遺跡との関係から再検討が進められている。

倭の五王の外交

　4世紀に入ると中国の正史に倭の記述がみられなくなる。ただし、こ

の間も朝鮮半島との交流はつづいていたことが文献以外の史料からわかる。奈良県の石上神宮に伝わる七支刀には，百済王世子（太子）が倭王のためにこの刀を造ったことが記されている。当時，高句麗と戦乱状態にあった百済は，倭と結ぶことで優位に立とうとしたのである。また，高句麗広開土王（好太王）碑には，倭が百済・新羅を攻めて臣従させた後，百済や伽耶諸国と結んで新羅を攻めたものの，新羅・高句麗に敗北したと記されている。倭は百済とともに高句麗の南下政策に対抗していた。

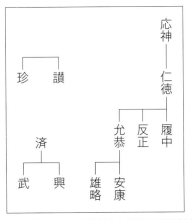

図3 『宋書』の系譜（左）と記紀の系譜（右）

　5世紀になると，讃・珍・済・興・武と称する倭の五王が中国の南宋に朝貢したことが，『宋書』倭国伝に記述されている。倭の五王は朝貢する代わりに，宋の皇帝から官位や爵号を授けられ，冊封関係とよばれる君臣関係を結んだ。彼らは宋に対して，朝鮮半島の軍事的支配の承認を求めたが，讃や珍は「安東将軍倭国王」の名称しか認められず，済の時に「使持節都督倭・新羅・任那・加羅・秦韓・慕韓六国諸軍事，安東将軍倭国王」，武の時にはさらに「安東大将軍」の称号が認められたが，宋と冊封関係にある百済への支配権は認められなかった。当時の倭は，百済や伽耶諸国と結びながら高句麗と対抗しており，宋へ朝貢することで朝鮮半島における地位を高めようとしていたのである。

　五王のうち武は記紀の雄略，武の父である済は允恭，兄の興は安康とされている。ところが，『宋書』には珍と済との血縁関係が書かれておらず，記紀に登場する大王の系譜と合致しない。彼らは必ずしも血縁関係にあったとは限らないのである。当時の大王は有力王族の中から豪族層によって推挙されていたため，必ずしも世襲とは限らず，いわゆる

「万世一系」ではなかったと考えられている。

▍5世紀の大王と地方豪族

　5世紀の大王は各地の豪族と関係を結び，彼らを配下に入れていった。千葉県の稲荷台一号墳出土鉄剣銘には「王賜」とあり，大王が地方豪族に下賜した刀であることがわかる。また，埼玉県の稲荷山古墳出土鉄剣銘には，ヲワケの臣がワカタケル大王（雄略天皇）のシキの宮（奈良県の磯城）に杖刀人の首（武官の長）として仕え，大王の天下統治を補佐したと刻まれている。同様に，熊本県の江田船山古墳出土大刀銘にも，ムリテが典曹人の首（文官の長）としてワカタケル大王の宮に仕えたと記される。彼ら地方豪族は中央に出仕した後，故郷に帰って埋葬された可能性が高い。

　当時の王権では，職務にもとづき「養鳥人」のように称する人制が敷かれ，6世紀以降の部民制の前身となる制度が確立していた。ただし，まだ大王が豪族たちから隔絶した地位をきずいておらず，各地の首長が外交・軍事権を行使する場合もあった。

　記紀によれば，雄略朝において吉備氏や葛城氏など有力豪族が倒され，武から宋皇帝への上奏文にも「東は毛人を征すること五十五国，西は衆夷を服すること六十六国，渡りて海北を平ぐること九十五国」とあり，ヤマト王権が武力で各地を制圧し，勢力を伸張していく様子が記されている。しかし，基本的には地方豪族がみずからヤマト王権に参入していったのであり，5世紀の王権は大王と豪族との連合政権であった。倭の五王の事例からわかるように，大王は中国皇帝の権威を借りて，豪族たちの序列化をはかっていたと考えられる。

▍継体朝の政治と大王権力の伸張

　記紀によれば，雄略天皇の数代後に適当な皇位継承者がいなくなった

図4　5世紀の東アジア
（篠川賢『大王と地方豪族』山川出版社，2001年を一部改変）

ため、越前の男大迹王が迎えられ継体天皇として即位した。継体は応神天皇の5世孫で、近江や越前を基盤とし、琵琶湖周辺や淀川水系を広く掌握する地方豪族であった。彼は旧来の王統につながるため、仁賢天皇の娘である手白香皇女と結婚し、婿入りの形でヤマト王権に入る。しかし、彼を大王として認めない豪族も多く、継体は河内や山背の淀川水系を転々とし、ようやく大和の磐余に入ることができた。なお、和歌山県の隅田八幡宮所蔵の人物画像鏡には、癸未年（503）に「男弟

図5　継体天皇の拠点と宮殿
（熊谷公男『大王から天皇へ』講談社，2001年を一部改変）

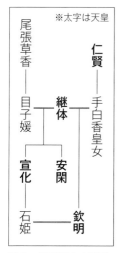

図6　継体天皇の系譜

王」が「意柴沙加宮」にいたとあり、「男弟王」＝継体が記紀の伝承より早く大和の押坂宮に入っていたと読む説もある。

　このころ、新羅の勢力拡大や百済の南進により、倭国と関係の深かった伽耶諸国（「任那」）が新羅・百済に併合されていく。百済から「任那」四県の割譲を要請されたヤマト王権はこれを容認したが、関与した大連の大伴金村が失脚する。さらに、伽耶諸国のうち、とくに倭と関係の深い金官国が滅亡すると、倭は「任那復興」に関与する。6世紀後半に伽耶諸国が完全に滅亡した後も、倭は新羅や百済に「任那の調」の献上を肩代わりさせ、「任那」の朝貢をよそおった。倭にとって伽耶諸国は重要な朝貢国であったことが分かる。

　こうした外交問題は国内にも波及した。ヤマト王権は伽耶諸国復興のため近江毛野臣の軍を派遣したが、新羅と結んだ筑紫君磐井が反乱をおこし、これをさえぎったのである。乱は中央から派遣された物部麁鹿火により鎮圧され、磐井の子である葛子が贖罪のために糟屋屯倉を献上した。磐井は「筑紫国造」ともいわれるが、この一族は葛子が屯倉を献上したことで国造に任じられたとすべきである。王権はこれ以降に、国造任命を通じた地方支配強化に乗りだしたと考えられる。

　継体天皇の死後、安閑・宣化と欽明とが対立したとする説もある。真偽は不明であるが、当時の王統が不安定であったことは確かである。6〜7世紀になると、王家の近親婚が進み、王位継承に関する新たな慣行も生じるなど、王統の安定化がめざされた。

王権による支配制度の確立

　6世紀にはヤマト王権がクニを画定し、それを支配する地方官として

地方豪族が国造に任命された。国造は領域内に設定されたミヤケや部（べ）の管理を任されていた。ミヤケは屯倉・御宅・官家などと表記される，ヤマト王権の政治・軍事的拠点である。田地耕作のほか，製塩・漁業・運送・交易の拠点としても使用された。部は王族や豪族に隷属（れいぞく）し，物品の貢納や労働による奉仕をする集団であり，鍛治部（かぬちべ）のように職業を名乗る部や，刑部（押坂部）（おさかべ・おしさかべ）のように王族の宮号を名乗る部，蘇我部（そがべ）のように豪族の氏族名を名乗る部があった。

国造や伴造の一族からは舎人（とねり）（王の近侍者），靫負（ゆげい）（武人），膳夫（かしわで）（料理人）というトモ（伴）が中央に出仕し，その生活費を負担するのが出身地の部であり，トモ―部を統率するのが伴造であった。部は王族に隷属するいっぽうで，地方の伴造に支配されるカキ（部曲）でもあり，重層的な支配体制となっていた。こうした支配制度は，百済など朝鮮半島の影響を受けて6世紀前半に成立したものである。

また，6世紀には中央の豪族のなかで父系の氏族集団であるウジが成立し，政治補佐や軍事・祭祀などの職務でヤマト王権に仕えた。彼らは支配拠点となるヤケ（宅）や支配民であるヤツコ（奴）を所有し，王権に奉仕する代わりに部の支配を認められた。さらに，臣（おみ）・連（むらじ）・君（きみ）のように王権内での地位を表すカバネを与えられ，ウジ名とともに父系継承されるようになっていった。

【参考文献】
大津透『神話から歴史へ（天皇の歴史01巻）』（講談社，2010年）
熊谷公男『大王から天皇へ（日本の歴史　第03巻）』（講談社，2001年）
篠川賢『大王と地方豪族』（日本史リブレット，山川出版社，2001年）
森公章『倭の五王―5世紀の東アジアと倭王群像―』（日本史リブレット人，山川出版社，2010年）
吉田孝『日本の誕生』（岩波新書，1997年）
吉村武彦『ヤマト王権（シリーズ日本古代史2）』（岩波新書，2010年）

第4章 飛鳥時代の政治と文化

蘇我氏の台頭と仏教公伝

　6世紀前半，欽明天皇が蘇我氏の勢力を背景にして即位する。そして，蘇我稲目の娘をキサキとし，その間に生まれた用明・崇峻・推古などが次世代の大王となり，蘇我氏の権力はさらに増していった。蘇我氏は葛城氏から分立した氏族で，東漢氏など渡来系氏族を配下におき，朝鮮半島由来の先進的な知識を利用してヤマト王権の政治を統括した。当時は畿内を本拠とする豪族たちが大夫とよばれて大王に仕えていたが，そのなかでも蘇我氏が大臣として政権の中枢にいたのである。

　欽明天皇の時代，百済の聖明王から仏像や経典が贈られ，仏教が正式に倭国へ伝来した。百済は高句麗と対抗するうえで倭の軍事的支援を必要としており，五経博士や暦博士なども派遣して，倭との間に友好的な関係を構築して

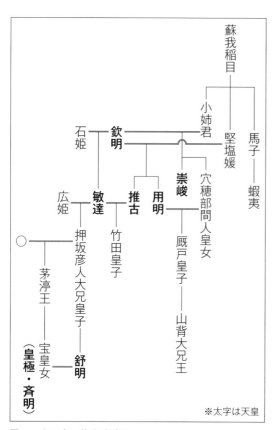

図7　大王家・蘇我氏系図

いた。先進文明を要望する倭と，軍事支援を求める百済との利害は一致していたのである。

　当時，大臣の蘇我稲目は仏教受容に賛成したが，大連の物部尾輿らは反対した。そのため，稲目は仏像を持ちかえって向原の家に安置し，これを寺とした。しかし，尾輿らは疫病流行を理由に，仏像を難波の堀江に捨てて寺を焼く。このような崇仏派と排仏派との対立は，政治的な立場の違いによるものだった。蘇我氏は渡来系氏族を配下におき，朝鮮半島の先進文明・知識を政治に採りいれていたため，仏教受容にも積極的だったと考えられる。最終的に，蘇我と物部の戦いにより物部ら排仏派が一掃されると，大王・蘇我氏の主導による仏教の受容が本格化する。蘇我氏が氏寺である飛鳥寺を造営したり，厩戸皇子が四天王寺・法隆寺を造営したりと，王族や諸氏もこぞって氏寺を建立した。倭国では仏教が祖先の供養と結びつきながら受容され，古墳が担っていた首長の祖霊崇拝の役割が寺院へ引きつがれていったといわれている。

▍推古朝の政治改革

　蘇我・物部の争いを経て即位した崇峻は，蘇我馬子との関係悪化により朝廷の儀式の場で暗殺される。その後，欽明の娘で敏達の大后である推古が初の女帝として即位する。推古朝の政治は大臣の馬子と太子の地位にある厩戸皇子が共同して行い，ここに蘇我氏を中心とした政権が誕生した。7世紀には大王を大后と皇位継承予定の太子が支える体制をとり，大后のための私部，太子のための壬生部（乳部）が彼らの財政基盤としておかれた。とくに，厩戸皇子の上宮王家に与えられた壬生部は，全国におかれた皇子のミヤケとともにその死後も伝領されていく。

　推古天皇は豊浦宮で即位したが，新たな儀礼空間を創出するため小墾田宮に移った。小墾田宮には儀礼のための朝庭が設けられ，建物が左右対称に整然とおかれていた。「朝礼」も改められ，宮門の出入りのさ

いに腹這いで前進する匍匐礼から,跪いて両手をついてから立つ跪伏礼へと改変された。また,冠位十二階が制定され,儒教の礼の観念を用いた官人の序列が定められた。これにより,冠の色で序列が表示されるようになったが,王族と大臣の蘇我氏は官人秩序を超越した存在とされたため,冠位が与えられなかった。当時の冠位制は,中央豪族の一部のみを対象とする限定された制度にすぎなかった。また,憲法十七条が制定され,儒教的な君臣関係を重んじ,仏教を厚く信仰するよう官人たちに対して命じられた。そこでは地方行政のあり方や君・臣・民からなる政治秩序の理念も掲げられており,推古朝は中央集権的国家形成の萌芽期であったと考えられている。

この他,厩戸皇子と蘇我馬子は「天皇記及び国記,臣・連・伴造・国造・百八十部幷て公民等の本記」を録した。「天皇記」「国記」は『古事記』のもととなった「帝紀」(大王の系譜)や「旧辞」(朝廷の伝承)と同様の内容であったと考えられる。このような歴史書編纂の理由は,冠位十二階や憲法十七条の制定により君臣関係の確認や官人秩序の整備が進み,豪族や部民たちによる大王への奉仕の由来を明らかにする必要が生じたためである。

なお,大王が「天皇」とよばれるようになった時期は諸説あるが,これも推古朝とする考え方がある。その説では中宮寺の天寿国繡帳にある「天皇」が根拠とされているが,これを後世の作とする見方もあり,論争がつづいている。

遣隋使と国際交流

隋が中国を統一した後,600年に第1回の遣隋使が派遣された。この時,使者は倭王の姓がアメ,名はタリシヒコ,号はオオキミであると述べている。そして,天を兄,日を弟とし,夜明け前に政治を行うことを隋の皇帝に報告したが,皇帝は道理に合わないため改めるよう命じてい

る。これをきっかけに倭は後進国としての自覚をもち，ヤマト王権の政治改革が進んだ。

607年には遣隋使の小野妹子が派遣された。『隋書』倭国伝には，「日出づる処の天子，書を日没する処の天子に致す」という倭国の国書に対し，隋の煬帝が激怒したことが記されている。倭王がみずからを天子と名乗ったことが原因であるが，必ずしも倭は隋と対等な関係をめざしたわけではない。倭は「任那復興」をめぐり新羅と対立するなか，新羅を牽制しつつ，先進文明を受容する目的で隋に朝貢しようとした。これ以降，倭は中国に冊封を求めずに朝貢していくことになる。いっぽう，高句麗と対立する隋としてはこれを認めざるをえず，裴世清を倭に派遣して朝貢を歓迎する旨を伝えさせた。このとき裴世清の帰国に随行した高向玄理・僧旻・南淵請安は，後に先進的な知識を持ち帰って「大化改新」の諸政策に大きな影響をおよぼすこととなる。

その後，隋はたび重なる対高句麗戦争と内乱で疲弊し，唐へと王朝交替した。舒明朝では630年に第1回の遣唐使として犬上御田鍬と薬師恵日を派遣したほか，多くの留学生・留学僧が帰国してその後の政治改革に深く関わっていく。

舒明朝の国づくり

推古天皇の豊浦宮をはじめとして，代々の王宮が蘇我氏の本拠地である飛鳥に営まれるようになる。それにつれて，飛鳥は都のような様相を呈していく。推古の死後，上宮王家の山背大兄王と押坂王家の田村皇子との間で皇位継承をめぐる意見の対立が起きた。結局，田村皇子が舒明天皇として即位したが，これは舒明と蘇我氏の娘との間に生まれていた古人大兄皇子の即位を見越して，蘇我蝦夷が推したためである。

舒明は飛鳥岡本宮に遷るが，後に百済宮と百済大寺を造ってその威容を示した。この百済大寺の遺跡が奈良県桜井市で発見された吉備池廃

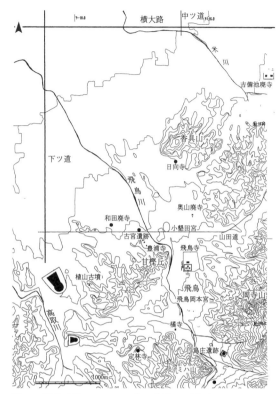

図8　飛鳥時代における王宮・寺院の所在地
（林部均『飛鳥の宮と藤原京』吉川弘文館，2008年）

寺であり，天皇が発願した勅願寺として空前の規模であったことが判明している。以後，百済大寺は高市大寺，大官大寺，大安寺と変遷していく。百済宮・百済大寺が建設されたのは欽明や敏達の宮がおかれた磐余あるいは磯城とよばれる地域である。

また，この時代には官人の朝参を励行したり，遣唐使を派遣したりと，中央集権国家につながる新しい国づくりが行われた。舒明とその大后であった宝皇女（皇極天皇）は非蘇我系で，磯城の押坂宮に住んだ押坂彦人大兄皇子の血を引く押坂王家出身であった。彼らは蘇我氏と手を組むいっぽうで，蘇我氏の本拠地である飛鳥を離れた場所に百済宮を築くなど，独自の政治を行ったのである。

【参考文献】
黒崎直『飛鳥の宮と寺』（日本史リブレット，山川出版社，2007年）
篠川賢『飛鳥と古代国家（日本古代の歴史2）』（吉川弘文館，2013年）
林部均『飛鳥の宮と藤原京―よみがえる古代王宮―』（歴史文化ライブラリー，吉川弘文館，2008年）
吉川真司『飛鳥の都（シリーズ日本古代史3）』（岩波新書，2011年）
吉村武彦『女帝の古代日本』（岩波新書，2012年）

第5章 律令制導入への道

乙巳の変と大化改新の諸政策

　舒明天皇の死後，その大后の皇極天皇が即位した。上宮王家の山背大兄王，押坂王家の軽皇子・中大兄皇子，蘇我本宗家の後押しを受けた古人大兄皇子ら皇位継承候補者間の対立を回避するためである。ところが，蘇我入鹿は山背大兄王を襲撃して自害させ，古人大兄皇子を即位させようとした。

　このように『日本書紀』には蘇我蝦夷・入鹿の父子による専横の記事が目立つとともに，それに対する王族・豪族の反発があったことも記されている。皇極の子である中大兄皇子は中臣鎌足や蘇我倉山田石川麻呂とともに蘇我本宗家の打倒をはかり，645年（皇極4），飛鳥板蓋宮で朝鮮半島三国が「調」を献上する儀式の場で蘇我入鹿を殺害した。蝦夷も自害し，この乙巳の変により蘇我本宗家は滅亡した。さらには古人大兄皇子も失脚し，謀反の罪を着せられて殺害された。

　この時期，朝鮮半島三国でも政変が起きており，百済・高句麗による新羅攻撃と，新羅に救

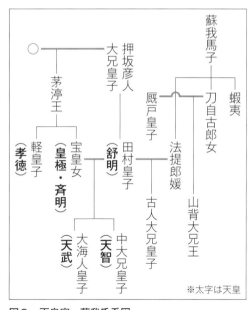

図9　天皇家・蘇我氏系図

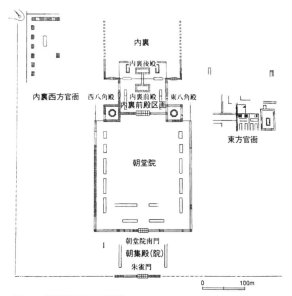

図10　前期難波宮の遺構
（植木久『日本の遺跡37　難波宮跡』同成社，2009年）

援を求められた唐による高句麗遠征も行われていた。これらの情報は倭国にも伝わり，緊迫する国際情勢に対処可能な中央集権国家の確立が急がれた。そのようななかで，倭国でも政変が起き，上宮王家・蘇我本宗家が滅亡する結果となったのである。

乙巳の変後，皇極の弟である軽皇子（孝徳天皇）が即位し，中大兄皇子が太子として左大臣の阿倍内麻呂，右大臣の蘇我倉山田石川麻呂，内大臣の中臣鎌足，国博士の僧旻・高向玄理らと政治を行った。東海・東山・北陸道諸国に東国国司が派遣されて人民や土地の調査が行われたり，部民廃止の詔が出されたりし，部民制から公民制へと転換した。また，位階制と中央官司を整備して官僚制を創出した。地方に対しては「天下立評」を行い，国造支配下のクニを分割して評に再編し，評家をおいた。646年（大化2）には大化改新の詔が出され，天皇や王族が設置した子代・名代やミヤケ，豪族の部曲や田荘の廃止や，戸籍や計帳の作成，班田収授の法が制定された。詔は大宝令文による潤色もあるが，前後に出された諸政策を集約したものであり，この時期に改革が行われたことは認めてよいだろう。

なお，孝徳天皇は改革にあたり，飛鳥から難波小郡宮（のちに難波長柄豊碕宮）へと遷都した。難波は大陸との外交の窓口であるととも

に，豪族を勢力基盤のある大倭（やまと）から引きはなす目的もあった。発掘調査では内裏（だいり）の南に朝堂院（ちょうどういん）が広がる前期難波宮が発見され，この前後の飛鳥の王宮にくらべて革新的な構造であったことが分かる。

斉明朝の政治と白村江の戦い

改新政権は内部分裂し，石川麻呂が中大兄を殺害しようとしているという讒言（ざんげん）により自殺に追いこまれた。また，孝徳との意見対立から，中大兄が母の宝皇女（皇極）らを飛鳥へ連れて戻ってしまう。そして孝徳の死後，宝皇女が斉明天皇（さいめい）として重祚（ちょうそ）する。斉明は飛鳥板蓋宮（いたぶきのみや）で即位した後，舒明の岡本宮の地に後岡本宮（のちのおかもとのみや）を築く。この他，田身嶺（多武峰）の両槻宮（ふたつきのみや）や吉野宮を造営し，香久山（かぐ）と石上山（いそのかみ）との間に「狂心の渠（たぶれこころのみぞ）」を掘り，宮の東の山に石垣を築くなど土木工事を好んだ。その痕跡は酒船石（さかふねいし）遺跡や亀形石造物，石神遺跡として残り，蝦夷の饗（えん）

図11　阿倍比羅夫の北方遠征
（熊谷公男『大王から天皇へ』講談社，2001年を一部改変）

宴に使われた須弥山石（しゅみせんせき）や石人像などの噴水施設も含めて，水の祭祀や儀礼の場として使われていた。孝徳・斉明朝には越国（こしのくに）の渟足柵（ぬたりのき）・磐舟柵（いわふねのき）の造営や阿倍比羅夫（あべのひらふ）による北方遠征も行われた。比羅夫は齶田（あぎた）（秋田）・渟代（ぬしろ）（能代（のしろ））から渡嶋（わたりのしま）（北海道）にかけての蝦夷を服属させ，異民族の粛慎（あしはせ）とともに須弥山石のもとで服属儀礼を行わせた。

そのころ，百済・高句麗が新羅に攻め入り，新羅は唐に助けを求めた。そこで唐は百済を攻撃し，ついに百済は滅亡する。百済の遺臣（いしん）は倭に救援を求めるとともに，人質として倭にいた王子余豊璋（ほうしょう）を国王に迎

えて復興しようとした。斉明は北九州の朝倉宮に入るが死去し，中大兄皇子が皇太子のまま軍の指揮をとった。663年に倭と旧百済勢力は百済の錦江下流の白村江で唐・新羅連合軍と戦い，敗北した（白村江の戦い）。この敗戦を機に対外防衛が強化され，北九州に防人が配置されるとともに，水城や朝鮮式山城，烽が設置された。また，制度も整えられ，甲子の宣では氏の代表を決める氏上の確定や，民部・家部など豪族領有民の確認がなされた。その後，中大兄は近江大津宮で即位して天智天皇となり，670年には最初の戸籍である庚午年籍が作成され，氏姓の根本台帳として長く機能した。

■ 壬申の乱と天皇権力の高まり

　天智の死後，672年には息子の大友皇子と弟の大海人皇子との間で皇位継承をめぐる戦いが起きる（壬申の乱）。大海人は美濃や尾張の軍勢を集めて大友軍と戦い，勝利した。そして，後飛鳥岡本宮の南に造営した飛鳥浄御原宮で即位し，天武天皇となった。浄御原宮には唐長安城の太極宮の正殿である大極殿を模した「大極殿」が成立し，天皇の儀礼空間として用いられるとともに，そこでは律令の制定や歴史書の編纂も命じられた。大友皇子から王位を簒奪した天武は，自身の正統性を示すために「大極殿」を必要としたのである。また，飛鳥池遺跡で発見された「天皇」号木簡から，同様の事情により天武朝で天皇号が確立したとする説もある。「日本」国号も天武朝で成立したといわれ，このころに天や日の思想によって天皇権力を高めようとしたことが分かる。

　天武朝で制定が命じられた律令は，持統朝の689年に飛鳥浄御原令として施行される。すでに天智朝で近江令が制定されていたという説もあるが，体系的な法典であったか不明であり，浄御原令はその存在が確実な最初の令といえる。また，684年（天武13）には八色の姓が定められ，諸氏のカバネが真人・朝臣・宿禰・忌寸・道師・臣・連・稲置に

整理された。また，氏上の選定を義務づけて氏族制を整備した。

この他にも，甲子の宣で認められた部曲の廃止や，浄御原宮に加え難波宮も正宮とする複都制の施行，令制国の国境画定，富本銭の鋳造，新たな冠位制の制定を行った。また，帝紀・旧辞の撰録を行って史書が編纂され，8世紀前半に完成をみる『古事記』『日本書紀』へとつながっていく。

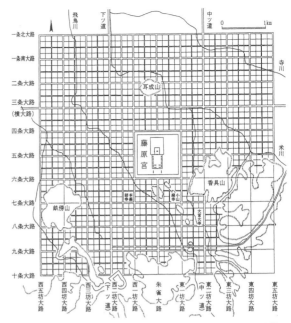

図12 藤原京復元図（小澤毅「藤原京の成立」木下正史・佐藤信編『古代の都1 飛鳥から藤原京へ』吉川弘文館，2010年）

藤原京の成立

天武の死後，妻の持統天皇が即位して諸政策を受け継いだ。浄御原令の施行もその一つであり，690年には戸令に基づいた全国的な戸籍である庚寅年籍が完成した。この戸籍は天武朝で整備された国―評―里の下にある戸を登録し，以後戸籍は六年一造となる。

また，天武が飛鳥に造り始めた「新城」の造営も継続された。これは建物が正方位に並ぶ方格地割の「京」であり，持統朝では「新益京」と記されて飛鳥の「京」は拡張していく。ついに694年，藤原京として成立した。藤原京は正方形の宮が京の中央に位置する特異な形をしており，中国の『周礼』に記された理想的な都城がモデルとされる。京も

南北十条・東西十坊の正方形とする説があり，隋唐長安城や平城京以降の都城とことなる。宮には内裏や大極殿，朝堂院といった儀式や政治の場が配置され，官人が集住する京には碁盤の目状に区画され，南北方向を条，東西方向を坊で表わす条坊制が導入された。それ以前の宮は大王が即位するごとに新たな宮に遷る歴代遷宮であったが，藤原京は持統・文武・元明の天皇三代の都として使われた。

　持統朝は天武の子である高市皇子が太政大臣として補佐したが，彼の死後，草壁皇子の子である珂瑠皇子が立太子する。その後，草壁の直系への皇位継承を望む持統は，珂瑠皇子に譲位し，珂瑠が即位して文武天皇となる。ただし，年若い文武の他にも複数の有力な皇位継承候補がいたため，譲位後も持統が太上天皇として文武を後見し，その政権を補強することとなった。こうして，天武系の直系継承が実現し，8世紀にも継続していったのである。

【参考文献】
市大樹『飛鳥の木簡―古代史の新たな解明―』（中公新書，2012年）
熊谷公男『蝦夷の地と古代国家』（日本史リブレット，山川出版社，2004年）
寺崎保広『藤原京の形成』（日本史リブレット，山川出版社，2002年）
森公章『「白村江」以後―国家危機と東アジア外交―』（講談社選書メチエ，1998年）
義江明子『天武天皇と持統天皇―律令国家を確立した二人の君主―』（日本史リブレット人，山川出版社，2014年）

第 6 章　平城京と地方社会

律令と官僚制

　701年（大宝元）正月，藤原京で元日朝賀の儀式が盛大に行われた。大極殿の前にはさまざまな幡が立ち，百官の官人だけでなく，前年に来日した新羅の使者も参列していた。『続日本紀』の編者は，儀式の記述に続けて「文物の儀，是に備はれり」と誇らしげに述べる。

　この年は特別な年であった。正月には実に30年ぶりとなる遣唐使が任命され，3月には「大宝」と改元し，大宝令が施行された。さらに翌年には大宝律が施行され，律と令が揃った。律は現在の刑法，令は行政法にあたるが，両方が完備されたのは大宝律令が初めてであった。これ以前にも，近江令（体系的な法典でなかったとする説もある）や飛鳥浄御原令（689年施行）があったが，大宝律令は，中国の律令を直接的に継受して編纂された点で，それまでとは異なる画期的な法典であった。編纂にあたっては日本の社会実情に合うようにさまざまな改変が加えられた。この後，718年（養老2）には大宝律令を若干修正した養老律令が編纂され，757年（天平宝字元）に施行された。

　日本の古代国家は，このような律令法にもとづいて中央集権的な政治を行った。中央には，二官八省などの行政機関がおかれ，全体の政治運営は太政官の公卿（左右大臣，大納言など）による合議で進められ，具体的な政務は八省が分担した。地方は，全国を畿内と七道に区分けし，国—郡—里（のちに郷）に編成された。国へは中央の貴族が国司として派遣され，下位の行政機関である郡を統括して国内を支配した。郡の支配は各地の地方豪族から任命された郡司によって担われた。このよう

に，国司が郡司を統括する関係であったが，実際の地方支配は，地方豪族としての郡司の伝統的支配力に依存しなければ実現できなかった。

律令制下の民衆は，戸籍（口分田班給の台帳。6年ごとに作成）や計帳（徴税の台帳。毎年作成）に登録され，国・郡の地方行政機関を介して，さまざまな租税を賦課された。租は口分田などの収穫の一部を納める税で，各国の郡家（郡の役所）の正倉に貯蔵された。調・庸は，おもに成年男子に課せられる人頭税で，絹・糸・布などの繊維製品のほか，各地の特産品が都に貢進された。藤原京や平城京の発掘調査で出土した荷札木簡を見ると，実にさまざまな品物が調や庸として都に納められていたことが分かる。この他，雑徭や兵役などの力役や出挙も民衆にとって重い負担であった。

▎くりかえされる政変

710年（和銅3），元明天皇は，藤原京から奈良盆地北部の平城京へ遷都した。平城京は唐の都長安城をモデルとしており，遷都の動機については，藤原京と長安城との大きな違いを目の当たりにして帰国した，大宝の遣唐使の報告が影響を与えたと考えられている。平城京は北側中央部の平城宮とその周りの京からなる。平城宮には，内裏（天皇の生活空間），大極殿・朝堂院（重要な政務や儀礼の場），二官八省の官庁がおかれた。京は，中央を南北に走る朱雀大路によって左京と右京に分けられ，左右京はさらに碁盤の目状に東西南北に走る道路によって区画されていた。京には貴族・官人の住居のほか，寺院が建てられたり，官営の市（東市・西市）がおかれたりした。

平城京をおもな舞台として展開した奈良時代の政治では，その実権の掌握をめぐって激しい政変がくりかえされた。奈良時代前期に政界をリードした藤原不比等が没すると，天武天皇の孫の長屋王が政権を握った。しかし，729年（天平元）に不比等の4人の子（藤原四子…武智麻

呂・房前・宇合・麻呂）の策謀によって滅ぼされた（長屋王の変）。藤原四子は光明子（不比等の娘）を聖武天皇の皇后に立てて勢力を拡大させたが，737年（天平9），天然痘によってあいついで没した。

　かわって政権を握った橘諸兄は，唐から帰国した吉備真備や玄昉を重用したが，740年（天平12），藤原広嗣が彼らの排除を求めて九州で反乱を起こした。これに大きな衝撃を受けた聖武天皇は平城京を離れ，以後5年間，恭仁京，難波宮，紫香楽宮を転々とし，政局は混乱した。

　聖武天皇が皇女の孝謙天皇に譲位すると，藤原仲麻呂が叔母の光明皇太后と結んで勢力を伸ばしてきた。757年（天平宝字元），対立する橘奈良麻呂を滅ぼす（橘奈良麻呂の変）と，仲麻呂は淳仁天皇を擁立して権力を独占した。しかし，後ろ盾だった光明皇太后が没すると孤立し，764年（天平宝字8），孝謙上皇に寵愛されて政界に進出してきた道鏡を排除しようと挙兵したが滅ぼされた（恵美押勝の乱）。その後，道鏡は称徳天皇（孝謙上皇の重祚）のもと，太政大臣禅師，法王にまでのぼり，769年（神護景雲3）には，宇佐八幡宮の神託によって道鏡を皇位につけようとする事件が起こった。しかし，これは和気清麻呂らによって阻止され（宇佐八幡神託事件），称徳天皇が没すると道鏡は下野薬師寺へ追放された。

国司と郡司

　律令国家の地方支配は，中央から派遣された国司と，各地の地方豪族から任命された郡司によって担われた。国司は四等官（守・介・掾・目）から構成され，国の等級（大・上・中・下）に応じて定員が定められていた。任期は6年（のちに4年）で，職員令によれば，一般民政のほか，警察，裁判，軍事，交通，宗教など多岐にわたる職務にあたった。郡司も四等官（大領・少領・主政・主帳）から構成され，郡の等級（大・上・中・下・小）に応じて定員が定められていたが，任期の定めは

なかった。しかし，実際には比較的短期間で交替していたようである。また，職員令に「掌らむこと，所部を撫養せむこと，郡の事検へ察むこと」とあるように，国司とは異なり，抽象的な職掌規定になっている。

国司と郡司が，それぞれの職務にあたる役所（官衙）が国府と郡家である。各地の発掘調査によると，国府は国庁（政務・儀式の場），曹司（行政実務を分担する各部署の建物群），国司館（国司の官舎），正倉院（倉庫群）などの諸施設か

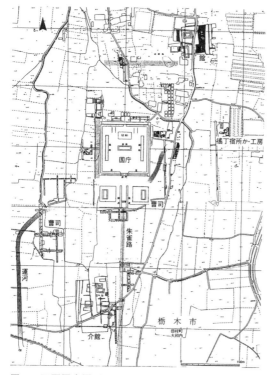

図13 下野国府図（佐藤信編『史跡で読む日本史4 奈良の都と地方社会』吉川弘文館，2010年）

ら構成されていた（図13）。郡家は国府の小型版ともいえ，国府と同様に郡庁，正倉院，館（宿泊施設），厨（給食施設）などの諸施設から構成されるが，国府ほど画一性が高くなく，地域ごとのバリエーションが認められる。

国司と郡司によって支配された民衆は，租・調・庸などさまざまな租税を課せられた。民衆からの租税徴収の実態を示す一例として，新潟県（越後国）新潟市の的場遺跡を紹介しよう。的場遺跡は信濃川の河口近くに位置し，周辺にはかつて潟湖や湿地が点在していた。発掘調査では，8600点以上にもおよぶ大量の漁具（漁網につける浮きとおもり）が出土し，この遺跡は官営の漁業基地と考えられている。また，「鮭」と

書かれた木簡や鮭の歯も出土した。ところで,『延喜式』(律令法の施行細則を集大成した法典)によれば,越後国は毎年,大量の鮭を調・庸などとして都に貢進していた。これらのことからは,国司や郡司が民衆を動員して,いっせいに鮭漁を行わせ,そこで得られた鮭を調・庸として都へ貢進するという,租税徴収の実際のあり方がうかがえよう。

仏教と民衆

聖武天皇は,藤原広嗣の乱に衝撃を受けて都を転々とするなかで,741年(天平13)に国分寺建立の詔,同15年に大仏造立の詔を出した。これらは混乱する政治情勢や社会不安に対して,仏教の力で平和や安定をもたらそうとする鎮護国家の思想によるものであり,奈良時代には宮中や諸国で護国経典を転読する護国法会がたびたび行われた。

いっぽう,大仏造立の詔で「人情に,一枝の草,一把の土を持ちて,像を助け造らんことを願う者あらば,恣に聴さん」と述べられ,大仏造立への民衆の参加が期待されていたことからもうかがえるように,仏教は民衆の間にも広まっていった。日本最古の仏教説話集の『日本霊異記』によれば,村々には仏像が安置された仏堂があり,村人が貧困からの救済や健康の回復を求めて懸命に祈るすがたが記されている。村の仏堂には私度僧が住んで活動したり,時には都の大寺院の僧が訪れたりもした。仏教が民衆の間にも広まっていたことは,集落遺跡の発掘調査からも確認されている。仏堂と考えられる四面に廂の付いた掘立柱建物跡が検出され,周辺から瓦塔,香炉,仏鉢などの仏具や「寺」「仏」などと書かれた墨書土器が出土している。

【参考文献】
大津透『律令制とはなにか』(日本史リブレット,山川出版社,2013年)
坂上康俊『平城京の時代(シリーズ日本古代史4)』(岩波新書,2011年)
佐藤信『古代の地方官衙と社会』(日本史リブレット,山川出版社,2007年)
中村順昭『地方官人たちの古代史』(歴史文化ライブラリー,吉川弘文館,2014年)

第7章 平安遷都

平安遷都と蝦夷戦争

　称徳天皇が没すると天智天皇の孫の光仁天皇が即位し，妻の井上内親王が皇后に，その子の他戸親王が皇太子になった。井上皇后は聖武天皇の皇女なので，他戸皇太子は天武（聖武）系の皇子でもあった。ところが，井上皇后は光仁天皇を呪詛したとしてその地位を追われ，他戸皇太子も廃された。かわって皇太子となったのが光仁天皇の長子で，渡来系氏族出身の高野新笠を母とする山部親王である。781年（天応元），山部親王は桓武天皇として即位し，ここに奈良時代までの天武系にかわる天智系の皇統が確立した。

　天皇の母方の出自が重視されていた当時において，渡来系氏族出身者を母とする桓武天皇の権力基盤は脆弱だった。権力強化のために桓武天皇が行った二大事業が，新しい都の建設（造都）と東北地方の蝦夷征討（征夷）であった。

　新しい皇統にふさわしい，新しい都の地に選ばれたのは山背国長岡だった。この地は山陽道・山陰道が通り，桂川・宇治川・木津川の合流点を眼前にひかえた水陸交通の要衝だった。また，この地は渡来系氏族と関係の深い場所でもあった。これらのことが長岡の地が選ばれた理由と考えられる。784年（延暦3），造営工事が続くなか，長岡京への遷都が行われた。しかし，住みなれた平城京を離れることへの反発も大きく，長岡京造営を主導する藤原種継が暗殺される事件がおこった。事件には大伴・佐伯氏のほか，皇太子の早良親王もかかわったとして淡路に流され，その途中，みずから食を断って没した。この後，あい

つぐ河川の氾濫などにより長岡京の造営は進まなかった。また，桓武天皇の身辺では皇太子安殿親王（のちの平城天皇）の病など不穏なことがつづき，早良親王の怨霊によるとされた。そのため桓武天皇は長岡京を廃し，794年（延暦13）に平安京に遷都した。

いっぽうの征夷は，789年（延暦8）に蝦夷の族長アテルイらのために大敗を喫したが，801年（延暦20），坂上田村麻呂を征夷大将軍とする4万の軍勢が蝦夷軍を破り，翌年には胆沢城，さらに翌年には志波城がきずかれた。これらの城柵は東北経営の拠点となり，律令国家の支配は東北北部にまでおよぶようになった。しかし，造都や征夷は，民衆の大きな負担となり，国家財政を逼迫させた。桓武天皇は今後の方針について藤原緒嗣と菅野真道に論じさせ，造都（造作）と征夷（軍事）の停止を主張した緒嗣の意見を採用した。

藤原北家の隆盛

9世紀前半の桓武・嵯峨天皇の時代は，天皇が比較的強い権力を握り，貴族を押さえて国政をリードした。しかし，同時に藤原氏の北家が姻戚関係によって天皇家との結びつきを強め，他氏族を排除して勢力を伸ばしはじめた時期でもあった。

薬子の変（810年）で式家が没落した後，嵯峨天皇の信任をえた北家の冬嗣は蔵人頭に就任し，娘の順子を正良親王（のちの仁明天皇）の妻として北家隆盛の礎をきずいた。

冬嗣の子の良房は，842年（承和9），皇太子の恒貞親王（淳和天皇の皇子）を担いで謀叛を企てたとして伴健岑，橘逸勢らをしりぞけ，かわって順子の子の道康親王（のちの文徳天皇）を皇太子とした（承和の変）。866年（貞観8）には，大納言伴善男が左大臣源信の失脚をねらって平安宮応天門を炎上させる事件が起こった。善男は配流され，伴（大伴）氏は完全に没落した（応天門の変）。この間，良房は娘の明子を

道康親王の妻とし，858年（天安2），明子の子の惟仁親王がわずか9歳で即位（清和天皇）すると，良房は外祖父（母方の祖父）として政治の実権を握った。さらに応天門の変の直後には，良房に「天下の政を摂行せしむ」との勅が下された。

　良房の養子の基経は，宮中で乱行が絶えなかった陽成天皇を廃し，884年（元慶8），仁明天皇の子の光孝天皇を擁立した。光孝天皇は基経に対して，天皇への奏上と命令の下達のすべての政務にあずかるべきことを命じた。つづいて即位した宇多天皇は，887年（仁和3），基経に「万機を関白せしむる」との詔を下した。基経が就任を一度辞退すると，宇多天皇はふたたび関白就任の勅を出した。ところが，この勅には実職をともなわない「阿衡」に任じるとの文言があったため，基経は抗議して出仕せず，政務が混乱した。宇多天皇は先の勅を撤回し，あらためて基経を関白に任じた（阿衡の紛議）。この事件の背後には，勅の起草者である橘広相を処分するねらいがあったと考えられる。

　基経が没すると宇多天皇は摂関をおかず，菅原道真を近臣として重用した。つづく醍醐天皇も摂関をおかず，基経の子の時平を左大臣，道真を右大臣に任じたが，901年（昌泰4），道真は時平の策謀により失脚し大宰府へ流された。

　一般的に良房・基経の時代が摂政・関白のはじまりとされるが，このころの摂関はまだ明確な地位として確立しておらず区別もあいまいであった。摂関の権能が明確になり，摂関常置の摂関政治の時代を迎えるのはもう半世紀ほど先である。

富豪層と院宮王臣家

　8世紀後半から9世紀前半にかけて，地方社会では農民の階層分化が進み，貧富の差が拡大した。没落して口分田の耕作を放棄する農民がいるいっぽうで，稲穀や田畑などの財産をたくわえた有力農民が出現し

た。彼らは史料上では「富豪之輩」として現れ，研究上では富豪層と称される。富豪層は大量に蓄積した稲穀を農民に貸し与えたり（私出挙），私田の直接経営（営田）を行ったりして，没落した農民を吸収するとともに，周辺の農民に対する私的支配を拡大させていった。さらに9世紀後半以降になると，中央の院宮王臣家（皇族・上流貴族）と結託して「王臣家人」と称し，調庸などの納入を拒否したり，部内で騒擾を引きおこしたりして国司や郡司と対立するようになる。富豪層の活動は，律令制にもとづく地方支配体制を動揺させ，のちの負名体制につながる新たな支配体制構築の前提となった。

いっぽうの院宮王臣家は，富豪層を介して各地に私的大土地所有を展開させた。このような動向に対して政府は，902年（延喜2），いわゆる延喜の荘園整理令を含む一連の法令を出して，律令制の立て直しをはかるとともに，院宮王臣家と富豪層との結託を制限しようとした。しかし効果はあまり上がらなかった。

新潟県長岡市の門新遺跡は富豪層の居宅とみられる遺跡である（図14）。廂をもつ大型掘立柱建物を主屋とする複数の建物跡や旧河道などが検出され，旧河道の川岸の一部はテラス状になっており荷上場と考えられている。近くからは倉庫とみられる総柱建物跡も見つかった。この他，鍛冶工房，漆塗り工房の建物も検出され，出土した漆紙文書には「延長六年」（928）の年紀を有するものや，太刀や米

図14　門新遺跡遺構配置図
（和島村教育委員会『門新遺跡』）

の請求を内容とするものがあり，この遺跡が富豪層の経営の拠点施設として機能していたことがうかがえる。

最澄と空海

630年（舒明2）にはじまる遣唐使には，多くの留学生・留学僧が随行し，唐の最新の制度や文化をもたらした。804年（延暦23）の遣唐使に従って入唐し，その後のわが国の仏教に大きな影響を与えたのが最澄と空海である。

近江国出身の最澄は，国分寺や比叡山で修行したのち，渡唐して最新の天台教学を学んだ。帰国後は，桓武天皇の信任のもと比叡山に延暦寺を建てて天台宗を開いた。最澄は，天台宗を発展させるために独自の大乗戒壇（僧尼らに戒律を授ける場）の設立をめざした。しかし，既存の南都諸宗の激しい反対により存命中にははたされず，死去直後の822年（弘仁13），大乗戒壇の設立が嵯峨天皇により勅許された。延暦寺はのちに日本の仏教教学の中心地となり，鎌倉時代に新しい宗派を興す開祖の多くが延暦寺で学んだ。

讃岐国出身の空海は，山林修行に励み，儒教や道教に対する仏教の優位を説いた『三教指帰』を著わしたのち，渡唐して密教を学んだ。師事した青龍寺の僧恵果は，わずか3ヵ月のうちに密教の奥義を空海に伝授したという。帰国後，空海は高野山に金剛峰寺を建てて真言宗を開き，また嵯峨天皇から平安京の教王護国寺（東寺）を賜った。秘密の呪法の伝授・習得によって悟りを開き，加持祈禱を重んじる密教は，現世利益を求める皇族・貴族たちの支持を集め，勢力を拡大させた。この後，天台宗でも円仁・円珍によって密教が本格的に取り入れられた。

【参考文献】
川尻秋生『平安京遷都（シリーズ日本古代史5）』（岩波新書，2011年）
東野治之『遣唐使』（岩波新書，2007年）
中村修也『平安京の暮らしと行政』（日本史リブレット，山川出版社，2001年）

第 8 章 摂関政治と地方の争乱

受領と負名

　10世紀前半の醍醐・村上天皇の時代は，のちの世の人から「延喜・天暦の治」と讃えられ，天皇親政の理想的な時代とされた。しかし，実際には律令体制の行きづまりが明確になった時期であった。戸籍・計帳による人別支配が崩れ，調庸の徴収による国家財政の維持ができなくなった。こうした事態に対して政府は，従来の地方政治のやり方を変更し，国司のうちの最上席者に一定額の納税を請け負わせて，国内の統治をゆだねる方針をとった。国司の最上席者は受領とよばれた。

　受領は国内の田地を名という徴税単位に分けて，田堵とよばれる有力農民（富豪層）にその耕作を請け負わせ，名の面積に応じて，従来の租・調・庸・雑徭などに相当する官物や臨時雑役を課した。それぞれの名には請負人の名がつけられ，彼らは負名ともよばれた。このような名を単位として課税する支配体制を負名体制といい，この支配体制にもとづく国家のことを，研究上では王朝国家とよんでいる。

　名の耕作を請け負う田堵のなかでも，大規模経営を行う者は大名田堵とよばれた。11世紀半ばに成立した『新猿楽記』に登場する大名田堵田中豊益は，架空の人物ではあるが，「或は堰塞・堤防・墹堀渠・畔畷の忙に於て，田夫農人を育ひ，或は種蒔・苗代・耕作・播殖の営に於て，五月男女を労るの上手なり」などと有能な農業経営者として描かれている。

　山形県米沢市の古志田東遺跡は，9世紀末から10世紀初頭にかけての有力者の拠点施設とみられる遺跡である。発掘調査で農業労働の動員

にかかわる2点の木簡が出土した。その労働の内容は、1点が灌漑施設の維持・管理などの土木作業にかかわるもの（図15）、もう1点が田植えに関わるものとみられ、『新猿楽記』の「田夫農人」と「五月男女」のそれぞれの労働内容との対応関係が指摘されている。古志田東遺跡は、田中豊益のような大名田堵の農業経営の拠点施設と考えられよう。

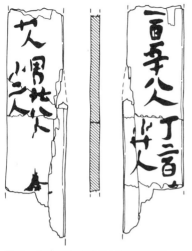

図15 古志田東遺跡出土木簡実測図
（米沢市教育委員会『古志田東遺跡』）

天慶の乱

9世紀末から10世紀前半にかけて、争乱が全国的に続発し、政府は鎮圧のため押領使や追捕使を派遣した。押領使や追捕使には、弓射・騎馬といった武芸を専業とする職能人が任命され、彼らは武士（「武者」）とよばれた。このように、武士は単なる武装集団ではなく、武芸をもって朝廷や貴族に仕える職業的な戦士集団として歴史の舞台に登場したのである。平将門の祖父高望王（桓武天皇の曾孫）は、889年（寛平元）に平姓を賜って臣籍に下り（桓武平氏）、関東に下向したが、その目的は群盗などの鎮圧にあったとみられる。高望王の子（国香・良兼・良持ら）は関東に土着し、各国の国府の役人となって勢力を拡大した。

下総国を本拠地としていた将門は、父の遺領をめぐる相続争いなど、一族内での抗争をくりかえしていたが、939年（天慶2）、常陸国司に反抗していた藤原玄明を擁護し、国家に対する反乱を起こした（平将門の乱）。常陸・下野・上野の国府を攻め落として、関東の大半を制圧した将門は、みずから「新皇」と称して関東に独立国を樹立しようとしたという。しかし、翌年、一族の平貞盛と下野国押領使の藤原秀郷に本

拠地を襲撃され，将門は討たれた。

　ほぼ同じころ，西国では藤原純友が反乱を起こした（藤原純友の乱）。当初，純友は伊予掾（国司の三等官）として海賊の鎮定にあたっていた。ところが，理由はよくわかっていないが，一転して海賊をひきいて反乱を起こしたのである。瀬戸内海周辺の各地を襲撃し，941年（天慶4）には大宰府を炎上させた。しかし，同年，追捕使小野好古や源経基らによって討たれ，純友の乱は鎮圧された。

　この東西で起こった2つの反乱は，時の年号から天慶の乱とよばれる。天慶の乱は，都の貴族たちに強烈な衝撃を与え，この後，争乱が起こるたびに想起されるなど，その記憶はトラウマとなって後々まで残りつづけた。また，天慶の乱の鎮圧者の家系は特別視され，この後，武士の家柄は，天慶の乱の鎮圧者の子孫の家系に限定されていった。

摂関政治

　930年（延長8），醍醐天皇が没し，8歳の朱雀天皇が即位した。外祖父の藤原忠平が摂政となり，天皇の元服後には関白に任じられた。同じ天皇で，幼少時には摂政，成人後には関白になるというのは，この時が初めてであり，良房・基経の時にはあいまいだった摂政と関白の区別が明確になった。この後，967年（康保4）に忠平の子の実頼が冷泉天皇の関白となり，さらに969年（安和2）の源高明の失脚（安和の変）後には，円融天皇の摂政に任じられた。これ以降，摂関は常置され，その地位には忠平の子孫がついた。のちの道長・頼通の時代に全盛期を迎える摂関政治の基礎は，忠平の時代に形成されたのである。

　摂関家（摂政・関白を出す家柄）の内部では，摂関の地位をめぐる激しい抗争があったが，996年（長徳2），道長と争っていた伊周が左遷されると収束した。前年に内覧の宣旨を受けていた道長は左大臣に任じられて権力の頂点に立った。

道長は，天皇の外戚(がいせき)となるために4人の娘をつぎつぎと中宮(ちゅうぐう)（皇后）や皇太子妃とした。当時は，生まれた子が母方の手で養育・後見されるなど，子に対する母方の影響力が大きかった。そのため，摂関としての権力を充分にふるうためには天皇の外戚になる必要があったのである。道長は，1016年（長和(ちょうわ)5），娘彰子(しょうし)の子を即位（後一条(ごいちじょう)天皇）させて，念願の外戚（外祖父）となり，その後も，後朱雀(ごすざく)・後冷泉(ごれいぜい)天皇の外祖父として権勢をふるった。

　ところで，摂関政治というと摂関が独裁的な政治を行っていたと思われがちだが，実際は違った。政務は太政官(だいじょうかん)の公卿(くぎょう)会議で審議され，天皇（幼少時は摂政(だいじょう)）の決裁を経て，太政官符(だいじょうかんぷ)や宣旨(せんじ)などの文書で実施されたのである。

　摂関政治を経済的に支えていたのが，前述した受領である。中央政府の官職からあぶれた中下級貴族は活路を地方に求め，受領に任じられることを望んだ。受領は，いっぽうでは一定額の納税によって摂関期の恒常的な国家財政を支えたが，他方では民衆に対して厳しい収奪を行い，尾張守(おわりのかみ)藤原元命(もとなが)のように，その苛政(かせい)を郡司・百姓から訴えられる者もいた。また，『今昔物語集』に収録された信濃守(しなののかみ)藤原陳忠(のぶただ)の説話からは受領の貪欲(どんよく)さがうかがえる。ここまで受領が貪欲で，民衆に過重な負担を強いた理由は，みずからのつぎの官職を得るためであった。この頃，官職を得るには，朝廷の儀式の費用や内裏(だいり)・寺社の造営費用を負担するなど，経済的貢献（功(こう)）をつくすことが重要であった。また，受領功過定(こうかさだめ)（受領の勤務評定の会議）の審査を有利に進めてもらったり，つぎの官職に推薦してもらったりするため，摂関や公卿らに対して経済的奉仕をする必要もあった。摂関期の上級貴族の華やかな生活は，このような受領の活動によって支えられていたのである。

浄土の信仰

　摂関政治の時代，阿弥陀仏を信じ，念仏を唱えて，来世の極楽浄土への往生を願う浄土教の信仰が，貴族だけでなく民衆の間にも広まった。
　空也は，京の市井で念仏の教えを説き，貴族や庶民の信仰を集めて「市聖」とよばれた。天台宗の僧源信（恵心僧都）は，多くの仏教経典から，極楽と地獄の様相を示した文章を引いて『往生要集』を著わし，極楽浄土に往生するための念仏の具体的方法を示した。また，慶滋保胤の『日本往生極楽記』をはじめとする往生伝や，阿弥陀仏が往生しようとする人びとを迎えにくる場面を描いた来迎図なども作成され，人びとの信仰を助けた。
　浄土教の信仰は，末法思想という仏教の終末観によっていっそう高められた。末法思想は，釈迦の入滅後，正法・像法の時代を経て，仏の教えが廃れた末法の世が到来するという思想で，1052年（永承7）から末法の世に入ると説かれていた。飢饉や疫病，争乱などが打ちつづく現世は，まさに末法の世のようであり，人びとは来世での救済を強く求めたのである。末法の世の到来に備えて，経典を後世に伝えようとする経塚が各地につくられた。
　1027年（万寿4），権勢をきわめた藤原道長が没した。『栄花物語』はその最期の様子を「御目には弥陀如来の相好を見奉らせ給，御耳にはかう尊き念仏をきこしめし，御心には極楽をおぼしめしやりて，御手には弥陀如来の御手の糸をひかへさせ給て，北枕に西向に臥させ給へり」と記す。これが当時考えられていた理想的な臨終のすがたであった。

【参考文献】
川尻秋生『平安京遷都（シリーズ日本古代史5）』（岩波新書，2011年）
佐々木恵介『受領と地方社会』（日本史リブレット，山川出版社，2004年）
古瀬奈津子『摂関政治（シリーズ日本古代史6）』（岩波新書，2011年）

II 中世

第9章 院　政

延久の荘園整理令

　1068年（治暦4），9世紀末の宇多天皇が譲位した後約170年ぶりに，藤原氏を外戚としない天皇が即位した。後三条天皇である。天皇は大江匡房ら中流貴族や学者らを登用し，村上・醍醐源氏などの皇族出身者を政界に進出させるなどして親政を行った。また，天皇は，桓武天皇の政策を意識して，エミシ征討を実施するとともに（延久合戦），10年前に焼失した内裏の造営を進めた。それを実現するために中央政府による全国の一元的な支配を意図し，さまざまな政策を実施した。その代表が①延久の荘園整理令の発布，②宣旨枡の制定，③大田文の作成である。

　①は，1069年（延久元）に発布され，1045年（寛徳2）以後の新立荘園の停止とそれ以前でも公験（証拠文書）の不明な荘園は停止することを主たる内容としていた。まず，荘園の所在地，領主，田畠の総数の進上を命じ，それを記録荘園券契所（記録所）を設置して中央政府が直接審議するという徹底ぶりであった。これは，11世紀中頃以降進みつつあった領域型荘園（後述）の形成をおさえ，田地と特定の人の支配だけを認めていたそれ以前の段階へ引きもどすことを意図していた。

　③は，①にもとづいて進上された「田畠総数」を一国ごとに整理した土地台帳で，のちに鎌倉幕府によって作成された大田文の先駆形態である。これは，内裏造営や伊勢神宮造営などの国家的な行事や事業の費用を獲得するために，11世紀中ごろから「荘園・公領を論ぜず」賦課されるようになった一国平均役の基礎台帳としての役割をはたした。②は，一国平均役の賦課による収納米を全国一律に計量するための公定枡

で，内裏造営の費用を捻出するために不可欠な施策であった。

白河親政

　後三条天皇は，政策を遂行するためわずか4年で退位し，白河天皇に譲位した。院政をめざしたともいわれるが，半年後に死亡したため詳細は不明である。白河天皇は，後三条にとっては皇統を継承させるまでの中継ぎでしかなかったが，最近は白河が後三条の遺志にそむいて独自の政策を遂行したことが指摘されている。その代表が法勝寺と鳥羽殿の建立である。

　法勝寺は，1077年（承暦元）に平安京の東北，白河に建立された。それ以前の天皇の御願寺が洛西の仁和寺付近に建立されたのとことなっており，白河がみずからの皇統を確立しようとする意志の表れであった。実際，法勝寺は14世紀にいたるまで，「国王の氏寺」として天皇家にとってもっとも重要な祖先祭祀の寺院であった。

　いっぽう鳥羽殿の建立は，洛南の鳥羽地域の開発と一体として進められた。これは，譲位後の上皇の居住空間の確保を意図したものと考えられる。このように，白河天皇は，平安京郊外の白河・鳥羽の地を拠点に，みずからの皇統の確立をめざして独自の政策を展開したのである。

　また，荘園に対する姿勢についても注目される。後述のように，荘園制が確立するのは鳥羽院政期であるが，それの前提となる立荘が行われた。それは醍醐寺円光院領牛原荘（越前国）の成立である。円光院は白河天皇の中宮賢子の菩提所であった。のちに増大する天皇家領荘園は，院の妻や娘である女院に寄進されたものが多かったから，この円光院領はその先駆けであった。また，1083年（永保3）には伊勢神宮と春日神社へ田畠が寄進されている。これも，その後の院による寺社への荘園寄進の前提となるできごとであった。

院政の展開

　院政とは，天皇の直系尊属にあたる退位した上皇(院)が，天皇在位中のさまざまな制約から離れた自由な立場で，朝廷の政治を事実上左右する政治形態のことであり，院政の政務を司るために設置されたのが院庁である。とはいえ，その初期はすべての政務が院庁で行われたのではなく，日常の政務は依然太政官の陣定で公卿たちの合議によって進められた。

　院政は，1086年(応徳3)，白河天皇が子の堀河天皇に譲位し，上皇としてその後見の任についたことにはじまるとされるが，はじめから院政をめざしていたわけではなく，みずからの皇統を確立することが目的であったといわれる。

　しかし，堀河天皇が29歳で亡くなり，その子宗仁親王が5歳で即位すると（鳥羽天皇），摂関家の力を押さえつつ院政を展開した。ある貴族は，白河の治世を「天下の政をとること五十七年，在位十四年，位を避りて後四十三年，意に任せて法に拘わらず除目・叙位を行い給う」「天下の品秩を破るなり」と評している。長期に政治を独占し，ほしいままに人事を行い，それまでの品格や秩序を壊したというのである。1129年(大治4)，白河上皇が死去し鳥羽上皇が院政を開始する。鳥羽の政策には，白河が晩年に発した殺生禁断令の廃止や摂関家との協調など，白河院政からの転換がみられる。

　このようにして始まった院政の特徴として以下の諸点が指摘できる。まず，女系から男系直系相続へ変化したことである。摂関政治は天皇の「ミウチ」を基盤にした政治であったが，その「ミウチ」が藤原道長流の独占などにより減少するにともない，父が皇位継承者を自分の意志によって決定するという方式が生まれたのである。

　つぎに政策決定の場の変化である。先述のように，その初期は太政官

の陣定で行われていたが,白河院政後期には院のもとで行われる院御所議定（ぎじょう）が国政の決定まで行うようになった。とくに僧兵（そうへい）の強訴（ごうそ）やそれに対する武力の発動など緊急事態における政策決定が行われた。

表1 能登国における荘園の成立

立荘の年代別	荘園数	面積 町.反.歩.	%
A (「往古荘園」)	1	30. 0. 0.	2
B (1051年)	1	85. 6. 7.	6
C (1136～50年)	8	1067. 9. 5.	74
D (1184～97年)	9	197. 9. 9.	14
E (1204～75年)	9	56. 0. 2.	4
合計	28	1437. 6. 3.	100

出典）石井進「院政時代」『講座日本史』2，東京大学出版会，1970年

3つ目は，財政構造の転換である。国家的な給付である封戸（ふこ）から荘園へ大きく転換した。とくに堀河天皇死後，白河院政が本格化すると，院庁下文（いんのちょうくだしぶみ）や院宣（いんぜん）などによる院主導の荘園の立券（りっけん）が増大し，それはつぎの鳥羽院政においてピークをむかえ，荘園公領制が確立した。

荘園と公領

先にも述べたように，中世的な荘園が本格的な確立期を迎えるのは鳥羽院政期であった。それは，鎌倉時代の能登（のと）国や若狭（わかさ）国の大田文にもとづいてその立荘の年代を調べたところ，鳥羽・後白河院政期に大きく増大していること，それに比してそれ以前や鎌倉期の立荘が少ないことなどが明らかになったのである（表1）。さらにこの大田文の分析から，確立した荘園制といってもすべての耕地が荘園となったわけではなく，一国の耕地面積（おもに水田）の50～60％を超えることがなく，残りの40～50％は国衙領（こくがりょう）（公領（こうりょう））であったことが判明した（表2）。このように，荘園と国衙領によって構成され，中世社会を基底でささえた土地制度を荘園公領制という。

この荘園増大の前提には11世紀中ごろ以降活発化する在地領主による開発所領の形成がある。11世紀以降，財政が窮乏化（きゅうぼうか）した各国の国衙

表2 大田文からみた荘園, 公領の面積 (単位は町)

国名	年次	荘園	面積比(%)		公領 ( )内は半不輸
常陸	嘉元4 (1306)	3042	44	56	4961
能登	承久3 (1221)	1438	70	30	613
若狭	文永2 (1265)	604	26	74	1739
淡路	貞応2 (1223)	1051	72	28	403
但馬	弘安8 (1285)	3981	73	27	1498
石見	貞応2 (1223)	638	43	57	838
筑前 (鞍手郡)	建久年中	1193	75	25	391
豊前	〃	12614	88	11	1636 (160)
豊後	弘安8 (1285)	5069	74	26	1804 (680)
肥前	正応5 (1292)	11391	76	24	3549
薩摩	建久8 (1197)	1290	33	67	2654 (2442)
大隅	〃	1260	42	58	1759 (1510)
日向	〃	6024	75	25	1962 (1937)

出典)『週刊朝日百科日本の歴史2』1986年

は，在地領主に開発を奨励し，彼らに一定の収益を認めるいっぽうで，彼らの開発所領を「別名」や「保」として国衙領に編成して財源を確保しようとしたのである。それらの在地領主のなかにはより確実な権益を求めて，その開発所領を中央の貴族や寺社に寄進して荘園とする者が現れてきた。このようにして開発所領を基盤にした領域型荘園が成立したのである。

ところで，このような考え方に対して，最近は，院や上級貴族の政治的判断にもとづいた「上からの荘園形成」＝国家給付としての立荘論が提起されている。たとえば先の円光院領荘園や1090年（寛治4）に600余町の田地が神供料として朝廷から寄進された賀茂神社領荘園などがその例である。この後，白河院政期，鳥羽院政期を通じて，院・女院・摂関家の持仏堂などへの荘園寄進があいつぐことになった。たとえば，鳥羽上皇の安楽寿院にはわずか15年で10ヵ所以上の荘園が寄進されている。

領域型荘園の景観と構造

　鳥羽院政期に確立した領域型荘園の景観と構造について簡潔に説明しよう。それは四至（東西南北）と牓示（東北・東南・西南・西北）とによって領域を確定された荘園で、田畠だけでなく村落や山野、池沼などを含んでいる。右に掲げた荘園絵図は12世紀末期の紀伊国桛田荘の景観を描

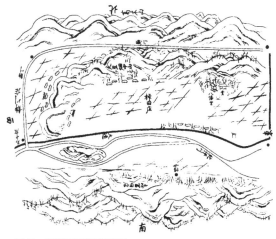

図16　紀伊国桛田荘絵図

いたものであるが（図16）、山裾に5〜7軒ほどの集落が点在し、その前面には田畠が広がっている。絵図の中央やや東側には「堂」と「八幡宮」が記載されているが、ここが荘民の信仰の場であり、ここでは村を運営するための宮座が開かれ、村（惣）掟などが作成されたのであろう。真ん中の丘陵には「大豆畑中山」と記されているから、大豆などの焼畑が行われていたのかもしれない。

　当時の荘園は大きく名田と給免田（除田）に分けられていた。名田は名主百姓にわり当てられ、年貢や公事の賦課基準とされた耕地で、その中にはいくつかの経営が含まれていた。名主が名田全体の納税責任をもった。1つの荘園は大小の数個の名田から構成されていた。給免田（除田）は、荘官や手工業者の手当として与えた人給田と荘内の寺社の経営費用として与えられた仏神田、用水路の維持や修復費用にあてる井料田や堰免があった。

『今昔物語集』と絵巻物

　平安後期の文化を代表するのは『今昔物語集』の編纂と絵巻物の制作であろう。『今昔』はその編纂の最後が12世紀初頭の白河院政期であることが確認されている以外未確定な部分が多いが，天竺（インド）・震旦（中国）・本朝（日本）に関する膨大な仏教説話と世俗説話を集めた全31巻（現存は1040話）には当時期の社会の諸相がみごとに活写されている。とくに，活力に満ちた「下衆」（民衆）の世界の発見は特筆すべきである。『今昔』の作者は，さまざまな場面で「心賢き奴は，下衆なれども」とか「思量有り心賢かりける奴」など，当時の民衆の行動をある種の共感をもってえがいている。中世的な社会を切り開こうとたくましく生きる民衆を発見した驚きともとれる。

　『今昔』は民衆の立場から支配者である貴族や武士を風刺するのも忘れていなかった。たとえば，芥川龍之介の小説『芋粥』で有名な利仁将軍の話では，若狭国の利仁将軍の豊かな生活と「芋がゆ」につられて下向した下級貴族の勢いのなさを対比的にみごとにえがいている。

　また，絵巻物というジャンルが完成するのもこの時期である。大和絵の技法で濃厚な色彩を用いて優雅な貴族の世界をえがいた『源氏物語絵巻』を筆頭に，『伴大納言絵巻』『信貴山縁起絵巻』など多くの絵巻物が制作された。これら絵巻物の制作には院を筆頭にした上級貴族が関与したと考えられ，絵巻物の絢爛さは彼らの権威を荘厳する役割をはたした。

　これらのなかには，『伴大納言絵巻』のように，貴族層や支配者だけでなく，炎上する応天門を前に右往左往する貴族や下級官人に加えて民衆のすがたをいきいきとえがいたものや，同時期に作成された『鳥獣戯画』のように，動物を擬人化してえがき，民衆の立場から当時の世相を風刺するものも現れた。

このように，説話や絵巻物の世界に「下衆」的要素が豊かに取りいれられている点こそ，この時代の文化の特徴ということができる。
　いっぽう，摂関時代に普及しはじめた浄土教の思想は，聖や上人などとよばれた民間布教者の活動によって，院政期には全国に広まった。それにともない地方にも浄土教美術が広がり，各地に阿弥陀仏を祀る阿弥陀堂が建築された。奥州平泉の中尊寺金色堂（岩手県平泉町），陸奥の白水阿弥陀堂（福島県いわき市），豊後国東半島の富貴寺大堂（大分県豊後高田市）などが有名である。
　なかでも奥州藤原氏の初代清衡によって建立された中尊寺金色堂は，堂の内面全体に金箔がはられ，その上に多数の螺鈿が配されるなど美術性の高い阿弥陀堂として有名である。また，その螺鈿に南西諸島産の夜光貝が使用されていたり，壇の下に安置された清衡・基衡・秀衡のミイラが中国仏教の影響を受けた葬送法であることがわかるなど，平泉文化の国際性の豊かさも注目されている。

【参考文献】
木村茂光『中世社会の成り立ち（日本中世の歴史1）』（吉川弘文館，2009年）
荘園史研究会編『荘園史研究ハンドブック』（東京堂出版，2013年）
美川圭『院政―もうひとつの天皇制―』（中公新書，2006年）

第10章 鎌倉開幕

前九年・後三年合戦

　院政が開始されるころ，東北地方では源氏武士団による軍事的介入がつづいた。前九年・後三年合戦である。前九年合戦は，陸奥で勢力を伸ばしていた豪族安倍氏を，陸奥守として下向した源頼義が出羽の豪族清原氏の援助をえて，子の義家とともに討った合戦であり，後三年合戦は，安倍氏に代わって陸奥・出羽に勢力を拡大した清原氏一族の内紛に乗じて，義家が清原氏を討滅させた合戦である。

　この2つの合戦で注目すべき点が2つある。1つは，清原氏嫡流でなかったことも幸いして生きのびた清原（藤原）清衡一族が，以後東北の盟主として平泉を根拠に勢力を伸張させることになったことである（奥州藤原氏）。2つ目は，義家の武士団に関する評価である。これまでは，両合戦の勝利によって義家の名声が高まり所領の寄進があいついだため，朝廷はそれを禁止しなければならなかったことなどを根拠に，源氏による東北地方の武士団編成が進んだ，と評価されてきた。しかし，近年の研究でこの時期の東北地方に有力な武士団は存在していないことが明らかになり，義家の武士団および東北地方における源氏の勢力拡大については，高く評価すべきではないという意見が強くなっている。

　それに代わって，院政期の武士として評価されているのが京武者である。京武者とは，当時の源平の有力武士が軍事的，経済的基盤として畿内周辺の規模の小さい所領しかもっておらず，地方の武士を広範に編成するような存在ではなかったこと，またいっぽうで，政治的・経済的に有力な貴族や寺社に属しその軍事力としての役割をはたしていたことか

ら，新たに提唱された名称である。じつは彼らこそが保元・平治の乱で中心的に活躍する武士なのである。

保元・平治の乱

　半世紀におよぶ白河院政のもとでの白河法皇と鳥羽天皇の対立，また鳥羽院政下における鳥羽法皇と崇徳天皇の対立にみられる天皇家内部での争いと，関白藤原忠通と左大臣頼長兄弟の対立に象徴される摂関家内部の対立は，崇徳の弟後白河天皇の即位によって鳥羽・後白河・忠通対崇徳・頼長という天皇家・摂関家を巻きこんだ権力闘争に発展した。鳥羽方は，源義朝・義康，平清盛ら武士を武力として編成し，崇徳方も源為義・為朝，平忠正らに頼ったため，武士が中央政界の抗争の前面に進出することになった。

　1156年（保元元）7月2日，いっぽうの盟主鳥羽法皇が亡くなると，崇徳方は行動を起こし，10日の夜半から翌日にかけて戦闘が行われたが，後白河天皇方が勝利し，抗争は決着した。崇徳は讃岐に流され，頼長は逃れる途中敗死した。戦闘は短時間であったが，中央政界の政治闘争において武士のはたす役割が明確になったことの意味は大きい（図17）。

　保元の乱後，平清盛と源義朝はそれぞれ政治的地位を獲得したが，2人の武士団の棟梁としての対立も深まった。さらに，後白河上皇による院政がはじまると，院の近臣である藤原通憲（信西）と藤原信頼との間に対立が生じ，それぞれが清盛と義朝を頼った

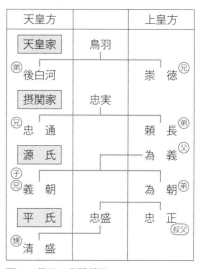

図17　保元の乱関係図

め，信西－清盛，信頼－義朝という対立が明確になった。

　1159年（平治元）暮，信頼と義朝は熊野参詣におもむいた清盛の留守をねらって挙兵し，信西を討った。しかし，清盛が急を知って帰京することによって形勢は逆転し，信頼は討たれ，義朝は東国に逃れる途中尾張国で殺された。これによって，のち伊豆国に流罪になる頼朝や幼少のため諸所に預けられた兄弟をのぞいて，源氏の嫡流は政界から大きく後退し，平氏全盛の時代をむかえた。

　乱後，清盛は正三位参議に任ぜられ，武士として初めて公卿になった。さらに1167年（仁安2）には左右大臣を超えて従一位太政大臣に昇進した。一族もつぎつぎと昇進し，多くの知行国と500を超える荘園を獲得して，「この一門にあらざらむ人は，皆人非人なるべし」と豪語するほどの全盛をきわめた。いっぽう清盛は日宋貿易にも力をそそぎ，摂津国大輪田の泊（神戸港西部）を修復するなど瀬戸内航路の安全をはかった。これによってもたらされた宋銭や香料・高級織物，漢籍や経典などは以後の日本の文化や経済に大きな影響を与えた。

源平の争乱

　後白河院政下での平氏一族の栄達は，いっぽうで院や貴族との対立もはらむこととなった。とくに，清盛の娘徳子が嫁いだ高倉天皇が即位し，外戚としての清盛と一族の朝廷内での位置が強くなるにしたがい，平氏と後白河・貴族らとの関係は悪化した。そのようななか，1177年（安元3）に，院の近臣が平氏打倒の計画を立てたとする鹿ヶ谷事件がおこり，対立はいっそう深刻化した。そして，ついに1179年（治承3），清盛は後白河法皇を幽閉して院政を停止し，反対派貴族を解任するという強行手段にでて（治承3年のクーデタ），翌年には徳子の子安徳天皇を即位させるにいたった。

　平氏の専制と新天皇の正統性を認めない法皇の子以仁王は，源氏庶流

だが宮中で勢力のあった源頼政とともに，1180年（治承4）平氏打倒の兵を挙げた。以仁王の挙兵は失敗したが，王の平氏追討の命令（令旨）は各地に広がり，呼応して挙兵する武士団が現れた。その代表が源頼朝と源義仲であった。

頼朝は，平治の乱後死をまぬがれて伊豆蛭ヶ小島に配流されていたが，1180年4月27日に以仁王の令旨を手にした。頼朝は妻政子の父である北条時政や伊豆周辺の武士とともに挙兵し，8月17日伊豆国の目代山木兼隆の館を襲撃した。その後，石橋山の合戦で敗北するが，房総半島の上総氏や千葉氏，さらに武蔵の秩父平氏一族を味方にすることに成功し，同年10月には源氏ゆかりの地鎌倉に居を構えた。

いっぽう，義仲は木曾から信濃に移って同年9月に挙兵し，北陸道に勢力を伸ばし，上洛をうかがった。また同時期，源氏一族の武田義信らも甲斐で挙兵した。このようにして以後10年にわたる戦乱（治承・寿永の内乱）がはじまった。

頼朝は1180年に富士川合戦で平家軍を破るとともに常陸の佐竹氏を討って南関東を支配下におき，かつ，反乱軍である立場を利用して，頼朝の判断で占領した領地を味方の武士に与えるなどして東国の武士を統合し，東国における軍事政権を実質的に築いていった。

この間，平氏は京都を捨て摂津福原に遷都して西国を固めたが，北陸道を基盤にしていた義仲がついに1183年（寿永2）平氏軍を破って京都に入ったため，平氏は西海に逃れた。これによって，平氏が西国を，義仲が京都と北陸道を，頼朝が東海・東山道を，そして奥州藤原氏が陸奥・出羽を押さえるという「天下四分」の状況が生まれた。この機を狙って，同年10月，頼朝は東海・東山道の支配権を朝廷に認めさせることに成功し（寿永2年10月宣旨），ここに反乱軍であった頼朝軍は朝廷から認められた公的な地位を獲得した。

京都における義仲軍の無秩序ぶりに業を煮やした後白河法皇は頼朝の

上洛を再三うながしたが，頼朝は動かず，ようやく1183年の暮，弟の範頼・義経を上洛させ，翌年義仲を滅ぼした。さらに，義経らは平氏を追って福原を攻め，摂津一ノ谷，讃岐屋島の戦いで勝利し，そして1185年（文治元）3月に長門壇ノ浦において平氏を滅ぼした。

　この間，頼朝は彼のもとに結集してくる武士（御家人）を統制し軍事・警察を掌る侍所（1180年），政務一般を掌る公文所（のちの政所）と訴訟裁判を担当する問注所（1184年）を設置して，権力の基盤を作り上げた。そして，平氏滅亡を機に，義経と叔父行家の追討と平氏残党の捜索を口実に守護・地頭の設置を要請し，勅許を得た（1185年）。これは，東海・東山道の軍事政権にすぎなかった頼朝政権が全国的統治権のうちの軍事指揮権を朝廷から公認されたことを示している。

鎌倉幕府の成立

　対立した義経が奥州藤原氏に身を寄せていることを知った頼朝は，義経追討を藤原氏に要請したが実現しなかったので，1189年（文治5），藤原氏追討の準備を開始した。頼朝の圧力に屈した藤原泰衡はついに衣川で義経を討った。これで藤原氏追討の口実がなくなり，後白河法皇が反対したにもかかわらず，頼朝は大軍を三手に分けて平泉を攻めた。陸奥国の阿津賀志山での合戦以外は合戦らしい合戦もなく，あっという間に泰衡を滅ぼしたが，頼朝はこれでおさまらず，さらに北の厨川まで軍を進めた。ここに頼朝の奥州攻めの本当の意図があった（図18）。

　というのは，この厨川は祖先の源頼義が前九年合戦で安倍氏を破り，戦勝の儀式を行った地であったのである。頼朝は平泉で奥州藤原氏を破ったにもかかわらず，この地まで来て頼義が行った故実を再現し，自分が頼義以来の源氏の嫡流であることを御家人に知らしめることこそ目的だったのである。

　奥州藤原氏を討滅した頼朝は，1190年（建久元），挙兵後初めて上洛

し、後白河法皇に会うとともに、権大納言、右近衛大将に任命されたが、すぐにそれらを辞し鎌倉にもどった。そして、法皇が死んだ1192年にも上洛し頼朝は「大将軍」に就くことを要請したところ、朝廷は「征夷大将軍」に任じた。頼朝は数年後には征夷大将軍も辞し、「前右大将」「前将軍家」を名乗って政治を行った。

このようにして、建久年間には朝廷と幕府の関係、さらに御家人制を中核とする幕府の支配体制も整備され、鎌倉幕府は朝廷のもとで軍事警察権を担う公権力として確立することになった。

図18　奥州合戦関係図
（川合康『源平合戦の虚像を剥ぐ』講談社、1996年）

このような理解をさらにおしすすめて、中世国家を朝廷と幕府に代表させるのではなく、中世国家は朝廷・貴族と幕府と大寺社の3つの権門（権力をもった門閥）が相互補完して成り立っている、という考え方が出され、多くの研究者の支持を得ている。これを「権門体制論」という。もう少し付け加えると、朝廷・貴族が政事と儀礼を、幕府が軍事警察機構を、大寺社が宗教とイデオロギーをそれぞれ分担しつつ相互に補完しあって、全人民を支配しているという考え方である。

【参考文献】
川合康『源平合戦の虚像を剥ぐ』（講談社学術文庫、2010年、初出1996年）
斉藤利男『奥州藤原三代』（日本史リブレット人、山川出版社、2011年）
髙橋昌明『平家の群像―物語から史実へ―』（岩波新書、2009年）

第11章 執権政治の展開

承久の乱

　順調にすべりだした鎌倉幕府であったが，1199年（建久10），カリスマ的存在であった頼朝が死亡すると将軍専制体制が崩れた。あとを継いだ頼家と母の政子や北条時政・義時らは有力御家人の合議制で政務を遂行する体制に移行した。しかし，主導権をめぐる有力御家人の対立は収まらず，比企氏の乱（1203年），畠山重忠の乱（1205年），和田義盛の乱（1213年）などが起こり，つぎつぎと滅ぼされた。将軍家も同様で，時政らによる将軍頼家の殺害（1204年），さらには頼家の遺子公暁による3代将軍実朝暗殺事件（1219年）などが起きた。北条氏は時政が政所別当に就いたり，義時が政所別当と侍所別当を兼任するなど，執権政治体制を整えて難局を乗りこえようとしたが，政局の動揺は収まらなかった。

　このような幕府の動揺を前に，後鳥羽上皇を中心とする朝廷勢力は院直属の西面の武士など武力を強化しつつ，1221年（承久3）5月，幕府打倒をめざして執権義時追討の院宣を発布した。これに対して，幕府の御家人は「頼朝の恩にこたえよ」という政子の檄に結束して，19万という大軍をもって京都に攻めこんだ。軍事力の差は歴然で，鎌倉出発後わずか1ヵ月たらずで京都を占領した（承久の乱）。朝廷方の大敗北であった。

　朝廷方の中心人物である三上皇（後鳥羽・土御門・順徳）は配流され，他の主要な公卿・武士らは処罰された。その結果，朝廷方の西国を中心とした3000余ヵ所の所領が没収され，そこにいっせいに地頭が配

置された。このとき配置され，新補率法（田畠11町につき1町の給田畠，段別5升の加徴米，山川からの収益の半分）の適用を受けた地頭を，それ以前の地頭と区別して新補地頭という。新補地頭には東国の御家人が補任され，彼らは一族を引きつれて新恩地に移住したから（西遷御家人という），幕府の西国に対する支配権は大きく進展した。

　しかし，このような御家人の大移動は新たな問題を生んだ。まず，西国に移住した御家人を統率する機関が必要になった。そのために幕府は京都に六波羅探題を設置して，朝廷や貴族の動静を監視するとともに，尾張国（のち三河）以西の御家人の統率にあたらせた。2つ目は，東国武士の生活様式や支配方式などが直接西国にもちこまれたため，西国の荘園領主や荘官・百姓らとの間でさまざまな矛盾が生じ，紛争を引きおこすことになったのである。その紛争を公正に裁く目的もあって制定されたのが「御成敗式目」であった。

「御成敗式目」の制定

　承久の乱の3年後，初期の執権政治を主導した義時が死ぬと，子の泰時が執権に就いた。泰時は執権を補佐する連署をもうけて叔父の時房を就けるとともに，北条政子や大江広元など幕府草創期以来の有力者が死ぬと，評定衆を設置して有力御家人10数人をそれにあて，重要政務を審議させた。泰時は執権としてその合議制を統括し執権政治を推進した。

　また，泰時は合議制を遂行するための客観的な指導理念を明示する必要と，先にも述べた承久の乱後頻発するようになった地頭と荘園領主との紛争を解決するために，公正で客観的な裁判基準を確立する必要から，1232年（貞永元），最初の武家政権の基本法典として「御成敗式目（貞永式目）」51ヵ条を制定した。

　「御成敗式目」は，源頼朝以来の武士社会の慣習と武士たちがみな納得する「道理」との2つを根本理念として制定された。それは泰時が，

六波羅探題であった弟の重時(しげとき)に送った2通の手紙に簡潔に記されている。そこには，

　①「式目」が「道理」に基づいて制定されたこと。
　②身分の高低を問わず，公正な判決を下す基準が記されていること。
　③教養の低い武士たちにも理解できるようやさしい文章で記されていること。
　④貴族社会で通用している律令(りつりょう)を否定するものではなく，施行範囲も幕府の権限がおよぶ地域に限定されていること。

などが書かれている。みごとに「御成敗式目」の特徴をいいあらわしているといえる。また，守護(しゅご)など幕府関係者に広く知らしめるよう記されていることも，「式目」の重要性を示している。

▎「御成敗式目」の世界

「式目」ではまず，第1・2条で幕府支配下の国々や荘園において，神社・仏寺を崇拝し破損のあるときは修復をすることが命じられている。これは「律令」の神祇令(じんぎりょう)・僧尼令(そうにりょう)にならったものであろうか。第3条では，幕府支配の根幹である諸国守護人の職務，いわゆる大犯三ヵ条(たいぼんさんかじょう)（大番催促(ばんさいそく)，謀叛人(むほんにん)・殺害人の追捕(ついぶ)）について規定し，第5条では地頭が年貢等を抑留することを禁止し，第6条では，国司や荘園領主の裁判に幕府・地頭は介入しないこと，というように，守護・地頭の職務と権限，さらに朝廷との関係が記されている。その後，具体的な内容に関する条項がつづくが，その代表的なものをいくつか紹介しよう。

「御成敗式目」の主な内容

不易の法(ふえき)（第7条）：頼朝以来の代々の将軍ならびに政子の代にたまわった所領は無条件に保証される。
年紀法(ねんき)（第8条）：法律的な根拠がなくても20年以上その土地を支

配しつづけたら（当知行），その支配は有効になる。

悔い返し権（第18・26条）：古い譲状と新しい譲状とでは原則として新しい譲状に効力があるとし，財産相続における親権の悔い返し権を認めている。

女性の権利の尊重（第4・23）：夫が犯罪を犯し守護所に連れて行かれても，妻子・田宅・雑具を抑留してはならない。子がいない女性が養子をとって所領を養子に譲ることを認める。

百姓の逃散の権利（第42条）：百姓が逃散している時に，それを口実にして妻子を抑留したり資財を奪ってはならない，と規定し，百姓が逃散する権利を制限していない。

以上のように，武士の社会の先例や道理にもとづいた独自の規定がなされていることが知られる。また，女性や百姓の基本的な権利が認められていることも重要である。

なお，「御成敗式目」はいまでいう憲法のような基本法であったので，その時々の具体的な訴訟には対応できなかった。それで幕府は「式目」にもとづいてその時々の訴訟について判断を下した。それを集めたのが「追加法」で，現在「参考資料」をふくめて約850条ほど残されてる。また，個々の荘園領主と地頭との間でおこった訴訟に関する幕府の判決は，「関東裁許状」「六波羅裁許状」「鎮西裁許状」としてまとめられており，鎌倉幕府，六波羅探題，鎮西探題の裁判内容の全容を知ることができる。

最後に「御成敗式目」の意義についてまとめておく。先にも指摘したように，中世社会における法は「式目」だけではなく，公家社会で依然律令が通用していた。これら公家社会で通用していた法を公家法・本所法という。また寺院や神社でもその内部で適用される独自な寺社法と総括される法が存在した。さらに，これは成文法ではないが，村落や地域

社会では慣習として形成されていた在地法とよばれる法もあった。

このように中世社会では複数の法が存在し，それぞれの法的世界を形成していたから，「式目」が制定されてもただちに全国的な法になったわけではない。しかし，西遷御家人のように西国にも幕府の影響力が広がるにともない，当然「式目」の影響力も広がった。また，「式目」は鎌倉幕府滅亡後も武家の基本法典として生きつづけ，戦国家法や江戸時代の武家諸法度などにも影響をあたえたことは特記しておかなければならない。

中世百姓の地位と闘争

前項で，「式目」第42条において百姓の逃散の権利が認められていることを指摘したが，このような規定が採用される背景には百姓たちの長い闘争の蓄積があった。

中世農民の闘争といえば，先の逃散とともに「一揆」がよく知られているが，その一揆の前提はすでに平安時代後期には形成されていた。「一揆」といえば，自分たちの要求を実現するために集団でおこす実力行使を想像しがちだが，じつは「一揆」の本来の語義は「揆を一にする」ことであった。したがって，最初から実力行使をともなうものではなく，集団で「揆を一にして」行動をおこすことすべてを意味したのである。

このような行為はすでに11世紀中ごろ（1053年〈天喜元〉）の荘園内部において確認できる。それは荘民たちが「〇〇荘住人等」と名乗って集団で自分たちの要求を荘園領主に訴えでるという行為である。その場合，「住人等」の連署が不可欠であったことと，その時使用された文書が「解」といわれる上申文書であったことから，これを「住人等解」闘争とよんでいる。

しかし，この「住人等解」闘争は12世紀後半にいたると徐々に「百

姓等申状」闘争に移行する。これは連署して自分たちの要求を訴えでることは同じだが、このころになると「百姓」を名乗ること、および「解」に代わって「申状」を用いることが多くなることから、このようによばれている。この「百姓等申状」を用いた闘争は中世を貫いて行われた中世百姓の基本的な闘争形態であった。

そして、11世紀中ごろよりこのような闘争がくりかえされた結果、連署を前提にした百姓の結合は荘官（荘園の現地管理人）から「一味」とよばれるようになる。その初見は1169年（嘉応元）のことで、この後、「一味起請」「一荘一味先日の連判衆」などと多用されるようになり、13世紀中期の若狭国太良荘の百姓らは「百姓の習い一味なり」と宣言するにいたるのである。まさに「一揆」とよぶべき状況が平安時代後期から鎌倉時代前期の荘園社会で形成されていたのである。

また、そのいっぽうで、百姓らが構成する村落の団結を示す「惣（村）掟」が現れてくるのも鎌倉時代中期であったことも注目される。惣掟の初見は近江国奥嶋荘で作成された「荘の隠し規文（隠規文）」で、それは1262年（弘長2）のことであった。

平安時代後期以来の「住人」「百姓」らの連署＝一味を前提にした自立的な闘争が継続されていたことが、「式目」に第42条の規定（百姓の逃散の権利の容認）が取りいれられる要因になったのである。「式目」第42条は、中世百姓の基本的な地位と権利を規定した重要な条目なのである。

【参考文献】
石井進『鎌倉幕府（日本の歴史7）』（中公文庫，2004年，初出1965年）
木村茂光『中世社会の成り立ち（日本中世の歴史1）』（吉川弘文館，2009年）

第12章 モンゴル戦争

得宗専制

　執権政治は執権北条泰時の代に，合議の制度と「御成敗式目」による法体系の整備によって基本的な枠組みが確立した。そして，1246年（寛元4）に執権に就いた北条時頼の時代にいっそう強化された。時頼は，5月に前将軍藤原頼経と陰謀をくわだてたとして北条氏の有力一門の名越光時を滅ぼすとともに，7月には頼経自身を陰謀の疑いで京都へ送り返し，翌年（宝治元）には開幕以来の有力御家人である三浦泰村・光村ら一族を滅ぼした（宝治合戦）。これによって，北条執権家に対抗できる北条一門も有力御家人もいなくなった。そして，1249年（建長元）には評定衆のもとに引付衆を設置して合議体制が確立された。

　しかし，時頼の強引な政策はいっぽうで北条氏嫡流家（得宗）の専制化もおしすすめた。時頼は執権をしりぞいて北条長時に代わったにもかかわらず，年頭の儀式では時頼が首座を占めたことに象徴的なように，幕府の実権は1263年（弘長3）に死ぬまで時頼に握られていたのである。これは北条氏の家督（得宗）が幕府の実質的な最高権力者であり，執権という公職を超えた存在であったことを示している。

　第2は，1246年に初見する得宗の私邸で開かれる「寄合」の存在である。これは，得宗家に親しい一門や安達氏の当主，さらに有力な御内人（得宗の家臣）が参加する非公式な会合であったが，モンゴル戦争のころになると，定例化されて重要な政策決定機関となった。また，このころから，評定衆・引付衆の若年化と北条一族による独占がめだつよう

になる。これは、これらの組織が専門職ではなく、北条氏一族の出世のための一階梯になってしまったことを示している。このようにして、執権政治の根幹であった合議制は大きく後退し、得宗専制の体制がより進展した。

2度のモンゴル戦争

得宗専制が進んでいたころ、アジアでは大きな変化がおこっていた。13世紀の初頭、モンゴル高原ではチンギス＝ハーンが諸部族を統一し、その後継者は西アジアから東ヨーロッパにおよぶモンゴル帝国をきずいた。そして、13世紀の中ごろには孫のフビライが都を大都（北京）に定めて国号を元とし、江南に逃れた宋（南宋）を圧迫し、朝鮮半島の高麗やチベットなどを征服した。

しかし、アジア諸民族の抵抗も激しく、ベトナム（大越）民族は3度にわたる侵略に抵抗し、ついには1288年、元の侵略をしりぞけた。また高麗では、王朝が元に服属した後も、王朝の直属軍であった三別抄は江華島や珍島・済州島に拠点を移しながら民衆と連帯して抵抗したが、1273年（文永10）に敗北した。この間、三別抄は、1271年（文永8）に元

図19　アジアの中のモンゴル戦争

図20　石築地

の日本侵略の予告と救援要請を内容とする牒状を日本に送ってきたが，日本側は事態を理解できず黙殺するだけだった。

このようなモンゴルの動きを幕府が知ったのは，1268年（文永5）にフビライの使者が来日し朝貢を迫ったときであった。幕府は使者を追い返すとともに，北条時宗を執権に就け，モンゴルの来襲にそなえて九州の防備に専念するよう西国の御家人に命じた。その時出された命令文書の1通には，「異国の防禦」にあたるとともに「領内の悪党を鎮める」ことが命じられている。モンゴルの来襲に備えることと，国内の悪党の鎮圧とが当時の幕府の重要課題であったのである。

1273年に三別抄を鎮圧したフビライは，翌年10月，元・高麗の混成軍約3万人を日本に派遣した。これは，三別抄の敗北と日本侵略とが密接に連関していたことを示している。元軍は対馬・壱岐をつぎつぎと攻め，ついに博多湾を襲った。御家人たちは，元軍の集団戦法と火薬を用いた武器（「てつはう」）に苦戦し，一時は大宰府の水城までしりぞいた。しかし，夜襲を警戒した元軍が船に引きあげたため，たまたま発生した大風で大きな被害を受け，元軍は撤退した。これを文永の役という。

幕府は，元軍の再来襲に備えて，御家人に博多湾に石築地（石塁）を築かせたり，九州に所領をもつ御家人に九州北部や長門（山口県）を警備させる異国警固番役を強化した。また，御家人以外の武士（非御家人）も動員することとし，さらに九州などの守護を北条一門に交代させるなどして防禦体制を固めた。

フビライは依然日本侵略をあきらめず，1279年（弘安2）に南宋を滅ぼすと，1281年（弘安4），高麗軍（東路軍）と南宋軍（江南軍）の2つの軍隊，約14万人をもって日本を襲った。日本軍は石築地などで上陸を防ぐとともに，御家人の奮闘などもあって，2ヵ月にわたり合戦をくりかえして侵略を防いだ。そして，7月末ふたたび台風によって元軍は大きな被害をうけ，撤退した（弘安の役）。

　フビライは，3度目の日本侵略を計画し，大船などの建造に着手したが，ベトナム遠征での敗北（前述）や，国内で紛争がおこったこともあって，実行されなかった。

永仁の徳政令

　2度のモンゴル戦争に対処したのは執権北条時宗であった。北条氏の家督である得宗でもあった時宗は，得宗の私的な会議である寄合を定例化して政策決定機関にしたり，非御家人までもモンゴル戦争に動員する体制を作ったりして，対モンゴル戦争を通じて得宗専制を強化させた。

　時宗の死後，戦後処理の責任者であった安達泰盛は1284年（弘安7）5月から政治改革を断行した。関係する法令は90ヵ条以上におよんでいるが，得宗と将軍との協力体制の整備や御家人制の強化，悪党の禁圧などに加えて神社領・仏神事の興行が命じられているのが注目される。これを「神領興行法」といい，他人に売却されていた九州の神領をもとのように神社に返付させることが目的であった。これはモンゴル戦争のさい，各地の寺社が幕府の異国降伏祈禱命令にもとづいて戦争に参加した（神々の戦争）ことへの「恩賞」を意味していた。これら泰盛の一連の改革を「弘安徳政」という。

　このころになると，得宗の家臣である御内人が幕府政治にも進出するようになり，御家人との対立が激化した。それは時宗が亡くなると表面化した。時宗に代わって幼い北条貞時が執権に就くと，御内人を代表す

る内管領　平頼綱と貞時の外祖父で有力御家人であった安達泰盛が幕府の主導権をめぐって対立した。1285年（弘安8）に泰盛らが滅ぼされると（霜月騒動），今度は，頼綱が貞時に代わって幕政を握ろうとして討たれた。この間，北条一門が全国の守護のほぼ半数を占めたり，元の対策のために設置された鎮西探題も掌握するなど，得宗による全国支配はいっそう強化された。

　いっぽう，モンゴル戦争に動員された御家人の窮乏化も明らかになった。流通経済や貨幣経済の発展もそれに拍車をかけた。武士だけでなく公家や寺社なかにも，金融業者に所領を売ったり質入れする者が多くなり，社会の経済基盤が大きく動揺した。そこで幕府と朝廷はともに，債務関係を取り消し，所領をもとの所有者にもどす「徳政」を実施し，社会の動揺をおさえて支配を維持しようとした。

　幕府は，1267年（文永4）以降，御家人の所領売買の禁止令をたびたび出したが効力がなかったため，1297年（永仁5）3月にいわゆる「永仁の徳政令」を発布した。これは，御家人の所領の売買と質入れを禁止し，売却されていた所領はもとの持ち主に返すことを内容としていた。さらに幕府は，金融業者が金銭の貸借をめぐって御家人を訴えることをやめさせるために越訴（再審制度）を廃止した。

　この一方的な措置は御家人と金融業者との間に対立を生み，御家人にも不評であったので，翌年廃止され，御家人らの窮乏化はいっそう進むことになった。しかし，徳政によって売買関係が無効になるという観念は残り，御家人だけでなくそのほかの人びとにもこのような考え方が広まった。

悪党の跳梁

　前にも述べたように，この時期の政治的社会的問題の一つは悪党行動の頻発であった。悪党とは，朝廷や幕府の支配基盤である荘園公領制

支配に抵抗し，武力行為をともないながら行動する集団をいうが，彼らの行動が明確になるのは13世紀中ごろからである。1250年（建長2）には「大和の悪党」が，1258年（正嘉2）には「諸国悪党の蜂起」が幕府法令で確認でき，その後モンゴル戦争期にかけて頻発するようになる。

それらを見ると，諸国悪党の蜂起の原因は悪党鎮圧にあたるべき守護人の職務怠慢と御家人らが所領内に悪党を匿っているからであると指摘されている。さらに，1284年（弘安7）の法令で，「悪党の由，その聞こえある輩」として御家人と「非御家人・凡下の輩」が区分して記されていることは，単に匿っている段階から御家人層までが悪党化する段階まで深刻化していることを示している。幕府の支配体制が根幹から崩れつつあったのである。

鎌倉仏教と神々

鎌倉時代でも仏教界の中心は古代以来の天台宗・真言宗や南都の諸宗であった。興福寺や東大寺・延暦寺などは国家的な法会に参加し，国家的な祈禱を行うことなどを通じて権勢をふるった。

そのいっぽうで，易行によって民衆救済することを目的とした仏教が現れてきた。これを鎌倉新仏教という。最初に現れたのが法然の浄土宗であった。法然は阿弥陀仏を信じ念仏を唱えれば救済されると説いた。その弟子親鸞は「悪人正機」説を唱え，浄土真宗の基礎を作った。時宗を開いた一遍は各地を遊行して布教し，信者を広げた。また，日蓮は法華宗だけが正しい教えであると主張して日蓮宗を開くとともに，他宗を厳しく批判したり，モンゴル戦争に対する幕府の政策を批判したため，幕府から迫害を受けた。鎌倉新仏教が広がると旧仏教側にも改革の動きがおき，貞慶（法相宗）や高弁（華厳宗），叡尊や忍性（律宗）が出て活躍した。

武士階層に受容されたのが，戒律と座（坐）禅による修行によって悟

りを開くことができるとする禅宗であった。宋で禅を学んだ栄西は臨済宗を伝え，鎌倉幕府の上級武士の保護を受け，京都や鎌倉に禅宗を広めた。鎌倉中期になると，元の圧迫から逃れて南宋から蘭渓道隆や無学祖元らの禅僧が来日し，北条氏の保護を受けて臨済宗を発展させた。

いっぽう，栄西の弟子に学び，さらに南宋にわたって禅を学んだ道元は，坐禅そのものを重視し，悟りを開くためにはただひたすら坐禅に徹すること（只管打坐）を説いて、越前の永平寺を拠点に曹洞宗を広めた。

これら新しい仏教の普及とともに，鎌倉後期の特徴として指摘しなければならないのは，神社の勢力増大である。それは先述のようにモンゴル戦争にさいして，朝廷や幕府が神仏の力を頼って各地の寺社に異国降伏の祈禱の実施を命じたことに起因する。2度のモンゴル戦争に勝利するとともに，その要因の一つであった「暴風雨」を「神風」とする考え方が広まるなかで，神社らが戦争に参加したことに対する「恩賞」を要求するようになり，弘安徳政で神領興行法が出されたことは前述した。このようにしてモンゴル戦争以後神国思想が強くなり，本地垂迹説を裏返した神が仏の本当のすがたであるとする伊勢神道の体系が伊勢外宮の神官度会家行によって作られた。

【参考文献】
網野善彦『蒙古襲来―転換する社会―』（小学館文庫，2000年，初出1992年）
海津一朗『蒙古襲来―対外戦争の社会史―』（歴史文化ライブラリー，吉川弘文館，1998年）
笠松宏至『徳政令』（岩波新書，1983年）
小林一岳『元寇と南北朝動乱（日本中世の歴史4）』（吉川弘文館，2009年）

第13章 南北朝内乱

鎌倉幕府の滅亡

　モンゴル戦争の影響やこの時期急速に進んだ貨幣経済の浸透なども重なって御家人の窮乏化はいっそう深刻になった。またそれに対応するため得宗専制体制が進められたため，それらに不満をもつ悪党の活動も活発化し，幕府の支配体制は大きく動揺した。

　いっぽう朝廷では，亀山天皇が幕府の弘安徳政にならって徳政を施行するなどして政治の立てなおしを進めたが，天皇が死ぬと，皇位継承や膨大な王家領荘園の相続をめぐって持明院統と大覚寺統との対立が激化し，皇位継承も幕府の調停によって両統が交代でつくように決められたほどであった（両統迭立）。そのようななか，14世紀はじめ，大覚寺統の後醍醐天皇が即位した。天皇は両統迭立を解消することをめざし，朝廷の人事を一新し，一般政務を行う記録所を再興するなど，天皇親政を強力におしすすめた。彼の背景には，皇帝が絶対的な権力をもつ宋の政治思想の影響があったという。

　天皇は幕府の支配体制の動揺をみて，「無礼講」とよばれた酒宴を開くなどして倒幕計画をすすめた。これは密告によって失敗したが（正中の変），その後も幕府調

図21　後醍醐天皇像
（清浄光寺〈遊行寺〉所蔵）

伏の祈禱を行ったり，護良親王を天台座主（天台宗の最高責任者）につけて寺社勢力を味方にしたりして計画を進めたが，ふたたび漏れた。天皇は京都を離れ大和笠置山に本陣をおいたが，失敗し隠岐に流された（元弘の変）。しかし，その後も楠木正成や護良親王ら反幕勢力の挙兵がおこり，播磨の赤松氏，九州の菊池氏らもつづいた。このような情勢のなか，天皇は隠岐を脱出し伯耆の名和長年に迎えられた。

　幕府は，天皇方を討つため足利高氏（のちに尊氏と改名）らを派遣したが，高氏は山陰に向かう途中丹波篠山で幕府に反旗を翻し，急遽六波羅探題を攻めて滅ぼした。いっぽう，上野の新田義貞も挙兵し，鎌倉街道を南下して鎌倉を攻めて陥落させた。このようして1333年（元弘3），鎌倉幕府は滅亡した。

建武新政

　6月4日，京都に戻った後醍醐天皇は，さっそく中央機関として記録所を設置し，「朕ガ新儀ハ未来ノ先例タルベシ」（『梅松論』）ということばに象徴される新政を開始した。重要課題である所領問題に対処するために雑訴決断所を設置し，中央官制では官職と家職，官職と官位の関係を切りはなし，また地方支配制度では，国ごとに国司と守護を併置し，それまでの知行国制を打破するなどの改革を行った。また，東北には奥州将軍府，鎌倉には鎌倉将軍府をおいて支配を強化した。

　先のことばに象徴されるように，建武新政は天皇中心の専制政治であり，武士社会の慣習を無視した政策が多く，旧来の家柄や官位・官職を崩す側面があったため，武士だけでなく公家からの反発も強かった。さらに，1219年（承久元）以後再建されていない大内裏の造営計画を立て，その財源を2つの国の収益と地頭らに収益の20分の1を納めさせる「二十分一税」をあてることにした。当然，在地社会に大きな混乱が生じた。また，政権内部では護良親王と尊氏との対立が深まった。

このようなとき，1335年（建武2）に，幕府・北条氏と関係が深かった西園寺公宗らが旧北条氏勢力と組んで後醍醐天皇を暗殺する計画が発覚した。この計画は各地で同時に挙兵するというものであったが，未然に露見してしまったため，同年，北条高時の子時行が関東で大規模な反乱をおこし，足利尊氏の弟直義が守っていた鎌倉を手中に収めた（中先代の乱）。

南北朝の内乱

　尊氏は直義を援助するため鎌倉下向の許可を天皇に求めたが，認められなかったのでそのまま下向し，鎌倉を攻め奪回した。そして，鎌倉で武士たちに恩賞を与えはじめた。天皇は尊氏の帰洛と恩賞は自分が行うことを命じたが，尊氏は応じず恩賞を与えつづけた。
　関東支配をめぐる尊氏と新田義貞の対立が深まるなか，義貞軍を中心

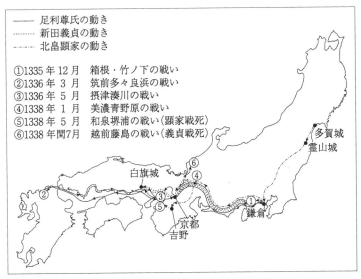

図22　南北朝内乱初期の合戦
（高橋典幸「太平記にみる内乱期の合戦」市沢哲編『歴史と古典　太平記を読む』吉川弘文館、2008年）

とした尊氏追討軍が京都を出発した。尊氏・直義軍は東海道で敗北を喫したが箱根・竹之下の戦いで勝利し，義貞を敗走させた。尊氏らは義貞を追って上洛し，東と南から京都を攻めた。そして細川氏や赤松氏が西から攻めて京都を奪回したが，楠木正成らの反撃を受けて敗北し，今度は西国に逃れた。九州博多の多々良浜の合戦で菊池氏らに勝利した尊氏はふたたび上洛し，湊川の合戦で楠木正成らを破って入洛した（図22）。

　この間，京都を舞台に合戦がくりかえされたが，両者の間で講和が成立した（1336年）。光厳上皇の弟光明天皇が即位して光厳が院政を敷き，皇太子には後醍醐の子成良親王を立てるというものであった。その結果，後醍醐は花山院に幽閉された。しかし，まもなく後醍醐は脱出し，吉野へ逃れてそこを本拠として対抗した。ここに，北朝＝光明，南朝＝後醍醐という２人の天皇が並び立つ「南北朝時代」に突入した。

　南朝方は後醍醐の皇子が各地で抵抗した。たとえば，尊良・恒良は新田義貞とともに越前，義良は北畠顕家とともに陸奥，さらに懐良は九州というぐあいである。また，東北にあった北畠顕家も上洛する途中でつぎつぎと足利軍を打ち破ったが，ついには和泉石津の合戦で敗死してしまう。そして，それから２ヵ月あまり後，義貞が越前で戦死した。２人の有力武将の死は後醍醐にとっては大きな痛手であった。後醍醐は抵抗をつづけたが，1339年（暦応２・延元４），ついに病死した。

室町幕府

　1336年（延元元），後醍醐との講和が成立すると，尊氏は「建武式目条々」17ヵ条を発布し，政治の基本方向を指し示した。「式目」は幕府の本拠地に関する項目と「政道」に関する項目が最初にあって，その後に「政道」の具体的な内容が17ヵ条にわたって記されていた。本拠地に関しては鎌倉を中心としながらも，その他の可能性をふくめて確定していない。その背景には，鎌倉を重視する直義と京都を重視する尊氏

の意見の違いがあったともいわれている。「政道」は法による善政，すなわち徳政をめざすことが宣言されている。これによって室町幕府の政治は実際に開始された。

　初期の幕府政治は，尊氏と直義が政務を分担するいわゆる「二頭政治」であった。尊氏は恩賞の授与や守護職の補任など武士に対する主従制的支配権を，直義は民事裁判権を基礎とした行政権，すなわち統治権的な支配権を掌握した。このような二頭政治のもと，中央には，尊氏管轄の御家人統制機関である侍所と家領支配などの財政を担当する政所がおかれ，直義のもとには訴訟や裁判に関わる引付方，安堵方，禅律方，庭中方，問注所などがおかれた。

　地方には，当初，行政権を担当する守護と軍事を担当する国大将がおかれ，足利一門が重用されたが，一部外様の有力大名も登用された。この両職は幕府支配の確立にともなって守護の職務に統合された。守護の権限は，鎌倉時代の「大犯三ヵ条」に加えて，苅田狼藉への対応，軍事動員権の拡大，幕府命令の伝達・執行権，国内行政権の拡大など，大幅に強化された。

　幕府政治が展開するにともない，幕府内部にも対立が生じた。鎌倉幕府以来の法秩序を重んじる直義派と，武力による急進的な改革を進めようとする尊氏の執事高師直派との対立である。師直は機先を制して直義の政務を停止させることに成功するが，1350年（観応元）直義は南朝に降伏するという行動に出た。南朝を味方にして尊氏・師直と戦おうというのである。その後，直義派と尊氏・師直派との抗争が各地でつづいたが，翌年，両派の和議が成立した。しかし，師直は京都へ帰る途中で討たれてしまった。これで直義の当面の敵はいなくなった。これを第1次観応の擾乱という。

　直義の実権掌握により政局は安定するかにみえたが，尊氏勢力を背景にした子の義詮が台頭し直義から自立しようしたため，それは早くも

崩れた。状況を察知した直義は政務を返上して北陸へ逃れ，さらに鎌倉に向かった。尊氏は関東に出兵しようとしたが，直義派および南朝方の動向が気がかりであった。その時，尊氏は，以前の直義と同じように，南朝に降伏するという奇策にでて南朝を味方にして，ようやく関東に出兵した。東海道での戦いに敗北した直義は降伏し，鎌倉浄妙寺内に幽閉されたが，翌年2月に急死した。毒殺されたという噂であった。これを第2次観応の擾乱という。

室町幕府は，義詮の時代を経て，3代義満のとき体制的な確立をみる。

■ バサラと寄合

内乱期の文化や風潮を代表するのはバサラと寄合である。「バサラ」とはサンスクリット語のバアジャラから派生したことばで，魔や鬼を打ちくだく強い力を意味したが，このころは「派手な」「無遠慮な」「放埒な」という意味あいで使用された。バサラの風潮を代表するのが「バサラ大名」といわれた高師直や佐々木導誉らであった。それは彼らのつぎのような行動によく現れている。

たとえば，師直は「もし王が必要ならば，木で造るか金で鋳るかして，生きている院や国主は，何処へでも流してしまえばよい」と言ったというし，近江守護であった導誉は，延暦寺末寺の門跡寺院であった妙法院の紅葉を家臣に取らせようとしたところ，寺側に反対され追い出されてしまったことに怒って妙法院を焼き討ちし，さらにその罪で流罪になっても，「常の流人とは異なる派手で美しい姿」で道々酒宴をしながら配流先に向かったという。上皇・天皇や宗教的権威など従来の権威を徹底的に否定しようとする者たちであったことが理解できよう。

バサラの風潮が彼らだけでなかったことは，「建武式目」第1条「倹約を行わるべき事」で「婆佐羅（バサラ）」が禁止されていることによく示されている。実際，その後も室町幕府は「バサラ禁止令」をたびた

び発布するが，その風潮は止まることがなかった。

　ところで，「建武式目」の第2条は「群飲佚遊」（集団で贅沢な宴会をすること）を禁じているが，その具体的な内容としてあげられているのは「茶寄合」や「連歌会」であった。

　連歌会とは「二条河原落書」に「京・鎌倉ヲコキマセテ，一座ソロハヌエセ連歌，在々所々ノ歌連歌，……自由狼藉ノ世界也」とうたわれたように，形式もメンバーもそろっていないのにいたるところで連歌が行われ勝手気ままな世界である，と批判されている。これは単に連歌を詠むことに目的があったのではなく，集団で寄合いその出来不出来に賭物（景品）が懸けられていたことを示している。いっぽう，茶寄合とは「闘茶」のことで，何種類かの茶を飲み，その種類や産地を当てる遊びであった。闘茶は「茶勝負」ともいわれるように，これも勝負であり，当然のごとくここでも賭け事がともなった。

　連歌会にしろ茶寄合にしろ賭け事がともなっていた以上，その賭物は贅沢になっていった。まさにバサラの世界である。実際，先に紹介した佐々木導誉が催した茶会は「異国本朝の重宝を集め」，「十番の斎羹（野菜のあつもの）・点心百種・五味の魚鳥・甘酸辛苦の菓子共」を並べた華美を尽くした宴席であった。バサラの精神は人びとがあつまる寄合の場で発揮されたのである。

【参考文献】
今谷明『室町の王権―足利義満の王権簒奪計画―』（中公新書，1990年）
小林一岳『元寇と南北朝の動乱（日本中世の歴史4）』（吉川弘文館，2009年）

第14章　京都・室町幕府の推移

義満の時代

　南北朝内乱終息時の幕府将軍は，3代足利義満であった。義満は，武家としての最上位に位置する将軍であったばかりではなく，源氏長者・准三后・太政大臣という公家最上位の地位も獲得，さらに勘合貿易を実現するうえで「日本国王」との呼称を明側から認定された。また出家して法号を「道義」と名のり，法皇に準ずるような地位を得ていたともみられる。日本の歴史上で最強の肩書をそろえた人物である（ただし，全ての肩書を同時に保持していたわけではないが）。

　義満は父義詮の死後すぐ，1367年（貞治6）に将軍職を継承した。11歳であった。少年義満が，内乱期に相続したにもかかわらず，幕府体制がさほど動揺せず，内乱終結に向けての諸業務が遂行されたのは，管領細川頼之の活躍によるところが大きい。頼之は内乱前期より阿波などの守護として中国・四国・畿内各地の制圧に尽力，四国平定に成功し幕府管領の地位を得た。

　頼之は管領就任後，若年の義満を補佐しつつ政権を運営し，1368年（応安元）には応安の半済令を発布，土地支配の混乱を整理しようとした。1370年（応安3）には九州に今川了俊を派遣して，幕府側による九州制圧に道筋をつけるなど，義満政権初期における幕政上の貢献は多い。1378年（永和4）に義満の邸宅を三条坊門から北小路室町に移転，室町第（「花の御所」）を新政庁とした。これにより京都足利幕府は名実ともに室町幕府となる。しかしその専権的対応は他の一門らの反感を買い，1379年（康暦元），政敵の斯波義将らが頼之罷免を義満に強要する

という，一種のクーデターによって政権から追放された。

　はからずも親裁を実現した「室町殿」義満は，以後有力諸家の対立をも利用し，権力強化に邁進した。その手段として，有力守護大名の勢力抑制がある。半済令発布以後，任国の土地・年貢の管理権をいちじるしく強化させた守護は，領国を事実上支配する守護大名に進化した。それらは領国支配の固定化により自立性をもち，幕府による統御が困難になっていた。そのため，これら守護大名の抑制が，義満が将軍支配権，ひいては幕府支配を拡大・安定させる上で必要になっていたのである。義満に抑圧・挑発され，反乱に追いこまれたものには，美濃の土岐康行（美濃の乱），山陰の山名氏清一族（明徳の乱），防長・北九州の大内義弘（応永の乱）らがあった。さらに1392年（明徳3），南北朝合体と実質的な南朝解消をなしとげた義満は，北朝の天皇・朝廷に恩を売る形となり，その優位性を獲得。武家・公家連合政権ともいえる権力形態を成立させる。

貿易と外交

　義満は1394年（応永元），将軍職を子の義持に譲ったが，実権は変わらず保持した。1397年（応永4）からは京都北郊に北山山荘を造営，新たな政治拠点とした。義満はこのため「北山殿」とよばれるようになる。この時期の義満は，義持の異母弟義嗣を鍾愛し，1408年（応永15）には義嗣に公家官位で異例の昇進をさせ，親王に準ずる待遇を受けさせた。これをもって義満が，いずれ義嗣に天皇位を譲らせ，みずから上

図23　足利義満木像

皇として支配する体制をめざしたとする，皇位篡奪計画説も出されている。また義満は明との外交関係構築と貿易の開始を念願しており，交渉を進めた。内乱の最中，九州に大きな勢力を扶植した南朝側の征西将軍宮懐良親王が，博多を占拠してのち，独自に「日本国王」を称して明に遣使して，太祖洪武帝（朱元璋）よりその称号を認定され，冊封されていた。明側としては，当時朝鮮半島沿岸から東シナ海にかけて暴威をふるっていた，海賊的商人集団の倭寇を「日本国王」に禁圧させることを主目的としていた。この前例があったことにより義満の交渉は遅れたが，のち幕府側が博多を回復すると変化する。

　1401年（応永8），義満は明に僧祖阿・博多商人肥富を派遣，明側との外交交渉に成功。翌年到来した明使により，義満は「日本国王」に冊封され，形式上，明皇帝の臣下となることにより，朝貢形態の勘合貿易が開始される。勘合とは，倭寇などと区別するため，特別な合印を持参して正式な遣明船と確認するための書類（勘合符）のことである。これを所持した勘合船は，幕府がスポンサーとなり，博多商人などが実務を担当して，輸入品の売却益の一部を抽分銭として幕府に納入するという形式で運航され，幕府は経済的にかなりの利益を得た。交渉役は商人のほか，当時の東アジア国際言語（文語）である漢文を駆使できる五山の臨済僧らが動員された。日本側からは銅・硫黄や，刀剣・漆器・扇などが輸出され，明からは大量の銅銭（とくに永楽通宝）が下賜され，また生糸・書籍などが輸入された。明銭は以後，戦国時代末期まで，日本国内での一般的な流通通貨となり，大陸の経済情勢とリンクした経済秩序が形成された。

義持・義教の時代

　義満は1408年（応永15）に死去した。将軍を後継していた義持は，父義満のやり方を快く思っていなかったらしく，多くの面で義満と逆の

政策をとるようになった。まず父に対する朝廷の太上法皇号追贈を辞退し，室町御所から三条に移転，北山殿の建物の多くを破壊した。これらの動きには，幕府を復古的形態に戻すことを指向した様子がみられる。また義満に偏愛された弟義嗣を最終的に殺害し，義満が進めた勘合貿易も，1411年（応永18）にいたり冊封関係を拒絶し貿易じたいも途絶させた。幕府の経済利益を低下させても，「日本国王」として明の下風に立つことを嫌ったためである。他方義持は，一部有力守護大名らの所領を剝奪し，子の義量を5代将軍としてからも実権を掌握するなど，父義満に似た専制的な面も見せている。ところが義量は1425年（応永32）に19歳で死去，将軍が不在となり，隠居した義持が実権者でありつづけた。

　その義持も1428年（応永35），後継将軍を指名せずに死去した。その前，管領畠山満家らは共同で後継者指名を要請したが，義持はそれを拒絶し，管領らに任せると言ったという。そこで管領や義持の信任が篤かった醍醐寺三宝院門跡満済らは合議し，次期将軍を義持弟のなかから神籤で決定することとし，当たったのが6代将軍義教であった。このため義教は後世「籤引き将軍」とも揶揄される。青蓮院の僧であった義教は還俗して将軍に就任し，父義満にならった専制的政治を行うようになる。

　義教は管領らとの合議を減少させ，将軍直属の軍事力となりえる奉公衆を強化する。また勘合貿易も復活し，財政立て直しをはかった。そして1438年（永享10），以前から幕府に反抗的であった鎌倉公方足利持氏を攻撃，これを滅亡させた。これらの実績と，みずからが神籤つまり神慮によって選ばれたという自負から，有力守護大名らの家督相続に介入して一部の守護大名を討滅するなど，義教の行動はさらに専制性を高めた。義教には「万人恐怖」したという。播磨などの守護大名赤松満祐は，義教により一族が所領没収されるなどの事態に困惑していたが，

みずからの失脚を恐れて疑心暗鬼となり，1441年（嘉吉元）に義教を自邸で暗殺するという挙に出た。満祐は一族をひきいて領国播磨の城に籠り，幕府側は混乱したものの，山名宗全らの指揮する軍勢を派遣して満祐らを滅ぼした。この一連の過程を嘉吉の乱という。これによって将軍権威は失墜，幕府政治は有力守護大名らの合議政治の傾向が強まることになった。

幕府と鎌倉府

　鎌倉府は建武政権期の鎌倉将軍府を先駆とし，足利政権期になってのち，尊氏の子で2代将軍義詮の弟基氏が配置されて鎌倉公方といわれる地位を得，その補佐者として関東管領が設置されたことにより，鎌倉の幕府出先機関として確立した。管轄地域は時期によって変遷があるが，おもに関東8ヵ国と伊豆・甲斐，そして東北地方の2ヵ国であった。内乱期にあっては京都幕府が駿河以西の政治・軍事を管轄し，鎌倉府には以東を管轄させることによって，国内各地域支配の円滑化と内乱の早期終結を意図したと考えられる。しかし，鎌倉公方に管轄地域の守護任免権や所領安堵権まで付与したことで，鎌倉府は東国を支配する第二幕府的存在となってしまい，さらに鎌倉公方が代々京都将軍職就任を期待するにおよんで，京都幕府の意図を超越し，むしろ足利一族であるがゆえに，つねに緊張をはらんだ危険要素になってしまっていた。

　鎌倉公方2代氏満・3代満兼は京都に対する挙兵を意図したが，いずれも関東管領山内上杉氏に諫止されて思いとどまっている。しかし1416年（応永23）に，関東管領職をめぐる犬懸上杉氏憲（禅秀）の乱が勃発すると，状況が悪化する。乱の終息後も，関東の諸勢力は幕府派と鎌倉公方派の2つに分かれて抗争をつづけた。京都での6代将軍義教の就任にともない，幕府方の鎌倉公方に対する干渉は強化される。1438年（永享10），ときの4代鎌倉公方足利持氏は，関東管領上杉憲

実が幕府派だとして討滅を決め挙兵した。この行動を義教は幕府に対する反逆として，幕府側の駿河守護今川氏らの軍勢を関東に派遣し，上杉氏とともに鎌倉を征圧して持氏を滅亡させた。これを永享の乱とよぶ。

　さらに余波として，翌々年に関東の鎌倉公方派結城持朝らが，持氏遺児を立てて下総結城城で反乱をおこす（結城合戦）。これは上杉・今川氏らの軍勢により鎮圧されたが，解決直後に京都で義教が暗殺される嘉吉の乱がおき，一時将軍も鎌倉公方も不在となった。この混乱期である1447年（文安4），持氏遺児の生き残りである成氏が5代鎌倉公方職に就任し，鎌倉に帰還する。ここに鎌倉公方は復活したが，本来補佐役のはずの上杉氏一族との間には当然遺恨があり，のちの関東戦乱の理由となる。

【参考文献】
小国浩寿『鎌倉幕府と室町幕府（動乱の東国史5)』（吉川弘文館，2013年）
桜井英治『室町人の精神（日本の歴史12)』（講談社，2001年）
村井章介『分裂する王権と社会（日本の中世10)』（中央公論新社，2003年）
山田邦明『室町の平和（日本中世の歴史5)』（吉川弘文館，2009年）

第15章 一味から一揆へ

一揆の時代

　室町時代は南北朝内乱からはじまり，戦国の争乱のなかでさらなる混乱期に入っていく。その社会的混乱のなかで，守護大名らのように自立可能な大規模な政治力・経済力をもつ存在ではなく，自己の存立や利益防衛が単独では困難であった国人・商人・庶民などの中小勢力のなかから，地縁・血縁を紐帯として，相互に協力し団結，集団化することで自己を防衛しようとする勢力が新たに登場する。それらの勢力もしくは集団を一揆とよぶ。室町時代から戦国時代にかけてはその一揆が一般化していった時代で，「一揆の時代」ともいえる。

　一揆はその呼称から，後世の江戸時代に多発した百姓一揆がすぐに連想されるため，社会的に弱い百姓らが集団で徒党を組み，政策反対や年貢減免のため権力組織や豪商らに暴力的に反抗したことを意味するものと考えられがちだが，室町・戦国時代の一揆はそれとはことなる性格をもつ。それには土民つまり百姓をふくむ一揆もあるが，また同時に武士の一揆もあり，商人や宗教者の一揆もあり，それらの社会的諸存在が混在した一揆もあった。多様な形態・目的の一揆が形成されたのである。

　平安時代などに，そうした一定の目的をもつ集団に使われていた呼称としては，「一味」というものがあった。これはおもに権力側にとって都合の悪い行動をとる集団に対するよび名であった。一揆というよび方が一般化してくるのは，室町時代の1428年（正長元）に発生した，正長の土一揆以後であろう。これは6代将軍義教への幕政転換期にあたり，代がわりに付随する社会的不安のなかで，徳政を要求する近江大

津・坂本の馬借らが集団行動をはじめたことを契機とし，短期間のうちに京都周辺・畿内一帯の百姓らにその動きが広がり，京都町中の金融業者を襲って借銭米の破棄を強要する暴動状態に発展した。一揆主体が馬借や土民であったので土一揆といわれるが，目的からすると徳政一揆ともいえる。幕府は軍勢を出したが，一揆側の人数の多さに対抗できず，私徳政（借銭米の私的破棄）が京都や奈良など各地で行われた。これは「日本開闢以来，土民蜂起これ初めなり」と興福寺大乗院門跡が書いているように，公家や武家など支配階層にとって，民衆の大規模蜂起はかなり衝撃的であったらしい。大規模な土一揆は，正長の土一揆の翌年におきた播磨の土一揆や，嘉吉の乱にともなって発生した嘉吉の土一揆など，幕政の転換期をねらって意図的におこされており，畿内近国で戦国時代後期まで継続する。

国一揆・郡中惣

いっぽう，一揆の別の形態として国一揆や郡中惣があった。一揆の主体は各地域の在地有力者，国人層である。その発生範囲が一国規模に拡大したものは国一揆または惣国一揆，一郡から数郡規模のものは郡中惣とよぶ。「惣」は「総」に等しく，その地域総体・全体の意味である。これら一揆の行動主体であった国人は，平安・鎌倉時代など，これ以前のある程度古い段階から地域に所領をもつ地元居住の武士で，在地領主・土豪などとして地元村落などに対する影響力を行使しうる存在であった。鎌倉時代ごろから，そうした中小領主をさす言葉として国人という名称が使用されており，支配規模・家系の古さなどによって多様な性格をもつ存在であった。南北朝時代には，各国ごとに配置されていた守護が，半済令を契機として守護大名化していく様相がみられるが，それらが領国支配を拡大していく過程で，地元国人のなかにはそうした守護大名の支配強化に対応して，大きくその被官となる者と，自立的存在

図24　畿内近国の国一揆・郡中惣分布

として残ろうとする者に動向が分かれた。とくに後者は，守護大名権力に対抗するため地縁・血縁で国人同士の連合を形成し，在地勢力としてのみずからの集団の存在を示し，それが国人つまり地域武士の一揆に発展して，国一揆となったものである。

　具体的な国一揆や郡中惣の事例としては，すでに南北朝時代に，南北朝どちらかの勢力に加担する地域国人集団として，関東の平一揆(武蔵)や白旗一揆(武蔵・上野)などの動きがみられ，また室町時代の1404年(応永11)には安芸国人一揆が形成されている。この場合は強権的に入国をはかる守護大名山名氏に対抗して，毛利氏ら安芸国人が連合して反抗し，実際山名氏を幕府による罷免にまで追いこんだ。戦国時代に入ると有名な山城国一揆が成立する。1485年(文明17)，南山城

で戦闘をつづける両畠山(はたけやま)氏に対し，地元国人が宇治平等院(うじびょうどういん)に集合して国中掟(くにじゅうおきて)を制定，幕府とも交渉して畠山氏の軍勢撤退を勝ちえた。以後8年にわたりこの一揆組織が地域自治を行っている。また郡中惣は戦国時代に確認例が多く，永禄年間の甲賀(こうか)郡中惣をはじめ，それに南接する伊賀(いが)郡中惣や，大和宇陀(うだ)郡・山城乙訓(おとくに)郡の郡中惣など，畿内近国にみられる。これらは相互に連携をとっていた可能性もある。

惣村と社会環境

こうした室町時代から戦国時代にかけての社会の流れのなかで，庶民はどう動いたのか。前述の土一揆はその動きの一つの現れであるが，また庶民の大部分を占める百姓らは，それぞれが住む地元の村落を，単なる居住生活単位ではなく，みずからの生命保全と財産保持のため内部団結して組織化し，生き残るための生存装置として造りかえた。こうした自律性・自立性をもった村落を，惣村(そうそん)とよぶ。

鎌倉時代から，畿内近国の一部村落では，領主側との年貢減免交渉のため，一定の能力・立場をもった者が村落代表格となり，文書提出や訴訟などを通じて領主側との駆け引きを行っていた。早い事例では，すでに鎌倉時代後期から村・惣掟(そうおきて)を作成していた近江奥島荘(おうみおくしまのしょう)や同菅浦荘(すがうら)があり，以後南北朝時代から室町時代前期にかけてそれが現れる紀伊粉河寺東村(きいこかわでらひがしむら)や近江今堀郷(いまほりごう)などがある。

村掟のことを述べたが，惣村が惣村たる条件としては，まず村落共同体組織として，住民が遵守(じゅんしゅ)すべきルールつまり掟が成立すること，またその制定や会議のための村寄合(よりあい)が開催されること，そこに村落構成員としての資格をもつ一軒前(いっけんまえ)とされる住人が参加し，指導階層としての乙名(おとな)・年寄(としより)・沙汰人(さたにん)などと称される人びとがリードすること，それらによる組織が，年貢の村請(むらうけ)(地下請(じげうけ))や自検断(じけんだん)(自村による内部の警察・裁判権行使)を実行していることなどがあげられる。戦国時代に入ると，さ

らに惣村は自己防衛のため，一種の暴力装置としての若衆組織をもち，また村民の避難所としての小屋（「村の城」）ももち，あるいは近隣惣村と協力・支援関係を構築したりする（「クミノ郷」）場合もあった。また惣村には，有力百姓とも武士ともつかぬ人びとが居住している場合も少なくなく，それら在地侍衆というべき者たちが乙名などを兼ねることもあり，身分は明確に分離していなかった。1501年（文亀元）から3年余，所領の和泉日根野荘に行き直接支配を行った，公家で前関白の九条政基の在荘日記には，地元住民の自検断や守護側との対立の様子，年中行事などが記録され，惣村の実情を知る上で興味深い。

▎室町文化のひろがり

室町時代はその前半に南北朝内乱，後半には戦国の動乱と，社会的に安定した時期ではなかった。しかし文化面では，多くの歴史的な果実がもたらされた時期であるともいえる。その主体は武家文化ではあるが，後世あるいは現代まで文化・生活上の影響のおよぶ要素が，この時代に造られていった。

3代将軍義満の時代には，義満自身が京都北郊に北山山荘を造営，同所に内外壁金箔貼りの舎利殿（金閣）を建てるなどして，同山荘をみずからの政治拠点化した。そしてここを中心とした建築・芸能などの文化要素により，文化的ピークの一時期を現出させた。これを北山文化という。舎利殿は初層が寝殿造，二層が和様，三層が禅宗様と，複数の建築様式が混交しており，それじたいが当時の文化的多様性を体現していて，象徴的な建造物である。また観阿弥・世阿弥父子により完成された能が存在する。これは庶民芸能であった田楽や大陸伝来の猿楽などを原型とし，内容を抽象化・文学化させた演劇で，いっぽうで滑稽味を残したものは狂言とよばれた。絵画芸術では水墨画の発達がある。これは元・宋画など中国絵画の伝来にもとづくものだが，そうした渡来芸術に

ふれる機会の多かった京都五山僧らがみずからも描くようになり，相国寺僧の如拙や東福寺僧明兆，やはり相国寺僧で雪舟の師の周文らが知られる。

　室町時代後期から戦国時代にかけては8代将軍義政の時期だが，当時義政が義満をみならって東山に建設した東山山荘を中心に，やはり一時代を画する文化のピークがあった。東山文化である。北山文化とあわせ，両方で室町文化を成す。建築では義政による銀閣と東求堂があり，後者は総畳敷き・襖・障子・床の間など，後世の和室の原型となった書院造という様式を採用している。作庭では，従来の寝殿造による和風庭園とはことなる，水流を用いずに白砂や石で景観を表現した枯山水という新様式の庭が増加，大徳寺や龍安寺など禅宗寺院に多く造られた。絵画にはのちの幕府御用絵師ともなる狩野派や土佐派の始祖が現れ，日本水墨画の大成者雪舟も登場。さらに茶の湯・立花・聴香・漆工などの芸能・工芸の原型が出現した。それらの多くは，山水河原者とよばれた被差別的身分の人びとが，立場の枠を越えて従事した。そのうえ，室町時代には現代話語に通じる日本語の言い回しや発音がほぼ完成した時代と考えられ，また植物綿などの新しい繊維原料が普及し，生活面での変化もみられた。

【参考文献】

榎原雅治編『一揆の時代（日本の時代史11）』（吉川弘文館，2003年）
川岡勉『山城国一揆と戦国社会』（歴史文化ライブラリー，吉川弘文館，2012年）
久留島典子『一揆と戦国大名（日本の歴史13）』（講談社，2001年）
藤木久志『戦国の村を行く』（朝日新聞社，1997年）

第16章 戦国の争乱

応仁・文明の乱

　8代将軍義政は1449年（宝徳元）に将軍に就任した。しかし当時からすでに，有力守護大名各家では相続をめぐる内紛が絶えず，各地で私闘が頻発した。そのうえ悪いことに，1460年（寛正元）から61年の大旱魃と疫病発生によって，寛正の大飢饉が発生した。これは中世最大規模の飢饉とみられる。義政は，こうした政治・社会状況の劇的悪化に対して積極的な対策がとれず，細川勝元らに実権を掌握されて親政も困難であったため，嗜好する文化面に逃避していた。

　そうしたなか，義政妻の日野富子に子の義尚が誕生したことによって，新たな火種が生じる。それ以前，義政は将軍後継者として弟の義視を指名，還俗までさせていたにもかかわらず，実子が産まれてのちは後継を明確にせず，あいまいな態度をとった。富子は義尚に後継させるべく有力者山名宗全に接近，義視は勝元を頼んだ。ここに両者を支持する派閥が幕府内に成立，爆発は時間の問題となった。

　1467年（応仁元）初頭，管領家のひとつ畠山氏の政長と義就の相続争いによる戦闘が京都で発生した。山名宗全らは好機とみて勝元排除をはかり挙兵，巻き返しを意図した細川側が領国から大軍を招集し，山名側も応じて，京都および畿内近国で両軍の大規模な戦争が開始された。応仁・文明の乱の勃発である。細川側は義政を抱きこみ東軍とよばれる軍勢を組織，山名側は義視を引きこみ，擬似幕府の体裁を作って西軍を組織した。軍勢が京都に招集された範囲は駿河から筑前までにおよび，有力守護大名らは政治的対立関係や家督相続などの利害によってどちら

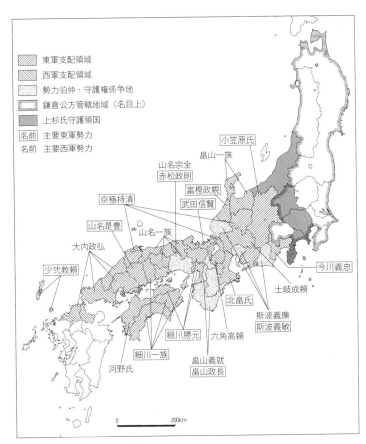

図25 応仁の乱初期の情勢

かにつくことになる。さらに武家・公家連合政権という形態上，公家もどちらへ味方するか去就を決めねばならず，両軍守護大名らが支配する地域の守護代・国人や一部惣村住民，一揆らも軍事動員されるなど，影響は村落百姓にまでおよんだ。東軍側には細川一族・畠山政長・斯波義敏・赤松政則・今川義忠ら，西軍側には山名一族・畠山義就・斯波義廉・土岐成頼・大内政弘らが参加した。

この戦いは大義名分なく11年間も京都とその周辺で継続した。京都は武家・公家の屋敷はじめ町屋や寺院が多く消失して焦土となった。や

がて指導的立場にあった勝元と宗全があいついで死去，また地方の守護大名らの厭戦気分が高まったため停戦機運が生じ，1474年（文明6）に細川政元と山名政豊の間で和睦が成立する。1477年（文明9）には畠山両軍が河内に転戦し，大内政弘が撤退して京都での戦争は終結した。

戦国大名と地域国家

　乱後，戦乱は京都を出て地方に分散していった。各地の守護大名から国人・土豪・地侍クラス，また一揆などの百姓までも含む諸勢力が，家督相続や地域防衛・境目相論などの利害関係により，ある一方と他方に分かれ大小規模の戦闘をつづけ，全国的戦国状態を現出させた。応仁・文明の乱は，幕府権力と権威をいちじるしく失墜させ，自力により自己利益の実現をはかる時代，身分を越えて上昇をはかる時代への意識変化をもたらしたことは確かで，やはりそれが戦国時代の到来を招いたエポックとみてよかろう。

　ここに守護大名権力をさらに自律・自立化させた，地域実効支配権力としての戦国大名が登場する。応仁・文明の乱を主導した有力者，山名・畠山・斯波・赤松・土岐氏ら室町時代的勢力は，多くが衰退の道をたどり，その被官の守護代や国人などに代わられた。そうした新興大名が新たに登場するいっぽう，それこそ平安・鎌倉時代以来の地域支配勢力である守護系戦国大名も同時に存在していた。

　守護大名ではなく戦国大名とよばれる根拠，そのもつ性格・定義としては，まず一郡以上，一国あるいは数ヵ国の実効支配領域をもち，その領域内ではほぼ全域にわたり年貢・段銭等諸税相当のものを徴収する権限をもち，独自の税制を制定・施行すること，国人など在地勢力を被官化して軍事・政治的に編成し，出陣や費用負担など軍役を賦課すること，大名によっては，法度などとよばれる戦国家法を制定し，それによって被官団や領域内の百姓らにいたるまでの諸階層を統制して，裁判を

行うこと，堤防構築などの大規模公共的工事を主催し，領域内住民の生活・生産環境を整備・維持することなどがあげられる。近代的視点でみれば，行政・立法・司法の三権すべてを一元的に戦国大名が掌握しており，その点戦国大名は地域国家の国王そのものなのである。

 他方，戦国大名はときの公的権力である幕府・朝廷から完全に自立しているわけではない。大名はみずからの領域に含まれる諸勢力から，その支配の正当性・公共性をつねに問われる立場にあり，それには守護や守護代また公家官途（かんと）といった，公的な誰でも理解しやすい肩書をもつことが有益であった。そのため戦国大名には，国家権力組織として存在した幕府・朝廷に献金するなどして肩書を獲得し，承認されることが必要不可欠となる。これこそが戦国時代に，幕府・朝廷が存続しえた理由である。戦国大名は事実上の国王として自立していながら，完全には自立できない二律背反的存在といえる。戦国大名の支配権力を，守護公権の延長または拡大ととらえる説があるのも，同様の理由による。

東国の戦乱

 東国における戦国時代は，応仁・文明の乱に先がけること十数年前の1454年（享徳（きょうとく）3）に発生した享徳の乱にはじまる。この年，緊張状態にあった鎌倉公方足利成氏（かまくらくぼうあしかがしげうじ）と関東管領上杉氏（かんれいうえすぎ）との関係はついに破綻（はたん）し，両者は戦争状態に入る。成氏はおもに東関東の旧族守護大名らを味方とし，それらに近い下総古河（しもうさこが）に移転した。古河公方である。その後古河公方側と上杉氏側との戦争がつづくが，山内上杉氏（やまのうちうえすぎ）の家宰（執事）職をめぐる内紛から，被官長尾景春（ながおかげはる）の乱が1476年（文明8）に発生，上杉側は混乱状態となった。この乱を終息させたのは扇谷上杉氏（おうぎがやつ）被官太田道灌（おおたどうかん）であるが，道灌も主君定正から嫌疑を受け暗殺され，それを契機に今度は山内・扇谷両上杉氏の戦争に突入した（長享（ちょうきょう）の乱）。いっぽうそのころ駿河今川氏（するがいまがわ）の下にあった元室町幕府家臣の伊勢盛時（いせもりとき）（北条早雲（ほうじょうそううん））

は、1493年(明応2)から伊豆に侵攻し、1495年には相模に入り、小田原城を奪取して関東侵略を開始する。以後これと上杉氏との戦争に関東争乱の焦点は移る。

広大な陸奥・出羽両国が存在する東北地方では、その広さゆえに統合は困難であり、各地で有力国人らが割拠、陸奥南部の伊達・蘆名氏や、北部の南部氏、出羽南部の最上氏、北部の安東氏などがそれぞれに地域を実効支配した。北陸では山内上杉氏被官筋の越後長尾氏が、守護大名上杉氏を打倒して越後の支配を打ち立て、甲信では甲斐武田氏が一国支配を実現し、北隣の信濃に侵攻する。武田信玄の時期に北信濃の覇権をめぐり、越後長尾景虎(のち山内上杉氏家督を譲られ上杉謙信)と1553年(天文22)から5度にわたり川中島で対戦、争闘をくりひろげた。東海地方では駿河の今川氏が三河国人の松平氏を支配下に入れ、尾張守護代分家の系統である織田氏と対立、抗争した。

北陸の加賀では1488年(長享2)、守護大名富樫氏の内紛に一向一揆が介入して、同氏を事実上滅亡に追いこみ、宗教一揆による一国支配を成した。長享の一向一揆という。同一揆は、大坂石山本願寺を中心とする浄土真宗本願寺派が主導するもので、本願寺8世法主蓮如の布教以来、畿内や北陸などに多くの門徒をもつ同派が、土豪から百姓までの在地勢力を動員して、ついに領域支配までを実現するようになったものである。

西国の戦乱

応仁・文明の乱以後、畿内近国では戦乱があいかわらずつづいていた。いっぽう幕府では9代将軍義尚が若年で死去し、後継した10代義稙(義視の子)は管領細川政元と合わず、1493年(明応2)に政元はクーデターで義稙を追放、堀越公方系の義澄を11代新将軍に立てた。以後細川一族が管領職を独占し、実態として将軍をあやつる形となり、幕

府権力はさらに委縮する。このため政元以後管領晴元までの幕府体制を細川政権とよぶ場合もある。細川氏は幕府との関係を利用することによって，京都と四国を結ぶ地域を支配する戦国大名となっていったといえる。のち細川氏被官であった阿波国人の三好氏が，摂津などを拠点に自立し，畿内近国に支配力をおよぼして，細川氏にとって代わる。この勢力は三好長慶の時期に最盛となった。

　中国・四国地方では，播磨などの守護大名赤松氏被官の浦上氏が自立し，播磨・備前などを実効支配した。但馬など山陰の守護大名山名氏は応仁・文明の乱を契機に衰退，出雲守護京極氏はやはり守護代の尼子氏に同国を乗っ取られる。防長と北九州の大内氏は，博多を擁してみずから明・朝鮮貿易を主催するなど，中国地方最大の守護大名・戦国大名でありつづけた。1508年（永正5），大内義興は大軍をもって上洛し，細川高国と共同して幕府を後援，細川・大内連合政権とよぶべきものを10年間ほど現出させるが，結果的には安定化に成功せず撤退した。のち義隆が一族の陶興房（晴賢）のクーデターで倒され，その晴賢も安芸国人出身の毛利元就によって厳島の戦いで敗北し，1555年（弘治元）に滅亡する。元就はやがて尼子氏も打倒し，中国地方の過半に勢力を拡大。四国では土佐の国人長宗我部元親が戦国大名として急速に台頭，1571年（元亀2）に一国支配を実現すると，四国全域掌握をめざして阿波などに侵攻を開始した。

　九州では鎌倉幕府の滅亡以来，南北朝内乱や大内・少弐氏の抗争など，際限のない戦乱状態がつづいてきたといってよいが，戦国時代に入ると少弐氏は滅亡，その後大内氏の衰退にともなって豊後の守護であった大友氏，肥前の国人から出た龍造寺氏，南九州の古族島津氏の三者が全体を分割する形になった。のち島津氏が前二者を圧迫して北上，一時期は九州全土を併合する勢いを示した。なお，戦国時代後期の1543年（天文12）には中国船に便乗したポルトガル人が種子島に漂着し，鉄

砲を伝えた。さらに日本の情報を得たカトリック系のイエズス会幹部フランシスコ・デ・ザヴィエルが1549年（天文18）鹿児島に来て，初めてキリスト教を伝えた。これらの伝来は，戦国時代の日本社会に少なからぬ影響を与える。

【参考文献】
有光友學編『戦国の地域国家（日本の時代史12）』（吉川弘文館，2003年）
池享『戦国大名と一揆（日本中世の歴史6）』（吉川弘文館，2009年）
福島克彦『畿内・近国の戦国合戦（戦争の日本史11）』（吉川弘文館，2009年）
峰岸純夫『中世社会の一揆と宗教』（東京大学出版会，2008年）

第17章 天下一統

織田信長の天下統一

　戦国時代後期になると，一族内訌などの困難を克服した地域ごとの最有力戦国大名によって地域統合が進められ，日本はいくつかの大きな戦国大名領国ブロックによって分割されるような形になった。それらのなかから急速に台頭し，広域統合を進めたのが，尾張に登場した戦国大名織田信長であった。

　信長の家系は尾張守護代織田氏のさらに分家にすぎなかったが，信長の祖父信貞・父信秀の代から尾張中部において，那古野・津島など水陸交通・経済上の要地を実力で掌握，一定の勢力を保持した。信長自身はそのほぼ同時代の伝記である『信長公記』（信長の被官太田牛一著）によると，若年から奇行が多く，一族・被官らからも軽侮されていたといわれるが，いっぽうで長鑓や鉄砲の導入など，先見性ももちあわせていた。1551年（天文20）に父の死去により家督を相続，その後しばらく一族内紛や国人系被官の離反に悩まされるが，それを乗りこえて1559年（永禄2）には尾張一国をほぼ統一する。翌年侵攻してきた東海地方最大の大名今川義元を桶狭間の戦いで破り，のち三河で今川氏から独立した徳川家康と同盟し，領国東方を安定化した。以後信長は北方の斎藤氏が支配する美濃攻略に専心し，1567年（永禄10）にこれに成功，岐阜城を新拠点とし，尾張・美濃などを支配する有数の戦国大名となった。

　この間京都・畿内では，13代将軍足利義輝が，1565年（永禄8）に三好一族やその被官出身の松永久秀らに暗殺され，さらにその三好一族と松永も分裂して戦争になるなど，著しく混乱していた。そのようなな

か信長は,1568年(永禄11)に義輝弟の義昭を擁して大軍を発し上洛,京都を占拠して義昭を15代将軍に就けたうえで,さらに畿内近国を平定した。しかし義昭との関係は翌年以降信長の圧力によって悪化し,1570年(元亀元)には義昭の扇動もあり,畿内近国の大名ら諸勢力がいっせいに信長に反抗して,一転危機におちいる。反抗勢力のなかには,三好一族や越前の朝倉義景,北近江の大名で義弟の浅井長政や,大坂石山本願寺と一向一揆も含まれ,信長はこれら勢力と数年間苦闘する(元亀の争乱)。1571年(元亀2)に敵対的であった比叡山延暦寺を焼き打ちし,1573年(天正元)には義昭を追放して,室町幕府は消滅した。さらに朝倉氏や浅井氏を滅亡させ,危機を脱した。1575年(天正3),三河に侵攻した武田勝頼の軍勢を,鉄砲隊を有効活用した長篠の戦いで破り,また伊勢長島・越前の一向一揆を虐殺戦争の末に壊滅させた。1576年(天正4)からは近江に安土城を建造させ新拠点とした。

　以後信長は各地に,重臣を指揮官とする方面軍的性格の強い軍勢を派遣し,地域の有力戦国大名との戦争を遂行する。北陸では上杉氏に対して柴田勝家・前田利家らの軍を,東海では武田氏に対して同盟者徳川家康の軍を,中国では毛利氏に対して羽柴秀吉の軍をそれぞれ送って対戦するというようにである。1580年(天正8)には本願寺を開城させて一向一揆を完全に平定。1582年(天正10)には武田氏も滅亡させ,全国一統も時間の問題という様相であった。ところが同年6月,中国方面の軍勢支援のため出陣し,京都本能寺に宿泊したさい,重臣の一人明智光秀の反乱を受け,嫡男の信忠とともに滅亡した(本能寺の変)。

豊臣秀吉の天下統一

　信長の事業を継いだのは,重臣の一人豊臣(羽柴)秀吉であったが,その出自は不明部分が多い。後年作成された『太閤記』等では,尾張中村の百姓兼足軽の家の出身で,家出して行商人や野伏集団の仲間にお

図26 織田・豊臣政権の一統

り，のち信長に仕えて下人から武将まで出世したとされるが，明らかではない。信頼できる史料では，1565年（永禄8）に木下秀吉と名乗っているものが最初で，当時29歳。1568年（永禄11）の上洛後は明智光秀らとともに京都の政務を任される。1570年（元亀元）の信長の危機では，越前金ヶ崎城での撤退戦で後尾を勤め，以後近江北部にあって対浅井戦の先鋒とされる。1573年（天正元）に浅井氏が滅亡するとその旧領を与えられ，1577年（天正5）ごろより中国地方に派遣され，対毛利戦争を指揮する方面軍司令官的立場となる。

1582年（天正10），本能寺の変が発生したときには備中で毛利氏と対陣中であったが，いち早く和睦して軍勢を畿内に引き返し，変から11日後に山崎の戦いで明智光秀を破り滅亡に追いこむ。のち信長の後継を定める重臣会議である清洲会議の場では信長の子・孫を立てつつも，その政権の簒奪をめざしたと思われる。翌年対立した重臣筆頭格の柴田勝家を近江賤ヶ岳の戦いで破って滅亡させ，同じく敵対した信長三男の信孝を自害させた。さらに1584年（天正12）には対抗して挙兵した織田信雄・徳川家康の連合軍と尾張で対陣，戦闘では敗北したが（小牧・長久手の戦い）戦略的にその両者を服属させることに成功する。またこのころには外交的に毛利・上杉氏らも服属させている。戦略的・経済的要衝である石山本願寺跡地に大坂城を建造し，1585年（天正13）には土佐の長宗我部元親を破り，これを服属させ四国平定。同年関白となり，翌年には豊臣姓を朝廷から受け，関白政権とよぶべき特殊な武家政権を成立させた。1587年（天正15），九州を席巻していた薩摩島津氏を攻撃するため出陣し，島津義久を降参させて平定した。同年中には惣無事令を布告し，中央政権として大名間の私闘を禁止する。同時期に海賊停止令・刀狩令・伴天連追放令などを発し，また太閤検地とよばれる一連の統一基準での全国的検地を実施させ，年貢税制等を確定した。1590年（天正18），惣無事令に関東の北条氏政が違反したとしてその征伐を呼号，大軍を発して小田原城を落城させ北条氏を滅ぼすと，伊達政宗ら東北地方の諸大名をも服属させ，天下一統を成しとげた。

　信長・秀吉の時代から江戸時代初期にかけては，安土桃山文化とよばれる文化的な一時期を成しており，その性格は建築面によく現れている。安土城・大坂城に象徴される，天守という高層望楼型建物を中心にもち，周囲を高い石垣や広い水濠，土塀などで囲まれた大型城郭建築が大名の軍事拠点兼居所・政庁として各地に建設された。これらは織豊系城郭とよばれる。時代はやや下るが，現存するその代表例は1609

年(慶長14)に完成した播磨の姫路城があげられる。それらの内部には狩野永徳らの絵師による金箔彩色による豪儀な障壁画がえがかれた。服装も派手なものが好まれ、そうした風潮のなかから歌舞伎が生まれた。また堺の町人出身の茶人千利休により茶道が大成され、茶室建築も広まり、古田織部・小堀遠州らによって江戸時代に継承された。さらにキリスト教伝来の影響でおもに九州においてその信者(キリシタン)が拡大し、大友宗麟らの一部大名も南蛮貿易の利潤獲得などの目的を含んで、キリシタン大名となるものが現れた。宗麟と肥前の有馬晴信・大村純忠は共同で、家臣の少年を教皇への使節としてローマまで派遣している(天正遣欧使節)。このように、織豊政権期は文化的に大きな進展・変化もみられた時代であった。

文禄・慶長朝鮮戦争

秀吉は一統以前からすでに大陸への軍事侵攻に言及していたが、1591年(天正19)にはそれを具体化させ、全国の大名に「唐入り」出陣を指示する。秀吉は朝鮮・明を支配したら天皇を北京に移し、甥の秀次を明の関白とし、秀吉自身は天竺侵攻のため寧波に新拠点をきずくなどと述べていたが、この時期の日本には、戦国時代の余波で50～100万人もの実動兵力が存在したと推定され、これは当時世界最大規模の軍事兵力であるので、「唐入り」構想もあながち荒唐無稽ではなかった。秀吉は対馬の宗氏に朝鮮との外交交渉を行わせるいっぽう、北部九州の肥前松浦郡に名護屋城をきずき侵攻拠点とした。

1592年(文禄元)、交渉の不備を受けて秀吉は出陣を指示し、9組の軍団に編成された16万近くもの軍勢が渡海して、4月釜山付近に上陸。日本側軍勢は朝鮮軍を撃破しつつ北上、1ヵ月足らずで首都漢城を征圧した。進撃をつづけた日本側軍勢はいっぽうで平壌を占拠、他方では加藤清正の軍が一時満州にまで侵攻した。しかしこの間明軍が朝鮮を支援

するため出陣して，日本側と戦いはじめ，朝鮮水軍の李舜臣が朝鮮南岸で日本側水軍を苦しめるなどしたため，同年8月には日本側と明側とが休戦し講和交渉が開始された。1596年（文禄5）に秀吉は来日した明の外交使節と対面したが，要求がまったく無視されていることに激怒し，講和は決裂した。ここまでの過程を文禄の役と称する。

秀吉は再出陣を指示，1597年（慶長2）2月にふたたび14万の軍勢が派遣され，今度は朝鮮半島南部の確保をはかる。日本側は義兵とよばれる朝鮮民兵の襲撃や，補給不足などに悩まされながらも，ある程度の成功を収めた。占領地域に日本式城郭（倭城）を構築して支配の恒久化をめざし，その阻止を意図して攻撃してきた明・朝鮮連合軍を各地で破った。だが翌年8月秀吉が伏見城で死去し，日本側の国内情勢が不安定化したため，五大老・五奉行らが協議の結果，全軍撤退が決定され，同年11月末までに派遣軍勢はすべて朝鮮半島から撤退した。この一連の戦いを慶長の役とよぶ。この侵略戦争は結果として日本側に何の政治・軍事的利益ももたらさず，かえって秀吉譜代の大名らの分裂を引きおこすなど，豊臣政権の衰亡を早めたといえる。

天下人の挫折

織田信長・豊臣秀吉の2人は，戦国時代と江戸時代の境目に現れて，それぞれに個性ある政権をうちたてた人物であるが，その歴史的性格や意義をいかに評価するかは意見の分かれるところである。

信長は当初尾張・美濃を拠点とする戦国大名として台頭し，室町幕府の維持を支援する形で京都・畿内を支配し，事実上幕府との二重政権状態を現出させた。権威は将軍義昭，実力は信長という形である。だがこの関係は早々に破綻し，信長は義昭を追放して幕府組織を消滅させ，京都とその周辺を手放すことなく，畿内・東海と周辺域など本州のほぼ中央部分を広域に支配する，事実上の織田政権を成立させた。この政権は

知行の錯綜・散在性や検地の不徹底など，戦国大名的な側面を残しつつも，兵農分離や能力主義的人材登用など，近世・近代的な面もあわせもつもので，まさに中近世移行期的性格の政権であった。秀吉はその政権をうまく纂奪することに成功し，独自の太閤検地や惣無事令などの政策実施によって，政権政体として社会的な諸要素の上からの切り替えに尽力，近世的政権形態の先駆を成した。

　しかし，いずれの政権ともに旧来の幕府のような組織形態をもたず，官僚制も未発達のまま終わった。実態として信長・秀吉の個人政権という枠を出ることができず，その個人つまり帝王の死去とほぼ同時に終焉を迎えたといえる。秀吉の最晩年期にいたり，後継者である秀頼がまだ幼児にすぎなかったため，五大老（徳川家康・前田利家・毛利輝元・小早川隆景・上杉景勝・宇喜多秀家ら）・五奉行（石田三成・浅野長政ら）制という政権組織らしきものが急遽設定されたが，これは五大老のメンバーをみれば明らかなとおり，豊臣政権に服属した外様有力大名を合議組織に編成して政権運営にコミットさせようとしたもので，実務は秀吉譜代から成る石田三成ら五奉行が担うとしても，急造かつ無理のある組織という感が否めない。もし信長あるいは秀吉が長く生存していれば，後継者問題もなくそれぞれ政権としての形態もより整備され，将軍と幕府という従来型とはことなる新しい武家政権への道が開けていたかも知れないが，確実ではない。

【参考文献】
池上裕子『織豊政権と江戸幕府（日本の歴史15）』（講談社，2002年）
谷口克広『信長の天下布武への道（戦争の日本史13）』（吉川弘文館，2006年）
中野等『文禄・慶長の役（戦争の日本史16）』（吉川弘文館，2008年）
山田邦明『戦国の活力（全集日本の歴史8）』（小学館，2008年）

III 近世

第18章 江戸幕府の開創

徳川家康の天下統一

　豊臣秀吉の死後，政治的主導権を握ったのは徳川家康であった。家康は元来三河の国人松平氏の出身で，家康の代には駿河の戦国大名今川氏に服属していた。しかし1560年（永禄3），今川義元が桶狭間の戦いで敗死したことを機に自立，三河を統合して戦国大名となった。さらに織田信長と同盟して武田氏と戦い，1582年（天正10）の本能寺の変で信長が滅亡したのち，東海・甲信5ヵ国を支配する有数の戦国大名となった。その段階で中央政権を立てた羽柴（豊臣）秀吉と対立し，1584年（天正12）には小牧・長久手で戦っていったん勝利するも，秀吉の政治的圧力により服属せざるを得なくなる。1590年（天正18）には関東に移封させられ，江戸城を新拠点として関東の過半を領国とした。文禄・慶長の役には出陣の指示を受けず兵力を温存する。

　1598年（慶長3）の秀吉死去ののち，五大老筆頭格としての立場を利用して，みずからの権力拡大の意図を隠さなくなり，それを阻止しようとした五奉行筆頭の石田三成らが主導しておこした反徳川大名連合との戦争を招く。この戦乱は1600年（慶長5）の関ヶ原の戦いで決着，反徳川連合は崩壊して事実上の徳川政権を成立させる。戦後処理が終わった1603年（慶長8），家康は征夷大将軍に就任し，江戸を拠点にした新たな武家政権，江戸幕府が成立したのである。しかしまだ大坂城には，豊臣政権の一部ともいえる秀頼が一定の勢力と権威をもって残っており，家康はこれを1614年（慶長19）から翌年，2度にわたる大坂城攻めによって滅亡させた。以後幕末まで，幕府・大名間の戦争は絶えて

なくなる。1616年（元和2）に家康は駿府で死去，日光東照宮に祀られた。

家康は信長や秀吉とことなり，幕府・将軍という，すでに前例のある中世的ともいえる政権形態を選択した。だが秀吉が行っていた社会体制改革である，全国一律基準による検地や，それにともなう度量衡統合・年貢負担者決定・村落範囲確定など，また惣無事令・喧嘩停止令などの意義を基本的に継承した。

江戸初期社会の構造

江戸時代には，江戸幕府という中央政権が存在し，国家主権および外交権・通貨発行権などを一元的に掌握した。いっぽう各地方には大小の藩とよばれた，大名が支配する一定範囲の地域政権が分立的に存在し，税制や法制などその内政には幕府も関与しない形で地域支配が行われた。全国の土地は幕府支配地，つまり幕領（天領）と，藩支配地つまり藩領とに分けられる。この政治・社会的支配体制を幕藩体制とよぶ。

幕領は約400万石であり，将軍一族や幕臣である旗本・御家人らが，土地または給付米の形で分与された。各藩は1万石以上の知行高をもつ大名によって統治され，独自の支配組織を作って内政を行った。藩は幕府将軍家との親疎によって，御三家・親藩・譜代・外様に分類できる。御三家は2代将軍秀忠の弟の系統で，尾張・紀伊・水戸の三藩をさす。親藩はそれ以外の将軍家親戚筋で，徳川氏のもとの名字である松平氏を名乗る家が多い。譜代は徳川氏が三河の国人であった時代以来の被官の家である。譜代藩主の大名は，老中などとして幕政中枢に関与する資格を与えられた。外様は元来徳川将軍家と関係のない大名であり，たとえば幕末に蠢動する薩摩藩・長州藩などが該当する。

江戸幕府の組織は，将軍家が三河国人であった時代の家政組織の発展型という位置づけができる。将軍はもちろん親政も可能だが，基本的に

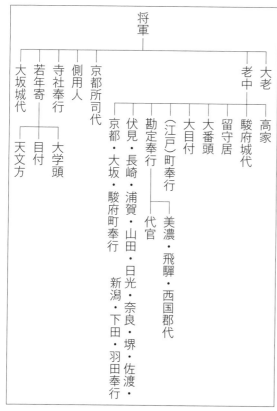

図27　江戸幕府組織一覧（主要役職のみ）

は譜代大名らに政権運営を担当させ，同大名のうちから，大臣に当たる年寄のち老中が数人程度選任されて政権の最高決定機関を形成する。大老という臨時最高責任者がおかれる場合もあった。老中補佐役として若年寄，宗教・財政・江戸行政という重要政務を担当する寺社・勘定・町奉行という三奉行，また各種業務・地域の担当奉行などが設定された。

　幕府は江戸時代初期に大名を規制する武家諸法度を制定し，城郭の修築などをきびしく監視，違反者を改易する厳密な方針を示した。また同法度はその後1635年（寛永12）の3代将軍家光の時期に改定され，参勤交代が諸大名に義務づけられた。これは原則的に1年ごとに本国と江戸を往復させるもので，諸大名はこれに加え，幕府から賦課される城や堤防などの普請工事なども合わせ，経済的に大きな負担を余儀なくされた。また幕府は京都の天皇・公家に対しては，その活動規制法である禁中並公家諸法度を交付，朝廷に対する幕府の優位を事実上決定づけた。

　身分の弁別も強化され固定化された。江戸時代には権力側身分の地位

保全のため，身分関係のあいまいさを可能な限りなくし，区別を明らかにした。支配身分としては武士および天皇・貴族・高級僧侶などがあり，庶民は百姓を主とする被支配階層とされた。いっぽうで統治の都合上，被差別身分である穢多・非人・皮多なども存在し，それぞれ特定の職業や居住地を強制され，一般庶民からも卑賤視されていた。

貿易と鎖国

　江戸時代初期には，前代の豊臣政権期の南蛮貿易の延長で，積極的な外国貿易が行われていた。家康はイングランド人アダムズらを顧問的な立場で雇用，外交交渉に当たらせるとともに，ヨーロッパ式の船舶を建造させ，さらにスペイン・ポルトガルといった従来からのカトリック国，また新興の貿易国であったイングランド・オランダにも貿易を許可し，それらの国々とは長崎・平戸などを拠点として貿易を行った。また日本側からも京都の商人角倉了以・茶屋四郎次郎ら，またおもに九州の諸大名らが幕府の許可状である朱印状を得て商船を仕立て，貿易に従事した（朱印船貿易）。日本側は中国産生糸などを主要輸入品目とし，かわりに石見銀山産の銀などを輸出した。

　明との間に外交関係は復活しなかったが，私貿易船は日本に出入りした。朝鮮との外交関係は，家康の講和政策によって対馬宗氏が窓口となり回復に成功，釜山に対馬藩の出先事務所である倭館が設置され，これは江戸時代唯一の在外公館となった。朝鮮からは以後江戸時代を通じて12回，将軍交替などのさいに慶賀使節等として通信使が派遣されている。他方琉球王国は1604年（慶長9）に幕府の承認をえた薩摩藩の軍勢によって占領され，国の体裁は残されたが，事実上同藩の一部となった。薩摩藩は琉球を通じて中国・東南アジアなどとの貿易ルートを確保する。また北方では蝦夷地の松前藩が，同地アイヌを通じて沿海地域などから流入する中国産物を入手しており，いわゆる「四つの口」が交易

窓口として存在した。

　幕府はその初期に貿易利益のため，カトリック諸国との関係を維持し，キリスト教布教も黙認状態であった。だが徐々に拡大するキリシタン信徒の一揆などをおそれた幕府は，1612年（慶長17）に幕領に対する禁教令を発布，キリシタンの政策的迫害に転じる。そうしたなか，1637年（寛永14）に九州の島原・天草地方を中心に，キリシタン大名旧臣らを含んだ迫害への反乱，島原の乱（島原・天草一揆）が発生する。幕府は翌年，天草四郎（益田時貞）を指導者とあおぐ反乱側が籠った原城を陥落させ，一揆を虐殺してようやく鎮圧した。これが契機となり，幕府は1639年（寛永16）にポルトガル船来航を禁止，1641年（寛永18）にはヨーロッパ勢力で唯一残ったオランダ船を，長崎出島の来航のみに限定し，いわゆる鎖国状態となった。全庶民に対して宗門改と寺請制を実施し，これは実態的な戸籍の役割をはたして，キリシタンに対する監視を強化した。

都市・町場・村落の形成

　社会が安定化した江戸時代には，街道・航路の整備や新田開発が積極的に行われた。江戸を中心に参勤交代などに使用される主要街道，五街道（東海道・中山道・甲州街道・日光街道・奥州街道）が整えられ，各地方においても地域間街道網が形成されていった。城下町として各藩の政治・経済的中心地が拡大し，都市的景観を呈するようになるとともに，街道筋の宿場町，寺社門前の門前町，港湾などの経済的な都市・町場もそれぞれに形成・発展していく。水上交通が主要貨物運搬ルートであった当時にあって，沿岸航路の新規開通は拡大する経済的需要を満たすためにも必要であり，幕府の指示を受けた伊勢商人河村瑞賢らによって，おもに大坂をめざす西廻り航路や，江戸をめざす東廻り航路が開拓され，米などを輸送する廻船が行き来した。幕府の政治都市・一大消費地

としての江戸，西日本の経済中心都市としての大坂，朝廷を擁する文化都市としての京都を合わせて三都とよぶ。

　圧倒的多数の庶民すなわち百姓が居住する単位としての場所である村落は，豊臣政権の検地・村切り以降，年貢村請けによる納税単位として機能し，村落ごとの村政責任者として設定された，庄屋（名主）・組頭（年寄）・百姓代の村役人（村方三役）が主導し，それに一般百姓が協力することにより運営された。検地帳・名寄帳に登録された年貢負担者である，本百姓が運営に参加する資格をもっていた。年貢率は幕領・藩領それぞれにことなったが，ほぼ半々の五公五民，または四公六民ていどが一般的であった。また年貢（本途物成）以外にも，副産物などにかかる小物成，労働などの臨時役，街道整備の助郷役などが課され，百姓の負担は軽くなかった。そのため年貢支払いができず，借財によって土地を手放し，本百姓から没落して小作人（水呑百姓）化するものも早くから現れ，幕府は年貢減少対策として，1643年（寛永20）に田畑永代売買禁令，1673年（延宝元）には分地制限令を出したが，効果は限定的であった。

【参考文献】
杣田善雄『将軍権力の確立（日本近世の歴史2）』（吉川弘文館，2012年）
塚本学編『支配のしくみ（日本の近世3）』（中央公論社，1991年）
堀新『天下統一から鎖国へ（日本中世の歴史7）』（吉川弘文館，2010年）
横田冬彦『天下泰平（日本の歴史16）』（講談社，2002年）

第19章 幕藩体制の安定

慶安事件と寛文印知

　諸大名の改易は，巷に多くの浪人を発生させた。さらに，元和偃武による泰平の世の到来は，諸大名に浪人を召し抱えるのを控えさせるようになった。それにより，仕官できない浪人たちの生活は困窮し，現状に対して大いに不満を募らせた。そのような状況下，1651年（慶安4）4月，3代将軍の徳川家光が死去し，11歳の家綱がつぎの将軍に就くことになった。

　幼将軍の誕生，それに対する世間の不安をみて，各地で騒動を引き起こそうとする者が現れた。当時，軍学者として名声を得ていた由井正雪らの一派である。彼らは，幕閣への批判と浪人救済を掲げ，謀反を企てた。江戸市中を火の海と化し，老中などの重役を暗殺しよう，という計画である。結局，訴人が現れ未遂に終わるが，慶安事件とよばれるこの陰謀は，幕府に浪人問題の重要性を認識させることになった。

　たとえば，町奉行の石谷貞清は浪人の再仕官を斡旋した。さらに，幕府はこれまで，当主が危篤におちいってから養子を願い出ること（末期養子）を禁じていた。それを12月，50歳以下であれば願い出てもよいと大名・旗本に通知し，改易の条件を緩めている。改易が浪人を発生させる主因となっていたからである。

　大名の領知を取りあげる改易に対し，それを保証する安堵という行為がある。家綱期は改易だけでなく，安堵も大きく転換させている。領知安堵について，諸大名は従来，個々に領知の明細を将軍に報告し，将軍は報告にもとづき大名へ，承認したことを示す領知宛行状を発給してい

た。この作業を通じて将軍と大名は、相互に主従の関係にあることを確認し合っていた。しかしそれは、将軍と一大名との主従関係を確認するものにすぎなかった。

これに対して家綱は、1664年（寛文4）4月5日付で諸大名に対し、いっせいに領知宛行状を発給し

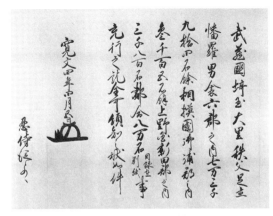

図28　徳川家綱領知判物（阿部家文書）

た。この行為は寛文印知とよばれ、同日付で全大名の領知を承認したことに意味がある。というのは、従来の個別的なものであった将軍と大名との関係を、将軍と全大名という体制的な関係へと転換させたからである。

明暦の大火と都市政策

1657年（明暦3）の正月18日から19日にかけて、江戸で3度にわたって大火が発生した。明暦の大火とよばれるこの火災は、西丸をのぞく江戸城の大半と、現在の千代田区・中央区にあたる江戸市中の大半を焼き尽くした。江戸における最大の火事であり、死者は数万にのぼった。のちに、最初の火元である本郷丸山（現文京区）の本妙寺において、施餓鬼の火に投じた振袖が燃えて大火になった、という伝説が生まれ、振袖火事ともよばれるようになった。

大火後、幕府は被災した町人に粥を施行するいっぽう、大名・旗本・町人に対し、分限に応じて金銀を下賜するなどの救済措置をとった。それと同時に、防火対策を主眼とした都市改造と消防体制の整備にも着手

している。

　幕府はまず，大目付の北条正房らに，実測による精度の高い江戸図をつくるように指示している。それにもとづき，武家地・寺社地・町人地を新規に区画するためであった。これにより，それまで江戸城内にあった御三家の屋敷など，すべて城外に出されている。さらに延焼を防ぐため，市内の各地に広小路や火除地が設けられた。このほか，1659年（万治2）には隅田川に両国橋が架けられ，町人地が本所・深川へと拡大している。

　ついで消防体制について，大火の翌年，定火消と町方の火消とが新設されている。幕府直轄の定火消は，任命した旗本に役所と火消人足を雇うための役料を与え，部下として与力と同心を付属させる，というものである。定火消の役所は，江戸城の北部と西部に設けられていた。冬に北西の季節風が吹いたとき，この地域から出火すると大火になり，江戸城に火がおよぶ可能性があったからである。

　また，町方の火消は，日本橋や京橋あたりの23町により結成された。それは，各町がそれぞれ人足を常雇いしておき，協力して消火にあたる，というものであった。

綱吉期の政治と社会

　5代将軍の徳川綱吉は，儒教にもとづく仁政を推進した。生類憐みの政治ともよばれるそれは，生きるものすべてに憐みの心をもち，それを人びとに教諭しようとするものであった。1682年（天和2）5月，綱吉が諸国に立てた高札には，忠孝を励まして夫婦・兄弟・親類は仲良くし，召し使いの者なども慈しむこと，不忠・不孝の者がいれば厳罰に処すること，などと記されている。さらに，綱吉の慈悲は，捨て子や行き倒れなどの社会的弱者にもおよんでいた。

　なお，慈悲の心は人以外にも向けられた。1685年（貞享2）7月，綱

吉は，将軍の通る道筋に犬・猫が出てきてもかまわない，という法令を出したのを皮切りに，多くの生類を憐れみの対象とした。それは，牛・馬・犬・猫・猿・鶏・亀・蛇・鼠や魚介類・鳥類までにおよび，とくに牛・馬・犬・鳥類に対する保護は厚かった。

　生類の保護は，綱吉が死去する1709年（宝永6）正月までに出された，116件におよぶ法令により整備された。法令に反すると，死罪や遠島（島流し）といった厳罰に処され，それで一家が離散してしまう場合も少なくなかった。そのため，法令に対する人びとの不満は大きく，徳川家宣は6代将軍に就くと同時に，すべて廃止している。その結果，綱吉が出した生類憐みにかかわる法令は，天下の悪法として評価されることが多い。ただし，法令は撤回されたが，生類憐みの志までが否定されたわけではない，という点は留意しておく必要がある。すなわち，綱吉の方針は，8代将軍の吉宗による捨て子や行き倒れの保護政策へと引き継がれたのである。

　また，生類憐みの法令は，人びとの生活に大きな影響を与えた。たとえばこの時期，かぶき者を中心に，人びとは犬を食べる習慣を持っていた。それを1686年（貞享3），幕府はかぶき者を一斉検挙することで止めさせている。さらに翌年，幕府は生きている魚類や鳥類の売買を禁止した。これにより，料理屋の生け簀や飼い鳥なども禁止されたのである。

▍寛永文化と元禄文化

　桃山文化の面影を残しつつ，元禄文化への橋渡しとなった文化として，寛永文化がある。この文化は，江戸における武家の儒教的な文化と，京都における朝廷と町衆の古典的文化とが混じり合うことで発展した。とりわけ京都においては，文化の担い手となる武家と公家，町衆たちが交流し，茶の湯の小堀遠州，寛永の三筆と称された近衛信尹，画家の俵屋宗達など多くの人材が出た。

身分の異なる者たちの交流は，王朝文化，東山文化，桃山文化のどれかにかたよるのではなく，それらを総合的に取りあげようという気運を生み出した。その結果，出てきたのが，当時の流行語であった「きれい」に象徴される，あらたな美である。その表現は，桂離宮や野々村仁清の陶芸などからうかがえる。

　これに対して元禄文化は，江戸・京都・大坂の三都を中心に，各地の城下町に出現した裕福な町人により開花していった。出版では，多くの版元・書林が三都に誕生し，学問書や民衆向けの文芸書などが刊行された。この時期，体系的な農業・薬学にかかわる知識が普及したのも，宮崎安貞『農業全書』，貝原益軒『大和本草』の出版による。

　芝居をみると，脚本家の近松門左衛門が『曽根崎心中』や『国姓爺合戦』など優れた作品を書いた。それを演じることで，京都では坂田藤十郎による歌舞伎，大坂では竹本義太夫による人形浄瑠璃が栄えた。芝居は，人びとを日常的な価値観から解放し，精神的な安定と創造性を与える場であった。

　また，生活や風俗も華やかになり，奢侈性を強めた。服装では，小袖や振袖が多様に発展するいっぽう，宮崎友禅による友禅染が広がり，斬新かつ華麗なデザインがみられた。女性の髪形も階層や年齢に応じて独特な形をとるようになり，髪飾りが普及した。都市を中心に，年中行事が定着したのもこの時期である。

　都市における文化の成熟は，そ

図29　友禅染小袖（国立歴史民俗博物館蔵）

の近郊にある在郷町(ざいごうまち)などへも波及した。地方では，商品作物の生産が活発化するとともに，多くの特産品が生まれた。さらに，各地に名所が誕生し，人びとは季節の食べ物を持参して四季行楽を楽しむようになった。

【参考文献】
杣田善雄『将軍権力の確立（日本近世の歴史2）』（吉川弘文館，2012年）
塚本学『生類をめぐる政治―元禄のフォークロア―』（講談社学術文庫，2013年）
深井雅海『綱吉と吉宗（日本近世の歴史3）』（吉川弘文館，2012年）
福田千鶴『徳川綱吉―犬を愛護した江戸幕府五代将軍―』（日本史リブレット人，山川出版社，2010年）

第20章 享保の改革

日朝外交の移り変わり

　将軍が代替わりするたび，朝鮮はそれを祝うための通信使を幕府に派遣した。これに対して幕府は，通信使が通過する各所に，最上の待遇で応接するように指示している。そのため，沿道の国々は大きな負担を強いられた。さらに，通信使より提出される国書について，1636年（寛永13）より将軍のことは「日本国大君」と表記されていた。いっぽう，幕府は朝鮮への返書に「日本国源某」と署名していた。

　このような日朝外交のありかたを批判したのが，6代将軍徳川家宣のもとで侍講をつとめた新井白石である。白石はまず，国書への表記は日朝ともに「日本国王」に統一するように主張した。その理由だが，室町幕府の3代将軍足利義満より明への国書に，また徳川将軍宛の朝鮮国王国書に「日本国王」と記されていた例がある。さらに大君という称号が，朝鮮においては臣下に与えるものであり，中国においては天子の異称であるなど，さまざまな意味をもっていたからである。

　また白石は，通信使を応接するときの相伴を，御三家がつとめていることも批判した。通信使の三使（正使・副使・従事官）について，朝鮮での官位はいずれも三位であった。そのため幕府も，幕府での官位が三位である御三家を相伴役とした。しかし，将軍と朝鮮国王とを同格とした場合，御三家の当主は，朝鮮においては宗室・親王に該当し，その官位は一位よりも上である。そのため，御三家の当主に三使の応接を任せると，幕府の格式を下げてしまう，との考えであった。

　以上のことから白石は，1711年（正徳元）の通信使より，国書への

表記や通信使の応接などをあらためた。しかし，その急な変更は朝鮮側の反発を招き，無用の混乱を生じさせることになる。そのため，国書への表記などは1719年（享保4），8代将軍の徳川吉宗により元に戻されたのである。

貨幣改鋳

　幕府は，明暦の大火（1657年）からの復興に，多額の資金を投じることになった。さらに，5代将軍の徳川綱吉は仏教に深く帰依しており，護持院・護国寺などの神社仏閣の建立に力を注いでいた。その結果，幕府は綱吉期に至り，ついに財政難におちいった。したがって，綱吉は1695年（元禄8）9月，勘定吟味役をつとめる荻原重秀の建議により，それまで使用していた慶長金銀を元禄金銀に改鋳した。

　改鋳の目的は，金銀ともに純度を引き下げることにあった。慶長小判をみると，その純度が84.29％であったのに対し，元禄小判の純度は57.36％であった。元禄小判のほうが，多くの鋳造が可能である。さらに，慶長小判を元禄小判に鋳直せば，それだけで多くの小判を得ることができた。

　元禄小判への改鋳は，幕府財政の補てんに寄与したが，物価の高騰を招いて人びとの生活を圧迫した。そのため改鋳は，幕府本位の政策として見られがちである。しかし，綱吉期に至ると金銀の産出量が減少し，鋳貨資材の確保が困難になっていた。しかも貨幣の流通量は，市場経済の発展に応じて増大していくため，それを後押しするだけの貨幣が必要であった。そのような観点でみると，改鋳は

図30　元禄小判
　　　（日本銀行貨幣博物館蔵）

時宜にかなったものとして評価できる。

　いっぽう，新井白石は，物価が高騰したのは貨幣の質が低下したからではなく，貨幣の供給量が多すぎるから，と考えた。そのため6代家宣に，金銀の純度を元に戻し，供給量を減らすことを提案している。これにより，綱吉期より貨幣政策に携わっていた重秀は，1712年（正徳2）に勘定奉行を罷免された。そして1714年（正徳4）5月，幕府は慶長金銀と同じ品位をもつ正徳金銀を発行した。

　白石の考えは，8代吉宗にも引き継がれた。吉宗は享保元年より，享保金銀を発行しているが，その品位は正徳金銀と同じであった。しかし，結局のところ吉宗も，綱吉期と同じく貨幣の供給不足という問題に直面する。そのため1736年（元文元）5月より，吉宗は元文金銀とよばれる，品位を落とした貨幣の鋳造に踏みきったのである。

新田開発と年貢増徴策

　8代吉宗は，さまざまな政策を実施した。そのなかでも，とくに重点を置いたのが，財政の再建問題であった。これを達成するため，吉宗は新田開発と税制の改定による年貢米の増収をはかっている。

　1722年（享保7）7月，吉宗は日本橋に高札を立てた。それによると，幕府領と大名領や旗本領などの私領とが入り組んだ場所であっても，新田になるのであれば開発するように奨励している。支配が入り組んでいる場所を開発すると，関係する領主間で相論（訴訟）などが起きかねない。領主たちがこれまで敬遠してきた場所まで開発させようということから，吉宗の意気込みがうかがえる。

　なお，そのような場所を新田にしようとしたのは，5代綱吉のころまでに，おもな場所は開発し尽くされていたからであった。残っているのは，開発は困難と思われる場所だけである。そこへ吉宗は，積極的に進出していった。一例として，武蔵野台地の開発があげられる。

吉宗以前の武蔵野台地は，肥料がなければ開発できない荒野であった。それを新田に変えるため，吉宗はまず，押立村（現府中市）の名主川崎平右衛門を起用した。平右衛門はうまく村政を取りしきる者として，開発地の周辺において評判だったからである。吉宗は平右衛門に，開発を一任するとともに，要望があれば莫大な資金を援助した。

　以上により，吉宗は武蔵野台地の開発に成功するが，このような例は各地において確認できる。吉宗は，新田開発を奨励した享保7年の高札より，将軍職を家重に譲った1745年（延享2）までの間に，石高をおよそ50～60万石も増加させたのである。

　また税制について，幕府領においては従来，検見法が採用されていた。幕府は検地により，村々の田畑に上・中・下などの等級をつけ，等級ごとに収穫量を定めた。収穫量と田畑の面積とを掛けあわせ，各人の総収入を把握するとともに，総収入に税率を掛けて年貢をとっていた。

　これに対して吉宗は，年季を定め，その間は豊凶にかかわらず税率を変えない定免法を採用する。さらに，収穫量に関係なく，その年の出来高に応じて年貢額を決定する有毛検見法をも採用し，幕府の税収を増やしていったのである。

法典の編纂

　吉宗は，法令を整備するため，法典の編纂にも尽力した。その背景には，裁判を公正かつ迅速に行いたい，との考えがあった。幕府の裁判は従来，担当した奉行が法令や先例にもとづき処理していた。このやりかたには，奉行が先例を恣意的に運用し，同様の犯罪にもかかわらず量刑に差が出る，という問題があった。さらに，経済などの発展により社会が複雑化してくると，訴訟の件数が増えるとともに，その内容も多様化する。これらの問題を解決するには，裁判の基準となる法典が必要であった。

以上のことから吉宗は，裁判法典である「公事方御定書（くじかたおさだめがき）」の編纂に着手する。編纂は1720年（享保5）より開始され，元文期より本格化した。すなわち，老中の松平乗邑（まつだいらのりさと）のもと寺社・町・勘定の三奉行が中心となって編纂し，1742年（寛保2）に完成をみる。これにより，裁判の合理化という吉宗の目標は達成されたといえる。

　なお「公事方御定書」は，三奉行とそれに準じる役人しか閲覧することのできない，秘密法典であった。人びとに刑罰の量刑が漏れ，犯罪を助長するのを防ぐためである。しかし現実は，三奉行の経験者が「公事方御定書」の写しを無断でつくり，その内容は諸藩に伝播していった。機密保持の観点からは問題だが，そのいっぽうで，盛岡（もりおか）藩の「文化律（ぶんかりつ）」など諸藩の刑法典に大きな影響を与えた。

　また吉宗の治世は，幕府の成立から100年以上がたっていた。そのため，かつて出した法令が経済の発展などにより，現在にそぐわなくなっていることがあった。さらに，それを是正しようと新たな法令を出すと，旧来の法令と矛盾する場合があった。これらを改善するため，吉宗は「公事方御定書」の編纂後，評定所（ひょうじょうしょ）に対し，1615年（元和（げんな）元）から1743年（寛保3）までに発令された幕府の法令について整理するように指示を出した。作業は松平乗邑のもと三奉行が参加し，実務は評定所の役人が担当した。その結果，編纂されたのが「御触書（おふれがき）」である。なお，この事業はその後も継続されている。これにより，後代に編纂される「御触書」と区別するため，吉宗期のものは「御触書寛保集成（かんぽうしゅうせい）」とよばれるようになった。

【参考文献】
大石学『徳川吉宗―日本社会の文明化を進めた将軍―』（日本リブレット人，山川出版社，2012年）
笠谷和比古『徳川吉宗』（筑摩新書，1995年）
辻達也『徳川吉宗』（人物叢書，吉川弘文館，1985年）
深井雅海『綱吉と吉宗（日本近世の歴史3）』（吉川弘文館，2012年）

第21章 田沼時代

大岡忠光と田沼意次

　将軍およびその世子の側近くに仕え，身の回りの世話をする小姓という職がある。小姓をつとめる者は時として，将軍から厚く信頼され，破格の出世を遂げていた。9代将軍となる徳川家重（1711〜61）の小姓をつとめていた大岡忠光（1709〜60）も，その一人である。家重は，生まれつき虚弱なうえ言語に障害があった。そのため，家重の言語を理解できるのは，小姓として彼の若年期より側にいた忠光のみ，といわれていた。これにより，忠光は1724年（享保9）に300俵取の小姓からスタートし，1756年（宝暦6）には岩槻（現埼玉県）を拠点に，2万石の領知をもつ大名にまで出世している。

　このような輝かしい経歴をもつ忠光について，とりわけ注目すべきは，1754年（宝暦4）より御側御用取次と若年寄という職を兼任したことである。御側御用取次は，将軍の居所である江戸城の「奥」に詰め，将軍の政務の相談役になることなどを職務とする。若年寄は，諸役人が勤務する同城の「表」において，老中につぐ職であった。「表」と「奥」の要職を兼任したのは，忠光が初である。

　いっぽう，田沼意次（1719〜88）は1734年（享保19）より家重の小姓をつとめた。意次も忠光と同じく，家重のもとで順調に出世をかさね，最

図31　田沼意次（東京・勝林寺蔵）

初,600石であった領知は,1758年(宝暦8)には1万石にまで到達し,大名になっている。

意次の履歴において注目すべきは,家重が1760年(宝暦10)に隠居し,将軍が家治に代わっても,幕府の中枢にとどまり続けたことである。その理由について,家重は亡くなる前に家治に,意次は「またうと」(＝正直者)であり,今後も大切に召し使うように伝えた,といわれている。

これにより,意次は家治のもとでも出世をかさね,1767年(明和4)に側用人になった。側用人とは,「奥」における最高位の職であり,時に応じて設置された。さらに意次は,忠光の前例にならい,側用人の職を兼任したまま,1772年(安永元)より老中をつとめている。これ以降,意次は大胆な経済政策を展開していく。それができたのは,意次が老中と側用人という,「表」と「奥」とでもっとも権力のある職を兼任していたからであった。

勘定所の再編と実力主義

勘定所は,幕府財政の運営,幕府領の支配,裁判などを担当する,幕府にとって重要な役所の一つである。同所には,長官である勘定奉行をはじめ,勘定吟味役,勘定組頭,勘定,支配勘定という役人が詰めていた。奉行から勘定は旗本,支配勘定は御家人がつとめる職であった。

勘定所は享保の改革において,その組織が大きく再編される。1721年(享保6),勘定奉行を財政と幕府領の支配を担当する勝手方と,裁判を担当する公事方とにわけ,業務の専任・効率化をはかった。1723年(享保8)には幕府領の支配について,それまで関東と上方とで部門をわけていたものを統合している。

以上の再編により,勘定所の役人は大幅に増員されることになる。それに応じて,勘定所の職務範囲とその権限も拡大していった。たとえ

ば，幕府の最高裁判所とでもいうべき評定所において，実務を担っていたのは留役・書物方・改役などの職である。勘定所の役人はそこへ出向し，司法の主要な担い手となっていた。さらに，長崎奉行を兼任する勘定奉行が出てくるなど，貿易の維持・管理にもかかわるようになった。

　このように組織が拡大していくと，勘定奉行には，優れた人材をすえる必要がある。そのため勘定所では，個人の能力を重視する人事が行われるようになった。意次が活躍した時期をみると，小野一吉と松本秀持という者がいる。ともに御家人を出自とし，勘定の職に就くことで旗本へと昇進した。そして，その後も勘定所にかかわる職で出世をかさね，奉行にまで上りつめている。幕府のなかで，ここまで実力に特化した役所はほかにない。

　なお，小野と松本が勘定奉行にまで出世できたのは，幕府の利益になりそうな政策を上申・実施してきたからであった。つぎに取りあげる意次の経済政策は，このような勘定所の人事に支えられていたのである。

▶意次の経済政策

　意次は，幕府の利益になりそうな政策であれば，すぐさま採用して実行に移した。その結果，短期的に利益は得られたが，政策に長期的な展望がなく，のちに撤回を余儀なくされることもあった。しかし，絶大な権力を背景として意次が実施した経済政策は，良い意味でも悪い意味でも，その後の幕政に大きな影響をおよぼした。そのなかでも，意次の蝦夷地政策と米切手改印制について取りあげてみよう。

　蝦夷地政策について，勘定奉行の松本秀持は意次の指示により，工藤平助の『赤蝦夷風説考』について検討した。そして意次に，ロシアは日本との交易を希望しており，それを許可して密貿易をやめさせること，蝦夷地の鉱山を開発すれば，それを元手にロシアと交易できるし，長崎貿易も活況を呈すること，などを報告した。これにより，意次は1785

図32　最上徳内（シーボルト『日本』）

年（天明5），蝦夷地へ調査団として最上徳内などを派遣する。

　調査団からの報告書には，蝦夷地には新田をつくれる土地が広大にあることなどが記されていた。これに魅力を感じた意次は，蝦夷地の開発に乗り出そうとするが，その矢先に権力の源泉であった将軍家治が死去し，失脚してしまう。つぎに政権を担当した老中の松平定信は，同地の開発に消極的であった。定信は，開発によりロシアと国境を接すること，ロシアが蝦夷地の発展に関心を示し，将来的に同地をめぐって戦争が起こること，を懸念したからである。しかし，定信が幕閣を去ったのち，残る老中たちは開発に着手する。近世後期の幕府役人は，蝦夷地を開発すべきかどうか，思考をめぐらせることになった。この考えを根づかせたことからも，意次の経済政策の重要性がうかがえる。

　ついで米切手改印制について，大坂にある諸藩の蔵屋敷は，あたかも米の在庫があるかのように，引換の米切手を発行していた。この行為は空米切手とよばれ，財政をやりくりするため，どの藩もやっていた。しかし在庫があればあるほど，米の値段は安くなる。意次は，米の値段を適正にするため，米切手改印制を採用した。それは，諸藩が1773年（安永2）以降に発行した米切手について，幕府呉服師の後藤縫殿助の改印がなければ通用しない，というものである。1783年（天明3）10月より翌年11月まで実施されている。

　幕府財政の基礎は米であり，その値段を平準化しておこう，という意次の考えは妥当である。しかし米切手改印制の実施は，諸藩の財政に大打撃を与えた。このような諸藩の痛みを顧みない政策が，諸藩を藩政改

革へと駆りたてていくことになる。

藩政改革の伝播

　意次は，悪化した幕府の財政をなんとかして立て直したかった。そのため，蝦夷地の開発などさまざまな事業に着手するいっぽう，幕府本位の政策を実施するようになった。たとえば，大名は災害などにより財政が窮乏すると，幕府に対し，無利子での資金貸与を願い出た。これを拝借金という。意次は1771年（明和8），幕府財政の悪化を理由に倹約令を出し，大名が拝借金を願い出ることを制限している。さらに，お手伝い普請として大名を河川工事などにかり出し，負担を転嫁した。

　幕府は，史料において公儀と表記されていた。その理由は，大規模な反乱などが発生し，個別の大名では解決が難しい場合，幕府が最上位の公権力として他の大名を動員して対処するためである。さらに，大名が凶作などにより危機におちいると，拝借金を与えて援助する，という役割も担っていた。

　意次の政策は，大名よりも幕府の利益を優先し，幕府が担うべき公儀としての役割を希薄化させるものであった。これにより，良好とはいえない諸藩の財政は，さらに悪化していく。そのいっぽうで，意次の政策は諸藩に，幕府はもはや頼るべき存在ではない，という意識を芽ばえさせた。すなわち，諸藩に自立の気運をうながし，各藩が藩政改革を断行していく契機となった。

　例としては，熊本藩と米沢藩とで実施された藩政改革があげられる。熊本藩は財政再建のため，特産物の生産を奨励した。なかでも櫨は，その実を領外へ持ち出すことを禁止して，藩がすべてを買い取った。熊本藩は，櫨の実から蠟をつくり，それを専売して利益を上げている。また米沢藩は，特産物であった青苧を生かすため，領外から職人たちを招聘した。これが，のちに米沢織が発展していく契機となった。さらに，

飢饉(ききん)対策として米の備蓄を開始する,などの政策を実行している。

【参考文献】
大石慎三郎『田沼意次の時代』(岩波現代文庫,2001年)
深谷克己『田沼意次―「商業革命」と江戸城政治家―』(日本史リブレット人,山川出版社,2010年)
藤田覚『田沼意次―御不審を蒙ること,身に覚えなし―』(ミネルヴァ書房,2007年)
藤田覚『田沼時代(日本近世の歴史4)』(吉川弘文館,2012年)

第22章 寛政の改革

打ちこわしと政権交代

　第21章の「意次の経済政策」において取りあげた，田沼意次が推進した諸政策は行きづまりをみせ，1786年（天明6）8月24日，すべて中止されることになる。その翌日，意次を老中にまで引き上げた10代将軍の徳川家治が亡くなった。

　家治の死去をうけ，意次は27日に老中を辞任する。政策の失敗に対する責任をとった形だが，意次が権勢を振るっていた状況を快く思わない者たちは，追及をやめようとはしなかった。11代将軍家斉の実父一橋治済および徳川の御三家は，老中の松平康福や水野忠友などに，意次を厳罰に処するように圧力をかけた。世間に対し，幕府の政治が刷新されたことを示すためである。これにより，意次は閏10月5日，5万7000石より2万石の領知を没収されるなどの厳罰をうけることになった。

　こののち，治済らは新たな政治の担い手として，白河（現福島県）藩主の松平定信を老中に推挙する。しかし松平康福など，意次とともに政権を担ってきた者たちは，定信が老中になると自身らは失脚させられると考えた。そのため，意次の処罰には応じたが，定信が老中になることは拒んでいる。これ以後，幕府の内部では，定信を老中

図33　松平定信（福島・南湖神社蔵）

第22章 寛政の改革　133

に就けようとする勢力と、それに抵抗する勢力とで政争が繰り広げられることになった。

このようななか、1786年（天明6）7月、関東・陸奥(むつ)地方では大洪水が発生し、諸国は大凶作におちいっていた。これにより、米価の高騰が進んだが、政争にともなう政治的空白が、それへの対応を遅らせた。その結果、翌年5月、江戸・大坂をはじめ全国の都市部において打ちこわしが頻発したのである。

将軍のお膝元である江戸、そこで打ちこわしが起こったという事実は、幕府を震撼(しんかん)させた。これにより、松平康福などが失脚していくいっぽうで、1787年（天明7）6月19日、定信は、この社会的混乱を治め、幕府の政治を立て直すことを期待され、老中首座(しゅざ)になる。10月2日には意次に対し、2万7000石の領知没収などの追罰を加えている。定信は、世間に田沼政治の終わりを周知させ、寛政(かんせい)の改革と総称される政策を推進していくのである。

都市と農村の再建

定信は、江戸で起こった打ちこわしを契機として、老中になることができた。それはいっぽうで、ふたたび打ちこわしが起きれば自身も失脚しかねない、ということを意味していた。定信にとって、天明の飢饉(ききん)(1782～87年)により荒廃した都市と農村を再建し、打ちこわしなどの暴動を防ぐことは、重要な課題であった。

おもな再建策として、まずは1790年（寛政2）11月に出された旧里(きゅうり)帰農令(きのうれい)があげられる。この法令は、飢饉などによって生活が困窮し、江戸に出てきた者たちを、村に戻そうというものである。その目的は、農村人口の回復をはかるとともに、江戸への流入者を少しでも減らすことにあった。流入者の多くは、江戸においても苦しい生活を送っており、ひとたび米価が高騰すれば、打ちこわしの主体にもなりえたからである。

また定信は，飢饉による米価の高騰に備えるため，米の貯蓄を奨励した。江戸においては，1791年より七分積金による囲米が開始された。七分積金とは，各町の家主と地主が町内の運営費として支払っていた町入用を減額し，減額分の七分（70％）を積み立てさせることである。七分積金の運用は町会所の役人が担当し，彼らはそれで備荒のための囲米を購入した。そして，飢饉あるいは米価高騰のさいには囲米を放出し，窮民の救済にあてることにした。

　このほか，定信は荒廃した農村を復興させるため，公金の貸付を行なった。それは，幕府領を支配する代官に無利息で資金を貸与し，代官はそれを近隣の大名領にいる富裕層に貸しつけ，その利息で荒廃地を再開発する，というものである。塙（現福島県）代官の寺西封元は，間引きなどによる人口減少を防ぐため，この制度を利用して小児養育金の支給を始めている。この時期，公金の貸付により農村の復興に寄与した代官のなかには，のちに領民から神として祀られるようになる者もいた。

定信の海防強化策

　1791年（寛政3）の7月ごろ，イギリス船が北九州から中国地方の日本海側沿岸を航行した。この事態をうけて，定信は9月，異国船が来航したさいの対処法を全国に通知する。それは，異国船が船団を組んで来航し，軍事的衝突におよんだ場合をも想定したものであった。

　異国との衝突に備えるには，各地の状況について把握しておく必要がある。そのため定信は，領地が海と接する大名に対して1792年（寛政4）11月，報告書を提出するように指示している。報告書には，領内の兵数と船数，異国船の来航について，隣接する大名とはどのような申し合わせをしているのか，などを記すことになっていた。定信は，全国的な沿岸防備の体制を構築しようとしていたのである。

　また，林子平が『海国兵談』において指摘したように，日本は島国に

もかかわらず、その防備は長崎に集中していた。この問題に対処するため、定信が構想したのが、北国郡代の設置および江戸湾防備の体制づくりである。定信は意次と違い、蝦夷地の開発に否定的であった。同地をロシアとの緩衝地帯にしたかったからである。その場合、防備の北限は青森になる。定信は、三厩（現青森県）の周辺に北国郡代を新設し、それを南部・津軽の両藩に警衛させようとした。

　つぎに、江戸湾の周辺には小藩や旗本領が多くあり、支配が入り組んでいた。にもかかわらず、有事のさいに領主たちを束ねる体制はできていなかった。そのため、異国船が江戸へ乗り入れてきた場合、それを防ぐのは困難であった。この状況を改善しようと、定信は1793年（寛政5）3月、みずから相模（現神奈川県）・伊豆の沿岸を視察した。そのうえで、江戸湾防備の一策として、無役の旗本・御家人を海手上番・下番に起用し、彼らを江戸湾の周辺に土着させることを検討している。

　以上のように定信は、異国船の来航に対処するため、さまざまな海防策を立案した。しかし同年7月、定信が老中を解任され、それらは構想のまま潰えたのである。

▎尊号一件と大政委任論

　1779年（安永8）10月、後桃園天皇が死去した。その跡は閑院宮より養子に入った兼仁親王が継ぎ、翌月に即位して光格天皇となった。光格天皇は1789年（寛政元）2月、武家伝奏を通じて京都所司代に、実父の典仁親王に尊号（太上天皇）宣下を行いたい、と連絡した。禁中並公家諸法度は親王について、座順は三大臣（太政・左・右）よりも下位と定めている。光格天皇は、実父が置かれている状況に心を悩ませ、親王の列から格上げしようと考えたのである。

　この申し出に、老中の松平定信は反対した。天皇に在位したことのない典仁親王を太上天皇にすれば、名分が乱れると判断したからである。

定信からの返答で，尊号をめぐる問題は解決するかにみえた。しかし1791年（寛政3）8月，関白が幕府の意向に従っていた鷹司輔平より，一条輝良に代わったことで状況は一変する。光格天皇が尊号宣下について，参議以上の公卿に議論させると，大半の者が宣下に賛成したのである。この結果を背景に，朝廷は以後，幕府に尊号宣下を迫っていく。しかし最後まで，幕府が賛成の意を示すことはなかった。

図34　光格天皇（京都・泉涌寺蔵）

　定信は，尊号をめぐる朝廷との交渉において，幕府の意向が無視されていることを問題視した。そのため，朝廷において宣下に賛成という流れをつくった，武家伝奏の正親町公明と議奏の中山愛親など7名を処分している。彼らの存在が，幕府と朝廷との交渉を難航させていたからである。

　なお，正親町らを処分するさい，その手続について議論があった。従来，公家を処分しようとする場合，幕府は朝廷に一報を入れていた。そして，朝廷が対象者の官位を解き（解官），平人になったら処分する，という手続をとっていた。これに対して定信は，その手続をふむことなく，正親町らを処分している。

　なぜなら定信は，王臣（天皇の家臣）論という考えをもっていた。それは，将軍・公家・大名はいずれも王臣だが，将軍については天皇より大政（天下国家の政治）を委任されていた，というものである。官位は諸大名ももっているが，処分のさい，解官の手続はとっていない。いっぽうは解官の手続をとり，いっぽうはとらない，というのは不可解との考えであった。

なお，王臣論に出てくる大政委任という理解はその後，幕閣のなかで定着した。その結果，幕府は1807年（文化4），ロシア船に蝦夷地を襲撃されたさい，そのことを朝廷に報告している。これ以後，朝廷への報告が先例化し，幕末期に朝廷の政治的介入をまねく要因となったのである。

【参考文献】
磯崎康彦『松平定信の生涯と芸術』（ゆまに書房，2010年）
高澤憲治『松平定信』（人物叢書，吉川弘文館，2012年）
藤田覚『松平定信―政治改革に挑んだ老中―』（中公新書，1993年）
藤田覚『近世の三大改革』（日本史リブレット，山川出版社，2002年）

第23章 徳川家斉の政治

文政・天保期の政治

　11代将軍の徳川家斉による政治は，1787年（天明7）から1837年（天保8）までの約50年におよぶ。それは，松平定信が政治を主導した寛政の改革期，松平信明など寛政の遺老により政治が行われた文化期，水野忠成が政治を主導した文政・天保期の3期にわけられる。

　忠成は将軍家斉に信任され，1812年（文化9）に世子家慶の側用人となった。その後，側用人の職を兼任したまま老中格となり，1818年（文政元）2月より勝手掛を担当した。同年8月，忠成は格ではなく，正式に老中となる。勝手掛は，幕府の財政をつかさどり，老中のなかでもとりわけ重役である。さらに忠成は，田沼意次の子意正を若年寄に起用した。意正については，忠成の養父忠友がかつて養子にしていたが，意次の失脚にともない離縁したという経緯がある。その後，辛酸を舐めていた田沼家を，忠成が引きあげたかたちになる。このように，忠成は意正など知己の者で要職を固め，その権勢を絶大なものにしていった。

　忠成は権力をほしいままにし，賄賂を横行させたとして，その世評はかならずしもよくなかった。しかしいっぽうで，忠成は専権を振るえたからこそ，文政の改革と総称される大胆な政策を打ち出すことができた。

　たとえば，家斉には多くの子女がいた。その者たちを養子に出す・輿入れ（嫁入り）させるさい，多額の費用がかかっていた。さらに，幕府は1807年（文化4）より1821年（文政4）まで，蝦夷地（現北海道）を直轄した。この間，幕府は蝦夷地の開発に多額の資金を費やしている。これら経費の増大に，貨幣を改鋳して対応することを，松平信明は

「国家の恥」といって拒否していた。それを忠成は，1818年（文政元）より8度にわたって実施して，幕府財政の均衡を回復させている。

また，幕府は1805年（文化2）に関東取締出役（かんとうとりしまりしゅつやく）という職を設置した。幕府領や大名領などが複雑に入り組んだ関東農村において，領主の支配地域を超えた統一的な治安警察活動にあたらせるためであった。1827年（文政10），忠成は関東取締出役の下部組織として，改革組合村（かいかくくみあいむら）を結成させている。これは，およそ45ヵ村を領主の区別なく組合村として編成し，組合村を通じて在方（ざいかた）商人の統制や治安維持をはかる，などといったものである。改革組合村の結成により，関東取締出役の治安維持機能は大きく強化されることになった。

天保の飢饉

1832年（天保3）から1838年（天保9）にかけて，1834年（天保5）の豊作をのぞけば，各地において不作が続いた。その原因としては，天候不順・冷害・暴風雨があげられる。たびかさなる不作は米価の高騰をまねき，東北地方を中心に多数の餓死者や行き倒れを生じさせた。この連年にわたる凶作と，それによって続発した飢饉（ききん）のことを天保の飢饉と総称し，享保（きょうほう）・天明（てんめい）の飢饉とならぶ大飢饉であった。

幕府と諸藩は，天明の飢饉のときの教訓をふまえ，この飢饉に迅速に対応した。幕府は備蓄していた囲米（かこいまい）などを供出するとともに，江戸の各地に御救（おすく）い小屋を設置した。農村からの流入者や行き倒れが後を絶たなかったからである。諸藩においても，郷蔵（ごうぐら）などを設けて貯穀（ちょこく）してきた分が供出され，窮民の救恤（きゅうじゅつ）が行われている。

このほか，幕府は飯米を確保するため，酒造の制限，囲米の売却および隠米の禁止などさまざまな政策を打ち出した。さらに，諸藩に江戸・大坂への廻米（かいまい）を連絡したが，飯米が必要なのは諸藩も同様であり，十分な成果をあげることができなかった。

なお，天保の飢饉は多くの人びとを飢餓に追いやった。飢饉による死者は，疫病死などを含めると全国で20万から30万におよぶといわれている。しかし，凶作は続いたが，その犠牲者は天明の飢饉のときを下回った。この点において，天明の飢饉以降，幕府と諸藩が取り組んできた備荒貯蓄の政策には，一定の評価を与えることができよう。

　そのいっぽうで，天保の飢饉を契機とする一揆や打ちこわしは，奥羽・中部・畿内・中国の各地方において続発した。なかでも，つぎに取りあげる大塩平八郎の乱，それに触発された能勢騒動と生田万の乱などは，社会に大きな影響を与え，幕藩体制の危機を世間に知らしめることになった。

大塩平八郎の乱

　1836年（天保7）の飢饉は，米の集散地である堂島米市場をもつ大坂でさえ，餓死者を続出させるありさまであった。いっぽう，大坂町奉行の跡部良弼は老中水野忠邦の実弟であった。跡部は幕府より，来年の4月に予定されている将軍宣下の儀式に備えるため，江戸に米をまわすように指示をうけていた。しかも跡部は，①江戸の住民も飢饉で苦しんでおり，そこへまわす米が滞っては，打ちこわしが起きかねない，②そうなれば，老中首座を目前に控えた兄忠邦に悪影響が出てしまう，と考えた。そのため跡部は，大坂の惨状を知りつつも，江戸に米を送っている。さらに，大坂の豪商たちはぜいたくな暮らしをするとともに，ただでさえ少ない米を買占め，その値段を釣り上げていた。

　この現状をみて，かつて大坂町奉

図35　大塩平八郎（大阪歴史博物館蔵）

図36 大坂の兵火
(『出潮引汐奸賊聞集記』大阪歴史博物館蔵)

　行所の与力をつとめていた大塩平八郎は、跡部に救済策を上申するが、採用されることはなかった。さらに、豪商たちに勧めて救恤させるが、窮民を救うには不十分であった。このような事態に平八郎は、跡部の無策ぶりや表向きばかりの救恤で暴利をむさぼる豪商たちに不満を募らせた。そして、主宰する私塾洗心洞の門人たちを動員し、彼らに天誅を下すことを決意する。

　なお、平八郎は決起する前日、天保8年2月17日付で老中宛の書状を認めている。書状には、水野忠邦をはじめ現職の老中が、かつて上方において不正な無尽講に手を染めていたことなどが記されていた。平八郎は、決起により衆目を自身と書状とに集め、大坂の奸吏・貪商のみならず、幕閣の奸臣をも排除しようともくろんだのであろう。

　当初の計画では、2月19日に決起する予定であった。しかしその前日、賛同者のなかから幕府へ密告する者が現れ、計画は急きょ実行に移された。平八郎らは天満の与力・同心屋敷に大砲を放ち、天満郷を火の

海にしつつ進撃し,船場では鴻池などの豪商を焼き払った。その途上,町人や駆けつけた農民たちを吸収し,平八郎らの総勢は300名ほどになる。それでも,態勢を整えた町奉行所の役人たちの前に,18日のうちに鎮圧されてしまった。

　平八郎の決起は,1日ももたなかった。しかし,平八郎が以前に町奉行所の与力をつとめており,彼の賛同者に現職の与力と同心が加わっていたことは,幕府の役人たちを大きく動揺させたのである。

▶ 蛮社の獄

　田原(現愛知県)藩の渡辺崋山は1832年(天保3),同藩において家老兼海防掛に任じられた。これを契機として,崋山は蘭学者の高野長英や小関三英らをまねき,蘭学の研究に着手する。西洋の科学技術について学び,それを海防の研究に生かすためであった。なお,研究が進むにつれ,崋山らのもとには多くの人びとが集まった。幕臣では,勘定吟味役の川路聖謨や代官の江川英竜・羽倉簡堂,儒者では,幕府の古賀侗庵・紀州藩の遠藤勝助・津藩の斎藤拙堂らがあげられる。

　1825年(文政8)2月,幕府は,中国船・オランダ船をのぞく日本沿岸に接近した外国船に対し,無差別に砲撃を加えて排除するという異国船打払令を出した。この法令にもとづいて1837年(天保8)6月,幕府は日本人漂流民の送還と通商要求のため浦賀(現神奈川県)に来航した,アメリカ船モリソン号に砲撃を加えている。

　崋山らは当時,モリソン号はアメリカ船ではなく,イギリス船だと誤解していた。そのため,崋山は『慎機論』,長英は『戊戌夢物語』を著して,それぞれ幕府の対応を批判した。日本は現在,天保の飢饉により一揆や打ちこわしが相ついでいる。その状況下,東アジアに進出してきたイギリスと事を構えるのは愚かとの考えからであった。

　幕府には,崋山らのことを良く思わない勢力も存在した。なかでも,

目付をつとめる鳥居耀蔵は崋山らを目の敵にしていた。幕府の文教は儒者の林家がつかさどっており，このときの当主は述斎であった。述斎の三男として生まれ，鳥居家の婿養子となった耀蔵は，儒教にもとづく守旧的な立場をとっていたからである。

　1839年（天保10），老中の水野忠邦は江川英竜と耀蔵に，江戸湾周辺の調査を指示した。英竜は調査を終え，その報告書を作成するにあたって崋山に意見を求めている。それをみた耀蔵は忠邦に，崋山らは無人島への渡航を計画しているなど，嘘の告発をした。取り調べの結果，渡航計画の容疑は晴れたが，幕府を批判していたことが露顕した。

　これにより，同年12月，崋山には国元において蟄居，長英には永牢の判決が下された。耀蔵は，崋山らが英竜らを通じて忠邦に接近し，蘭学者たちが力をもつことを防ぐため，以上の行動におよんだのであろう。

【参考文献】
井上勝生『開国と幕末変革（日本の歴史18）』（講談社学術文庫，2009年）
藤田覚『水野忠邦—政治改革にかけた金権老中—』（東洋経済新報社，1994年）
藤田覚『幕末から維新へ（シリーズ日本近世史5）』（岩波新書，2015年）
横山伊徳『開国前夜の世界（日本近世の歴史5）』（吉川弘文館，2013年）

第24章 天保の改革

物価引き下げと農村復興

　1841年(天保12)，先の将軍で大御所であった徳川家斉の死後，幕政の中枢を握った老中の水野忠邦は，幕府の要職に有能な幕臣をつぎつぎと起用し，天保の改革を押しすすめた。12代将軍家慶のもと，享保や寛政の改革の精神を引き継ぐ政治の実現を約束し，より深まる「内憂外患」の状況のなか，綱紀粛正・倹約励行を掲げた緊縮政策を志向した。将軍や大奥も対象とする厳しい「倹約令」を出し，町人や百姓身分に対しても，衣食住のすみずみにわたり徹底してぜいたくを取り締まった。

　天保の大飢饉の打撃を受けた農村は，人口減少により耕作放棄の荒れ地が増加した。農具や肥料の価格上昇は農業経営をさらに困難にするいっぽう，米価は相対的に安く，農業のみでは生活が立ち行かない農民は村を出ていく結果となった。そのいっぽう，江戸をはじめとする都市では豊富な労働力需要が存在した。家内工場に賃労働者を集め生産を行うマニュファクチュアが発達したからである。幕府は江戸に流入した人びとの帰郷を強制する「人返しの法」を発したが，それは都市における労働力不足による労働賃金の上昇をもたらし，その賃金を目当てに都市に流入する農民が増加することで，農村人口はさらに減少するという悪循環を生じさせた。このように，農村人口の回復をめざして行われた人返しの政策は，農村の復興には容易に結びつかなかった。人びとが農村に帰りたがらないのは，奢侈を求める領主による過重な賦課と，奢侈がもたらす都市のきらびやかな魅力にあるとされ，奢侈こそが諸悪の根源で

あるととらえられた。そのため，天保の改革における奢侈禁止は，さらに徹底して実施されることになったのである。

諸物価の高騰は，前時代に引きつづき重大な政治問題であった。幕府は商品流通の独占による物価の安定化を期待されていた株仲間に解散を命じ，自由な流通と取引により物価が下落することを狙ったが，かえって流通機構の混乱を招くこととなった。また，物価高騰の要因の一つには，劣悪な貨幣の大量発行もあったが，幕府財政は貨幣改鋳で生じる益金による補てんでどうにか維持されている状況であり，改鋳を中止することはできなかった。

海防と薪水給与令

イギリスのアヘン密輸をきっかけに，イギリスと清国との間で開戦したアヘン戦争は，1842年，清国の敗北で終結し，調印された南京条約により，清国は香港の割譲と開港を余儀なくされた。大国と認識していた清国の敗北は，幕府に深刻な危機感をもたらした。幕府は外国船の取り扱いについて，それまでの「異国船打払令」を撤回し，「天保の薪水給与令」へと方針を転換した。外国船への穏便な対応と，漂流船への薪水・食料の支給を命じる内容であり，外国との摩擦を避け，対外戦争の危険性を回避しようとするものであった。

アヘン戦争開戦の1840年（天保11），長崎町年寄でオランダ語にも通じる高島秋帆は，清国劣勢の要因は旧式の軍備にあると主張し，幕府に対して西洋砲術の採用を説く上書を提出した。それを受けた幕府は，高島に西洋砲術の公開演習を実施させ，1842年（天保13），その採用を決定した。旗本や諸大名の家臣も，高島から学ぶことが許可され，アヘン戦争の情報の拡散とともに，高島の西洋砲術も全国に展開していったのである。

増大する「外患」にともない，海岸防備，すなわち海防の強化に力が

注がれた。なかでも江戸城下がひかえる江戸湾は，1842年，川越藩と忍藩にその防衛が命じられたほか，伊豆下田奉行の復活や，羽田奉行の新設などの対策が取られた。

　人口100万を超える大都市江戸は，そこで消費される食料の多くを海上輸送に頼っており，もしその輸送を外国船に妨害された場合，江戸は飢餓に襲われ，大混乱におちいることは以前より懸念されていた。たとえそのような事態におちいっても，江戸市中への食料供給を可能にするため提案されたのが，東廻り廻船を銚子湊に入港させ，利根川を利用して江戸へ運送するコースの確立であった。1843年（天保14）の印旛沼開削工事は，その実現のために着手されたのである。

　それ以前の1840年，「三方領知替」が計画された。川越藩の松平家を出羽国鶴岡（庄内）へ，鶴岡藩の酒井家を越後国長岡へ，長岡藩の牧野家を武蔵国川越へ，玉突き式に転封させるというものである。この計画は大御所徳川家斉の二十五男が養子に入った川越藩松平家の藩財政を救うために持ちあがったものであったが，鶴岡藩領民の反対一揆などにより，翌年撤回された。このとき鶴岡藩は，領知替えを免れたものの，印旛沼開削の手伝普請を命じられた。いっぽう川越藩は2万石の加増を得，領地が相模国に集約したことにより，農民らを海防に動員する体制が整い，江戸湾防備の一翼を担うことになる。また長岡藩では，幕府の海防強化の政策において行われた「上知令」の一環として，1843年，領内の新潟町が幕府の直轄地とされた。新潟町には新潟奉行が新設され，日本海防備の拠点となっていく。

　さらに幕府は，海岸線を有する諸大名へ大砲の備えなど，外国との戦争を想定した軍備の強化を指示したほか，大砲鋳造や軍事組織の改革などに着手し，1843年にはオランダ商館長に蒸気機関車と蒸気船の輸入を打診したりもした。その計画は，水野忠邦が老中を失脚するのと前後して頓挫したものの，増大する「外患」への危機意識は，内政を巻き込

む大規模な変革となって表出したのである。

化政文化と風俗統制

　11代将軍家斉の治世を中心とする文化・文政期に興隆したのが化政文化である。このころ都市として成熟した江戸では，活力をたくわえた町人たちが文化の担い手として活躍するようになっていた。それら独自の価値観や行動原理を有する「江戸っ子」が成立することにより，江戸が文化の中心地の一つに成長するとともに，彼らの経済的な成長を背景に，文化の主要な担い手が武家から移行し，独自の町人文化が形成されたのである。江戸では芝居小屋や見世物小屋，寄席が娯楽の中心となり，かつては武家や富裕町人が遊ぶ場所であった遊里は，一般町人でも足を運べる場所へと変化した。

　寺子屋の普及は，文字を解する人の増加をもたらし，大衆向けの通俗小説が成立，刊行される書籍量は飛躍的に増大した。文政期以降登場した為永春水の『春色梅児誉美』に代表される「人情本」は，恋愛をテーマとした風俗小説で，幕府が社会に求める風紀のありかたに抵触したため，幕府の弾圧を受けた。いっぽうで十返舎一九の『東海道中膝栗毛』，式亭三馬の『浮世風呂』のような「滑稽本」や，曲亭馬琴の『南総里見八犬伝』のような「読本」が人気を博した。

　絵画では浮世絵が庶民に広く親しまれた。錦絵とよばれる多色刷りの浮世絵版画を創作した鈴木春信，美人画の喜多川歌麿，役者絵の東洲斎写楽らが，つぎつぎにすぐれた作品を生み出した。天保期には，葛飾北斎の『富嶽三十六景』や歌川広重の『東海道五拾三次』などの風景画が流行し，人びとの旅への関心を醸成した。

　古典の実証研究から始まった「国学」は，日本古来の精神に返ることを主張した本居宣長の『古事記伝』により思想的に高められ，その宣長の影響を受けた平田篤胤は，儒教や仏教に影響されない「復古神道」

を大成した。いっぽう19世紀には，都市や農民の生活実態に即した，現実的な経世思想が活発になった。海保青陵は商工業による藩財政の再建を主張し，本多利明は西洋諸国との交易による富国策を説いた。

図37 「東海道五拾三次」庄野

内憂外患の深刻化は，社会の緊張を高め，政治や社会を批判・風刺する言動も増加した。将軍や幕政への批判や，風俗を乱すとみなされた書物への規制が強化され，幕府による検閲制度が導入された。諸芸能への統制も強められ，江戸歌舞伎は，社会の悪しき風俗の元凶とみなされた。落語や講談などが行われていた寄席も数を減らされ，演目も民衆教化に役立つものに限定されるようになった。

諸藩による政治改革

諸藩では財政再建と藩権力の強化をめざす藩政改革が行われはじめた。鹿児島（薩摩）藩では，有能な下級武士を積極的に登用して改革にあたらせたが，その一人である調所広郷は，商人からの莫大な借財を事実上凍結し，奄美特産の黒砂糖の専売を強化した。また支配下にあった琉球王国を介した清国との密貿易により利益を上げ，藩財政の立て直しをはかった。藩主島津斉彬は，鹿児島に反射炉を築造したほか，近代的な工場も建設した。さらに長崎の外国商人グラバーから洋式武器を購入し，軍事力の強化をはかった。

萩（長州）藩では，村田清風による改革で借財が整理され，紙や蠟の専売が強化された。さらに下関に越荷方を置き，諸国からの廻船が

大坂に運ぶべき荷物を購入し，その委託販売をすることで，財政の再建を実現した。佐賀（肥前）藩では，本百姓体制の再建をはかったほか，陶磁器の専売を強めて藩財政を確立させた。さらに反射炉を備えた大砲製造所を設けて，洋式軍備と工業化にも力を注いだ。高知（土佐）藩では，「おこぜ組」とよばれる改革派による支出の緊縮が行われるなどした。

　このように，改革に成功した薩長土肥などの大藩のほか，宇和島藩や福井（越前）藩など，有能な中・下級武士を藩政の中枢に参画させ，社会の変化に対応した藩は「雄藩」として，幕末の政局に対し強い主張をもって働きかけていくことになる。

【参考文献】
上白石実『幕末の海防戦略―異国船を隔離せよ―』（歴史文化ライブラリー，吉川弘文館，2011年）
藤田覚『近世の三大改革』（日本史リブレット，山川出版社，2002年）
横山伊徳『開国前夜の世界（日本近世の歴史5)』（吉川弘文館，2013年）

第25章 開国と開港

外国使節の来航と和親条約

　産業革命以降，巨大な工業生産力と軍事力を有し，国外市場や原料供給地を求めて植民地獲得に乗り出した欧米諸国は，アジアへの進出に力を注いだ。アヘン戦争後に結ばれた南京条約により，清国の開国と香港割譲に成功したイギリスに続き，フランスやアメリカも同様の条約を清国との間に締結した。

　欧米諸国によるアジア進出の活発化を受けて，1844年（弘化元），オランダ国王は将軍徳川家慶への親書により開国を勧告したが，幕府はそれに応じることはなかった。続いて1846年（弘化3），アメリカ東インド艦隊司令長官ビッドルが浦賀に来航して開国を要求した。当時のアメリカでは，鯨油を採るための捕鯨が北太平洋を主要な漁場として展開しており，不足する新鮮な食料や水を求めて日本沿岸に接近する捕鯨船が続出していた。アメリカは，自国漂流民の保護と捕鯨船の必需品補給を期待し，日本の開国を求めたのである。しかし，武力行使までは命じられていなかったビッドルは，幕府の拒絶を受け交渉を断念した。

　1853年（嘉永6）6月，アメリカ東インド艦隊司令長官ペリー率いる軍艦4隻が浦賀に来航した。ペリーは大統領親書を受け取らなければ，武力をもって上陸するとの強硬姿勢であり，前年長崎のオランダ商館長からアメリカ艦隊の来航を予告されていながら，何の対策もとっていなかった幕府は動揺した。幕府は久里浜に上陸したペリーから開国を求める大統領親書を受け取り，翌春までの猶予を得たが，翌1854年（安政元），再来したペリーとの交渉により，3月，神奈川で「日米和親条

図38　ペリー提督神奈川上陸図（横浜開港資料館蔵）

約」を調印するにいたった。この条約により，永代不朽の和親，下田・箱館の開港，漂流民の救済と必需品の供給，最恵国待遇の供与と領事駐在権の容認などが規定された。

いっぽう，アヘン戦争に勝利したイギリスに警戒感を強めるロシアも，極東における影響力強化の必要性から，日本との通商を求めていた。1853年7月，日本との通商交渉を命じられた海軍中将プチャーチン率いるロシア使節が，4隻の軍艦で長崎に来航した。のち下田に移動して行われた交渉により，1855年2月（安政元年12月），「日露和親条約」が締結された。この条約では，日米和親条約の内容に加え，千島列島と樺太における国境の扱いについて約定された。同様の和親条約は，イギリス・オランダとも前後して調印された。

ハリスの来日と条約勅許問題

　和親条約締結後，幕府は老中阿部正弘を中心に進める幕政改革において，朝廷との結合を強め，外様大名を含む全大名の結集をはかることで，幕府権力の強化をめざした。しかし外国との交渉に関して，朝廷への報告を行い，諸大名に意見を求めたことは，幕府の思惑に反し，朝廷の権威を高め，諸大名の発言力を強める結果となった。とりわけ鹿児島藩主の島津斉彬，高知藩主の山内豊信，宇和島藩主の伊達宗城，福井藩主の松平慶永などによる，幕政に対する積極的な発言が顕著となる。いっぽうで，幕政には小禄の家の出身であっても有能な人物を登用した。川路聖謨や井上清直，岩瀬忠震，永井尚志，勝海舟などが，

開明派官僚として活躍することになる。

　1856年，クリミア戦争がロシアの敗北で終結すると，イギリスは外交・軍事の焦点を本格的に東アジアに向けるようになった。同年，清国ではイギリスとの間でアロー戦争（第2次アヘン戦争）が開始され，その結果，イギリスは清国における影響力をさらに高めた。それに加えてイギリスは，1857年以降インドの大反乱に直面しており，その軍事力がアジアに集まる状況が生じていたのである。

　いっぽう，日米和親条約にもとづき，アメリカ駐日総領事として着任したハリスは，クリミア戦争後の極東でのイギリス・フランス・ロシア三国の動向を見きわめながら，日本との通商交渉を進めようとしていた。ハリスはまず，1857年（安政4）に下田条約（日米約定）を結んだ。これは，アメリカ船の欠乏品供給のための長崎開港と，領事裁判権を定めるものであった。さらにハリスは，幕府の抵抗を押しきり江戸に出府して将軍家定に謁見し，大統領親書を上呈したうえで，条約改正交渉に入った。ハリスは，①公使の江戸駐在，②自由交易，③開港場の増加，などを要求しつつ，英仏の大艦隊が日本に襲来する可能性をちらつかせ，平和的に交渉する自分を拒み，武力で押してくる英仏艦隊に屈することになれば，幕府の威信は失墜するであろうと，幕府に揺さぶりをかけたのである。

　この危機のさなか，老中阿部正弘が死去し，堀田正睦を中心とした新たな幕閣は，ハリスの要求をそのまま受け入れて調印するわけにはいかないものの，それ以外の選択肢がないことについて，諸大名の理解を求めるのと同時に，孝明天皇にも同様の了解を得，条約の勅許を仰ごうとした。このことは，幕府が政治責任から逃れ，窮地を切り抜ける唯一の策と考えられたのである。1858年（安政5）2月，堀田正睦はみずから京に上り，条約勅許を求めたが，孝明天皇はそれを与えなかった。孝明天皇は，「和親」だけであれば従来の外交秩序を維持することができ

るので承認できても，対等の自由貿易はそれを損なうため不承認との立場であり，自分の在位中における秩序の変更は，許しがたい暴挙ととらえていたのである。

通商条約の締結と大老井伊直弼

　孝明天皇を中心とする朝廷が，通商をともなう完全開国に強硬に反対し，攘夷(じょうい)主義の立場を鮮明にするいっぽうで，13代将軍家定の後継選びも大きな政治的課題であった。有力大名や開明派官僚は一橋慶喜(ひとつばしよしのぶ)の将軍継嗣(けいし)化を強く推し，みずからの政治参画を強めようとしたが（一橋派），譜代(ふだい)大名や旗本(はたもと)層は，外交は幕府が主導するべきものであり，将軍継嗣は「血統」によるべきであるとの結束を示し，和歌山（紀州(きしゅう)）藩主徳川慶福(よしとみ)（のちの家茂(いえもち)）を推挙した（南紀(なんき)派）。そのような状況の1858年3月，条約を勅許せずとの孝明天皇の意思表明は，譜代大名・旗本層の危機意識を決定的にし，その対抗策として，4月，譜代の重鎮である彦根(ひこね)藩主井伊直弼(いいなおすけ)が大老(たいろう)の職に就任するにいたった。

　同年，下田のハリスのもとに清国が英仏連合軍に完敗したとの一報が入ると，ハリスはすぐに神奈川沖にいたり，幕府に清国の大敗と英仏連合艦隊の来航を予告し，手遅れになる前の条約調印を強く迫った。大老井伊直弼は勅許が得られないまま，その調印を断行し，6月「日米修好通商条約(にちべいしゅうこうつうしょうじょうやく)」が締結された。直後にオランダ・ロシア・イギリス・フランスの4ヵ国とも同様の条約が結ばれたため，これらを「安政の五ヵ国条約」とよぶ。この条約により，箱館のほか，神奈川（のちに横浜に変更・下田は閉鎖）・長崎・新潟・兵庫の開港と，江戸・大坂の開市，領事裁判権の設定，自由貿易の承認，協定関税，公使の江戸駐在と領事の開港地駐在などが規定された。

　条約調印とともに，大老井伊直弼は一橋派を押しきり，徳川慶福を将軍継嗣として公表した。一橋派の大名たちは井伊に対し違勅(いちょく)調印を責

め，継嗣決定の撤回を要請したが，井伊はその一橋派を処罰した。この強硬姿勢は孝明天皇の怒りを招き，態度を硬化させた朝廷は条約調印への非難と一橋派への処分に疑義を呈する勅諚を発布するが，本来まずは幕府に渡すべき順序を違え，先に水戸藩に付与するという異例の伝達を実行した（「戊午の密勅」）。条約問題と継嗣問題，そしてこの密勅問題の発生は，秩序の復旧を課題とする井伊の幕政にとって許しがたい事態であり，井伊は厳しい弾圧を行い，反対派の公家や大名，その家臣を多数処断した（「安政の大獄」）。なかでも徹底的な弾圧を受けた水戸藩では，その脱藩浪士たちが，1860年（万延元），江戸城桜田門外で井伊の暗殺を遂行し（桜田門外の変），その結果幕府の権威は著しく傷つくことになる。

開港と外国貿易

　大老井伊直弼没後の幕政は，久世広周と安藤信正の2名の老中が担った。失墜した幕府権威の修復を課題とし，朝廷や諸藩主への協調姿勢を示した。一橋派大名への処分を緩和したほか，朝廷が猛反対する大坂と兵庫に加え，江戸と新潟の開市開港の延期を諸外国に申し出た。

　貿易は1859年（安政6）から，開港した横浜・長崎・箱館の三港ではじまった。東海道の宿場町である神奈川に替わり，街道から外れた横浜が開港場となったのは，攘夷運動の高まりのなか，外国人居留地を隔離状態に置き，外国との衝突を回避しようとしたからである。開港場の居留地では，外国商人と日本の売込商・引取商との間で取引が行われた。日本からは生糸や蚕卵紙，茶が輸出され，綿織物などの繊維製品や軍需品が輸入された。当時ヨーロッパでは蚕の病気が蔓延して生糸が不足しており，日本の生糸は高品質であることがわかると，大量需要につながった。貿易相手国は，アメリカが南北戦争中であったことから，繊維工業を誇るイギリスが台頭した。イギリスを相手とする生糸中心の貿

易の大半が行われた横浜港は，日本随一の貿易港に発展した。

　貿易の輸出超過は国内の物価を上昇させ，安価な輸入品の流入は，綿作や綿織物業を逼迫(ひっぱく)した。1860年（万延元），幕府は生糸等の五品は必ず江戸の問屋をへて輸出するよう命じる「五品江戸回送令(ごひんえどかいそうれい)」を発し，貿易の統制をはかり物価の抑制を試みたが効果はなかった。また，外国との金銀比価の違いからくる多量の金貨の海外流出を受け，幕府は金貨の品質を引き下げる改鋳を行なったが，それはさらなる物価上昇をうながし，人びとの生活を圧迫した。

【参考文献】
青山忠正『明治維新（日本近世の歴史6)』（吉川弘文館，2012年）
麓慎一『開国と条約締結』（日本歴史叢書，吉川弘文館，2014年）

第26章 幕府の終焉

攘夷の高まり

桜田門外の変の後,幕政を担った久世広周と安藤信正の2名の老中は,大老の死により深く傷ついた幕府の権威を再建するため,朝廷や諸藩との協調姿勢を示し,指導力の確保をはかろうとした。一橋派大名への処分の緩和や,兵庫・新潟両港と江戸・大坂両都の開港開市の延期を決定し,朝廷や尊王攘夷の志士に対する懐柔をくわだてた。さらに朝廷と幕府の融和をはかる公武合体政策を進めるため,14代将軍徳川家茂と孝明天皇の妹である和宮内親王との婚姻を実現した。しかしこれらの政策は効果を上げず,尊王攘夷論者らの反発はますます活発化し,1862年(文久2)1月,江戸城坂下門外において,安藤信正が尊王攘夷派の水戸脱藩浪士らに襲撃される事態となった(坂下門外の変)。桜田門外の変に続く幕閣の襲撃事件は,幕府権威の失墜を加速させ,安藤は老中を罷免された。さらに同じく老中であった久世広周も,公武合体の失敗などの責任を問われ罷免,失脚したのである。

薩摩と長州

この事態のなか,鹿児島(薩摩)藩主の父である島津久光は,公武合体の立場から,朝廷と幕府首脳の人事へ介入しようとした。1862年,久光は勅使を鹿児島藩兵に護衛させ,江戸に同行した。勅使と久光は幕政改革を求め,一橋慶喜を将軍後見職に,福井藩の松平慶永を政事総裁職に,さらには京都守護職を置き,会津藩主松平容保を任命することに成功した。

そのころ尊王攘夷を藩論とする萩（長州）藩は，京都において急進派の公家と結びついて朝廷を動かし，幕府による攘夷の決行を画策して活動を活発化させていた。幕府はやむなく，1863年（文久3）5月，攘夷決行を諸藩に命じ，それにより萩藩は下関海峡を通過する外国船を砲撃，攘夷を実行した。しかし外国船による反撃は，攘夷の萩藩士たちを強硬化・尖鋭化させ，攘夷派大名とのゆるやかな協調に矛盾を生じさせた。孝明天皇は，同年8月，京都守護職と御所警備の大名を勅命動員し，萩藩勢力と急進派の公家三条実美らを京都から完全に一掃した。これを「八月十八日の政変」という。政変後，島津久光や松平慶永が勅命を受けて上京，朝議参与に任ぜられ，国政を協議する立場となった。しかし1864年（元治元）年初頭，一橋慶喜は参与会議を解体し，朝廷から「禁裏守衛総督摂海防禦指揮」に任ぜられると，京都・畿内全域の軍事指揮権を掌握，指揮下に京都守護職松平容保と京都所司代の桑名藩主松平定敬を従え，江戸の幕閣からは自立した一種の政権を打ちたてた。ここに慶喜や松平容保を介しての，孝明天皇・朝廷と幕府との融合が成立したのである。

　萩藩・高知（土佐）藩などの尊王攘夷派志士を，京都守護職配下の新選組が襲撃した「池田屋事件」に激昂した強硬派に引きずられ，萩藩は大軍をもって京都に攻めのぼり，勢力を回復しようとするが，一橋慶喜指揮下の幕府・諸藩勢力に完敗し，朝敵の名を被ることになった（禁門の変）。欧米列強は，攘夷最強硬派の萩藩を屈服させる方針をとり，同年8月，英仏蘭米四国連合艦隊17隻が下関沖に結集した。萩藩は主力部隊を欠いて苦戦を強いられ，和議を求めた。洋式兵器の威力を痛感し，国家的・軍事的結集の重要性を再認識する結果となったのである。萩藩はこの後，討幕・新政府樹立の方向をとることになる。

　いっぽう，「禁門の変」の後，幕府はただちに諸藩兵を組織し，萩藩の征討（第一次長州征討）に向かったが，同年11月，萩藩は幕府に対し

恭順の意を示したため，交戦することなく撤退した。しかしながら，各藩の旧態依然たる軍役体制では征討軍の編成すら困難なのが実情であり，諸藩は国家的結集の必要性を痛感する結果となった。

図39 占拠された下関砲台（横浜開港資料館蔵）

第一次征討の始末に応じない萩藩を威嚇(いかく)しようとして，第二次長州征討を宣言した幕府は，1865年（慶応(けいおう)元）5月，将軍家茂が大軍を率いて大坂へ入り，幕府・譜代(ふだい)大名らによる膨大な征討軍を結集させた。しかし大義名分がとぼしい征討に，西郷隆盛(さいごうたかもり)率いる鹿児島藩は消極的であった。1866年（慶応2）1月，土佐の坂本(さかもとりょうま)龍馬が立ち会い，鹿児島藩の西郷と萩藩の木戸孝允(きどたかよし)のあいだに交わされた薩長同盟(さっちょうどうめい)により，長州征討になれば鹿児島藩は反幕府の態度をとることが誓われた。ここに討幕勢力の政治的な結集核が形づくられた。大坂に集結した大軍勢に少しも動揺しない萩藩に，幕府は戦争を仕掛けざるを得なくなり，同年6月進軍を発令するも，各方面で撃破され，撤退を余儀なくされた。さらに大坂城に出陣中の将軍家茂の急死を受け，戦闘は中止されたのである。

大政奉還と王政復古

開国や抗争は物価の異常高騰をもたらし，社会不安を増大させた。日本海方面から大坂に入るべき米は，下関海峡封鎖のため移入が途絶えたことから，1866年5月，大坂周辺で大規模な打ちこわしが起こった。これは，大坂に滞在する将軍家茂の眼前における民衆暴動であり，5月

下旬には江戸にも波及し，米屋や貿易商人が対象とされた。さらに全国の農村で一揆が頻発し，「世直し」が叫ばれた（世直し一揆）。幕府の政治的権威が地に落ち，その終焉が近づいていることは誰もが認識する状況となった。同年7月の将軍家茂の死に続き，12月には孝明天皇が崩御したことにより，討幕派諸藩や公卿らの討幕路線は明確になった。それに対し，15代将軍に就いた徳川慶喜は，従来の政治形態を大きく切り替えることにより，薩長勢力を孤立させようと考え，1867年（慶応3）10月14日，「大政奉還」に踏み切ったのである。慶喜は名義的には政権を返上しながらも，実質上は諸侯会議を朝廷のもとに招集し，多数の大名の支持を得てみずから首相的な地位につくことをねらった。朝廷は慶喜の願いを受け入れ，将軍職はそのままという判断を下した。

突如出現した政治的空白の解放感は，民衆の「ええじゃないか」の騒乱に象徴された。慶喜の大政奉還という行動に対し，朝廷内の岩倉具視と薩長両藩は，同年12月9日，王政復古のクーデターを強行した。鹿児島藩などの藩兵に御所を固めさせたうえで行われたこのクーデターにより，慶喜から将軍職と委任政務が剥奪され，ここに江戸幕府は終焉を迎えたのである。新たに総裁・議定・参与の三職が設けられ，参与には有力諸藩の藩士を入れた雄藩連合の形がとられることになった。同日夜，天皇臨席の最初の三職会議である小御所会議が開催され，徳川慶喜に辞官納地を命じることが決定した。これにより慶喜は，二条城を出て大坂に退去し，政治的巻き返しをはかることになる。

戊辰戦争

1868年（慶応4）1月，徳川慶喜を擁する旧幕府軍は，大坂から京に進軍したが，京都近郊の鳥羽・伏見における戦闘で新政府軍に敗退した（鳥羽・伏見の戦い）。慶喜は松平容保・定敬とともにひそかに大坂湾から軍艦開陽丸に乗船，江戸へ逃れた。新政府はただちに，慶喜を「朝

敵」として旧幕府軍追討を命じた。この追討軍は，朝廷より「錦旗」と「節刀」を与えられ，「官軍」となる。

　西日本の完全掌握を達成した新政府は，つぎに江戸の旧幕府勢力の軍事的解体をめざし，2月，有栖川宮熾仁親王を東征大総督に任命し，東海道を江戸へ向かわせ，3月には先鋒に江戸総攻撃を命じた。それに前後して「五箇条の誓文」と「五榜の掲示」が発せられ，新政府および慶喜征討の正当性が主張された。

　江戸に到着した慶喜は，恭順の姿勢を示した。3月に行われた勝海舟と西郷隆盛による交渉で，慶喜の水戸謹慎，江戸城明け渡し，軍艦兵器の引き渡しなどが決定，4月には江戸城は無血開城した。そこには内戦による貿易の混乱を避けたいとの外国勢力の思惑も強く影響していた。

　この事態に，旧幕府強硬派は強く反発した。元歩兵奉行大鳥圭介は，旧幕府兵を率いて4月に脱走，各地を転戦した。また旗本の一部は「彰義隊」を結成し，輪王寺宮を擁して上野寛永寺を本拠地とするも，5月の「上野の戦い」で壊滅した。元海軍副総裁榎本武揚は，開陽丸以下8隻を率いて8月に江戸湾を脱出し，蝦夷地におもむいた。

　新政府は会津藩の松平容保を朝敵とし，東北の諸大名に会津征討を命じたが，京都守護職時代に孝明天皇の厚い信頼を得ていた容保は，みずからを真の勤王家とし，徹底抗戦を決意した。東北諸藩は「奥羽越列藩同盟」を結成し，会津征討中止を要求したが，新政府は薩長土肥をはじめとする諸藩の兵力を総結集し，長岡や会津若松で激戦を繰り広げた。戦局の悪化にともない各藩の恭順派が台頭するなか，9月には列藩同盟の盟主であった仙台藩が降伏，同盟は崩壊した。続けて会津若松城が開城し，直後に鶴岡（庄内）藩も降伏した。

　その後，榎本艦隊には大鳥圭介ら旧幕府陸軍の諸隊などが合流し，総勢約3000人となった。10月，蝦夷地に上陸し，五稜郭や箱館の町を占領した。11月には松前藩が降伏し，榎本軍は蝦夷地全土を掌握した

が，座礁により開陽丸を失った。そこへ最新鋭艦の甲鉄艦がアメリカ公使から新政府に引き渡されたことにより，新政府の海軍力が増大した。その甲鉄艦を奪取しようとした旧幕府側による宮古湾での奇襲も失敗に終わり，1869年（明治2）5月には新政府軍の総攻撃がはじまった。激戦の末，榎本軍は降伏し，ここに国内は新政府によってほぼ統一された。この1年半近くにわたった内戦を戊辰戦争という。

【参考文献】
藤田覚『幕末から維新へ（シリーズ日本近世史5）』（岩波新書，2015年）
保谷徹『戊辰戦争（戦争の日本史18）』（吉川弘文館，2007年）

IV

近代・現代

第27章 明治政府の成立

国内諸体制の整備

　1868年（慶応4）3月14日，公議世論の尊重と開国和親など維新政権の基本方針を示す「五箇条の誓文」が，明治天皇が公卿らを率いて天地神明に誓う形で発布された。いっぽう翌15日に示された「五榜の掲示」では，人びとに対する支配は封建体制をそのまま踏襲することが表明された。続いて閏4月には「政体書」が頒布され，太政官への権力の集中や，三権分立，官吏公選が定められた。さらに，太政官制のもとで七官を設置すること，地方組織には府県を設置し，諸侯の藩と合わせて，「府藩県三治制」とすることなど，新体制が示された。

　新政府は9月8日に元号を「慶応」から「明治」に変更し，一世一元制の実施を布告した。7月，江戸は東京へと改称され，翌年3月，その東京への遷都を意図した天皇の東京行幸が実現，政府は東京に移った。

　政治的統一をめざす新政府においては，諸藩領の扱いが議論となった。木戸孝允や大久保利通の画策により，薩長土肥の四藩主が，朝廷に対して土地と人民を返上する「版籍奉還」の出願を行うと，大部分の藩が同調した。1869年（明治2）6月，全藩主に対して版籍奉還が命じられ，旧大名は旧領地の知藩事に任じられた。幕藩体制のさらなる解体をめざす新政府は，1871年（明治4）7月，「廃藩置県」を断行し，知藩事は罷免となり，中央政府が派遣する府知事・県令が地方行政にあたることになった。

　さらに新政府は，藩主や公家を華族，藩士や旧幕臣を士族，農工商身分を平民とし，平民にも名字を許可した。移住や職業選択の自由も認

められ，いわゆる四民平等となった。新たな属籍にもとづく統一的な戸籍編成が行われ，1872年（明治5），「壬申戸籍」としてまとめられた。

文明開化と殖産興業

維新以降，自由主義や個人主義などの西洋近代思想が流入し，天賦人権の思想がとなえられた。福沢諭吉の『学問のす>め』や中村正直訳のスマイルズの『西国立志編』，ミルの『自由之理』などがさかんに読まれた。新たな教育制度の確立が求められ，1872年，フランスの学校制度にもとづく国民皆学の精神を掲げた「学制」が発布された。宗教界においては，新政府が神道による国民教化をめざし，神仏分離政策を進めたことにより，廃仏毀釈とよばれる仏教の排斥運動が全国的に展開した。キリスト教については禁教政策が継続されたが，列国の強い抗議により，1873年（明治6），キリスト教禁止の高札は撤去された。

従来の太陰太陽暦（旧暦）に替えて，欧米諸国と同様の太陽暦（新暦）が採用されることとなり，明治5年（1872）12月2日をもって旧暦使用が終了し，翌日から新暦の1873年（明治6）1月1日となった。「紀元節」や「天長節」などの新たな祝日が実施され，それまでの行事や慣習が改められた。洋服の着用が軍人や官吏の制服から徐々に広まり，ざんぎり頭は文明開化の象徴とみなされた。

国家的事業としての鉄道敷設は，1870年（明治3）に設置された工部省が中心となり計画された。1872年9月の新橋・横浜間に続き，大阪・京都間も開業，富国強兵をめざす政府が主導する殖産興業の進展を支えた。海上交通では，1870年に開かれた東京・大阪間の定期航路を国内企業に掌握させ，後に「三菱商会」を名乗る土佐出身の岩崎弥太郎による回漕業には，有事の軍事輸送のため手厚い保護が与えられた。通信では，1871年，前島密の建議により飛脚にかわる郵便制度が発足した。宿駅制度は1872年に廃止され，「内国通運会社」が鉄道貨

図40　上州富岡製糸場（国立国会図書館蔵）

物の取り扱いも含め，全国的に陸上・河川運輸を展開した。

　貨幣制度では，1871年に公布された「新貨条例」により「金本位制」が採用され，現在まで続く日本の基本的貨幣単位「円」が誕生した。さらに近代的金融制度の確立をめざし，1872年，「国立銀行条例」が制定された。

　幕末以来，日本の主要輸出品であった生糸は，明治初年には深刻な輸出不振におちいった。これは殖産興業を推進する政府にとっては大打撃であり，1872年，ヨーロッパの先進技術を導入した官営の模範工場として富岡製糸場の大工場を完成させた。この工場をモデルに，中小の器械製糸工場が全国に続々と建設され，日本の生糸の品質向上と生産力の増強が実現したのである。

国際問題への対応

　1871年11月，岩倉具視を特命全権大使とする遣外使節団が派遣された。この使節団の使命は，①条約締結国元首への国書の奉呈，②条約改正の予備交渉，③欧米各国の制度・文物の調査，にあったが，国際政

治の厳しい現実を突きつけられ、条約改正交渉は進展しなかった。

　清国との国交は、同年7月の「日清修好条規」の調印により樹立した。その清国と鹿児島藩島津氏との複雑な両属関係に置かれていた琉球王国は、1872年、新政府が琉球藩を設置することにより政府の直属とされた。岩倉使節団が外遊中、政権を主導した西郷隆盛を中心とする「留守政府」は、台湾で起こった琉球漂流民殺害事件について、清国が責任を負わないとしたことから台湾への出兵を画策したが、そのさいに琉球が日本の支配下にあることを明確化する必要があったのである。

　いっぽう、新政府はその発足とともに朝鮮との国交樹立を求めたが、鎖国政策をとっていた朝鮮側の強硬な態度に直面し、交渉は難航した。それに対し、廃藩置県により職と立場を奪われた士族層は、武力で国交を開かせようとの「征韓論」を主張した。留守政府の首脳も対外的な軍事行動によって国家的基礎の確立をはかろうとし、それを支持した。しかし1873年に岩倉使節団が帰国すると、征韓論は否決され、西郷隆盛ら留守政府の首脳は辞職・下野するにいたった。いわゆる「明治六年の政変」である。その後、軍事行動への強硬論に押された政府は、1874年（明治7）、台湾に出兵した。これに対し清国は、イギリスの仲介もあり事実上の賠償金を支払った。ついで日本政府は、1879年（明治12）、琉球藩および琉球王国の廃止と、沖縄県の設置をともなう琉球処分を強行し、日本への帰属を明らかにした。

　朝鮮との関係では、日本による江華島における挑発行為を発端とし、1876年（明治9）、「日朝修好条規」が締結され、朝鮮は開国された。幕末以来ロシアとの間で懸案となっていた樺太の帰属については、1875年（明治8）、「樺太・千島交換条約」が締結され、樺太にもっていたいっさいの権利をロシアに譲る代わりに、千島全島を領有した。また、所属が不明瞭であった小笠原諸島を、1876年、内務省の管轄下においた。こうして日本の領土が国際的に画定されていったのである。

新政府への抵抗

　留守政府はさまざまな国内改革にも取り組んだ。土地永代売買の禁止が解かれた後，1872年以降「地券」が発行され，土地の所有権が確認された。1873年には「地租改正条例」が制定され，土地制度や課税制度の変革が進んだ。1872年に頒布された「学制」は，費用の負担を強いられた人びとの強い反発を生んだ。1873年に公布された「徴兵令」は，国民皆兵の方針にもとづき，満20歳以上の男性を兵籍に編入し，兵役につかせるものであったが，軍事の専門家であった士族の処遇は未決定のままであり，士族層は徴兵令に不満と危惧を増大させた。1873年に続発した租税や学制，徴兵制などを争点とする大規模な一揆に，士族層が合流しかねない状況に対し，留守政府は彼らの士気を国家的軍事力に昇華させようと画策し，それが征韓論として形づくられていった。しかし，それは国内改革を優先する立場の岩倉使節団の帰国により実現されなかった。

　1874年2月，江藤新平を擁する佐賀士族が征韓論を掲げ「佐賀の乱」を起こした。政府はこの蜂起が各地に伝播することを恐れ，大久保利通みずからが陣頭指揮をとり鎮圧したが，それは士族層の機先を制したにすぎなかった。しかし，台湾出兵や日朝修好条規の調印をへることにより，長年の懸案であった朝鮮問題を軍事力で解決させ，国家権威を確立するとともに，士族層から征韓論という名分を奪うことに成功した政府は，1876年「廃刀令」を発し，士族の帯刀を禁止したのに続き，秩禄処分を断行した。華士族への給禄の停止と金禄公債証書の交付が決定し，士族の窮迫と不満がいっそう深刻化した。新政府の財政的基盤を支える施策として，秩禄処分と不可分である地租改正事業も着実に進められ，農民は税のほとんどを金納するようになっていたが，米価の下落もあり，過重な負担となっていた。1876年，高額な地租に反抗する，い

わゆる「地租改正反対一揆」が全国で頻発した。そのような状況をもたらす政府を「有司専制(ゆうしせんせい)」と批判し，反政府感情で団結する士族の反乱も各地で続いた。その背後には，西郷隆盛を指導者とする強力な鹿児島士族の存在があった。1877年（明治10）2月，西郷隆盛を擁する鹿児島士族1万5000人が挙兵し，熊本士族や九州各地の不平士族(ふへいしぞく)がこの挙に合流した。この「西南戦争(せいなん)」は，政府軍が熊本城に入ると戦局は政府側の有利に転じ，全国的な不平士族の蜂起の可能性はなくなった。9月，西郷らが自刃(じじん)することで，8ヵ月にわたる戦乱は終結したのである。

【参考文献】
落合弘樹『西南戦争と西郷隆盛（敗者の日本史18）』（吉川弘文館，2013年）
松尾正人編『明治維新と文明開化（日本の時代史21）』（吉川弘文館，2004年）

第28章 民権と国権

伊藤博文と大隈重信

　士族反乱は西郷隆盛の死で収束に向かった。だが士族の不平感を背景に，重税に反発する豪農層の支持を得て，自由民権運動の意気は高まりをみせた。1877年（明治10）6月，土佐の立志社が「国会開設」を求める建白書を提出する。1878年には愛国社再興大会が開かれ，1880年には愛国社大会に集った民権家100名あまりによって国会期成同盟が結成された。1878年の府県会規則の制定によって豪農層が地方政治に進出したことや，新聞をはじめとするジャーナリズムの発達などが，運動高揚の背景であった。明治政府は1880年に集会条例を公布し，民権運動を厳しく抑圧したが，国会開設を求める運動は継続された。

　公議世論の尊重を五箇条の誓文に掲げた明治政府も，国会開設の要求を簡単に退けられなかった。大久保利通は1875年の大阪会議で木戸孝允・板垣退助と会談し，「立憲政体」へ進むことを受け入れた。だが府県会の設置などの改革を準備していた大久保は，1878年に東京紀尾井坂で斬殺された。木戸も西南戦争のさなかに病没し，西郷・大久保・木戸の「維新三傑」はほぼ同時期に世を去った。三傑没後の政府のなかで政治力を高めたのは，大久保を継いで内務卿となった伊藤博文（長州）と，大隈重信（肥前）であった。とくに大隈には大蔵卿として財政を担当する強みと，三菱や福沢諭吉ら政府外の勢力とのつながりがあった。

　1880年から81年ころには，各地で憲法草案（私擬憲法）がつくられた。議院内閣制を採用した交詢社（福沢諭吉系）の「私擬憲法案」をはじめ，「革命権」を定めた植木枝盛の「日本国国憲按」，豊富な人権規定

をもつ多摩地方の農村青年グループによる「五日市憲法草案」などがよく知られている。民間で憲法制定の論議が高まるいっぽうで、政府内でも憲法に関する意見書が作成され、議論が起こりつつあった。大隈と伊藤、そして井上馨（長州）の3人は国会開設の方針で一致し、1881年1月に黒田清隆（薩摩）らとの会談を行う（熱海会議）。だが、政府としての見解を統一するにはいたらなかった。

　1881年3月、大隈は即時憲法を制定し、イギリス流の政党内閣制を採用して、2年後に国会を開くとする急進的な意見書を天皇に提出した。大隈の意見書は、交詢社の私擬憲法案に近い内容であった。さらに8月、黒田が長官をつとめる開拓使の官有物が、薩摩の五代友厚らに不当に安価で払い下げられるとして、福沢系の『郵便報知新聞』などが薩摩閥の批判をはじめた。そのため薩摩閥は、これらを福沢と結んだ大隈の政治的攻撃として警戒を強めた。

　漸進的な立憲体制への移行を考えていた伊藤は、大隈の独走的行動に憤った。そこで伊藤・井上らは、皇帝の権限が強いプロシア流の欽定憲法を主張する井上毅・岩倉具視に接近し、さらに薩摩閥との結びつきを選択して、10月に大隈を政府から追放した（明治十四年の政変）。同時に、政府は官有物払下げの中止と、明治23年の国会開設を宣言した（国会開設の勅諭）。ここに明治政府は再編され、薩長を中心とする藩閥政府と、板垣・大隈らの民権派が、国会開設に向けて競いあう政治情勢が生まれた。

財政再建とデフレ

　大隈の失脚によって、大蔵卿の後任には薩摩の松方正義が就いた。松方は大隈の方針を改め、予算緊縮と増税・デフレ政策を徹底することで、西南戦争以来の大量の不換紙幣（金・銀貨などの正貨と交換できない紙幣）を整理し、財政再建と金融の強化をはかった。1882年（明治

15)、政府は中央銀行として日本銀行を設立し、正貨の蓄積が進んだ1885年から日本銀行に銀兌換の銀行券を発行させて、銀本位制度を整備した。財政改善と金融制度の整備によって、紙幣の信用低下にともなう激しいインフレーションは収束した。

　ところが、政府の厳しい緊縮財政・デフレ政策によって米価・繭価が急激に低下し、大不況が農村を直撃した。さらに各種の増税が課せられたうえに、地租は一定額の金納で、収入に関わりなく納める必要があった。そのため、過重な負担にたえられず、土地を手放して小作農となる農民が急増した。土地の集積に成功した地主は、貸金や投資を行い成長したが、没落した農家は小作農となるか、都市に移住するなどして、中下層労働者に再編された。松方財政は農村を中心とした社会秩序に動揺を与えたのである。

激化事件

　明治十四年の政変前後、民権運動は政党の設立に進んだ。板垣を総理とする自由党は、フランス流の急進的な自由主義を唱えた。他方で、下野した大隈はイギリス流の議院内閣制を唱える立憲改進党を結成した。自由党は立志社・愛国社の系譜をひき、地方農村をおもな基盤とした。他方で改進党は都市の実業層・知識人から支持をうけた。

　ところが国会開設の勅諭以降、民権運動の勢いは急速に衰える。その理由は、第一に松方デフレによって、運動の支持層であった豪農層に不況の打撃がおよんだためである。このことは、民権運動全体の勢いをいちじるしく削いだ。第二に、政府の巧妙な対策があった。1882年（明治15）に集会条例が改正され、政党の支部を置くことが禁じられた。1883年の新聞紙条例改定では、民権派の言論が厳しく制限された。他方で政府は土木費に国費補助を与えて、地方有力者と民権運動の離間をはかり、一定の効果があった。第三には、政党間の対立激化である。

1882年，板垣退助・後藤象二郎ら自由党幹部が洋行に出るが，この資金の一部は伊藤博文・井上馨がひそかに三井から出費させたものだった。改進党がこれを理由に自由党を攻撃し，自由党もまた大隈と三菱の関係を批判した。運動は混乱し，政党の統率は失われた。

　「激化事件」といわれる自由党の一部党員や農民による直接行動は，こうした情勢のもとで起こった。1882年，最初の大規模な騒擾が福島で発生する。土木県令として知られる三島通庸が福島県に赴任し，「三方道路」とよばれる大規模な県道工事を実施したが，これは自由党が強い福島県会の議決を無視した決定であった。県下に「火付け」と「自由党」は置かないと豪語する三島は，工事への抗議活動を契機として自由党員の大弾圧に乗り出し，多数の党員を逮捕した（福島事件）。1884年には，福島事件に憤った自由党員らによる三島暗殺計画が発覚し，首謀者が蜂起する加波山事件が起きている。この事件の発生直後，自由党は党員の知識が低いことや政府の干渉などを理由に，党大会で解党を決定した。

　さらに解党の2日後，鎮圧に軍隊までもが動員された秩父事件が発生した。1884年は凶作であり，松方のデフレ政策で苦しむ農村では蜂起・騒擾が相ついだ。秩父地方でも借金に困窮する農民は多く，一部が「困民党」を結成して政府への請願運動を繰り返したが，ついに武装蜂起し，一時は憲兵隊・警官隊を敗退させた。蜂起は10日足らずのうちに鎮定されたが，自由党員の事件への関与もあり，民権運動に与えた衝撃は大きかった。自由党の解党からほどなくして，改進党でも解党論が高まり，大隈が総理（党首）を辞任して事実上解党した。政党が求心力を失ったことで，支持者の活動は激化し，そのことが政府の弾圧とさらなる混乱をまねき，民権運動全体を衰退させたのである。

条約改正の失敗

　明治10年代の対外関係では、関税自主権の回復（税権）と、治外法権の撤廃（法権）をめざす条約改正が重要課題であった。1871年（明治4）に出航した岩倉使節団が条約改正の交渉を企図して失敗したのち、1875年に寺島宗則外務卿が税権の回復をめざして、各国と個別に交渉する方針を定めた。寺島は1878年にアメリカとの新条約を成立させるが、イギリスが各国共同の「連合談判」を主張したため、失敗に終わった。外交に対する民権派の批判は高まり、政府は外交の建て直しを余儀なくされた。

　1879年、寺島にかわった井上馨外務卿（のち第1次伊藤博文内閣外相）は、税権と法権の部分的回復を目標として、共同会議での交渉方針を定め、1882年には21回にわたる改正予備交渉が東京で行われた。井上は、日本が「文明国」であることを示すため、急速な欧化政策を進めた。1883年に鹿鳴館が建ち、仮装舞踏会やバザーが開催された。さらに鹿鳴館の周囲には、欧風の官庁街建設が計画された。官庁街建設を推進したのは、警視総監と臨時建築局副総裁（総裁は井上馨）を兼任した三島通庸であった。伊藤博文によって、宮中も生活の西洋化が進められ、民間でも欧化の風潮は高まっていった。1887年4月、井上は2年以内の内地開放、英語を正文とする法典と外国人判事過半数の採用などを条件として、各国から条約改正の合意を取りつけた。

　他方で、井上の改正案に対する国内の反発も強かった。1886年ごろから、民権運動の再興をめざす後藤象二郎・星亨らが大同団結運動を進めていた。1886年10月には、紀州沖で英船籍のノルマントン号が沈没する。この事故で日本人乗客23名が全員死亡し、イギリス人は全員救助されたうえに、英領事の裁判で当初船長・船員の罪は問われなかった。沸騰する世論を前に、民権派は地租軽減・言論集会の自由に加え

て，外交政策批判を訴える「三大事件建白運動」を展開し，各地から民権派が「建白」のために上京した。

さらに井上の交渉内容には，政府内からも強い批判が寄せられた。法律顧問ボアソナードや，谷干城（たにたてき）農商務大臣の反対意見書が出されると，反対派は喝采（かっさい）を送った。井上は，完全な税権・法権の回復は困難であり，内地雑居で文明化が進むなどと説いたが，大勢を覆すことはできず，1887年7月に改正の無期延期を各国に通告，9月に外相辞職に追い込まれた。

井上の辞職は，民権派の運動を勢いづけた。そこで政府は1887年末に保安（ほあん）条例を公布し，民権派を皇居三里外に追放して強引に運動を沈静化させた。さらに条約改正の実現を大隈重信に依頼して，民権運動の分断をはかった。大隈は承諾して外相（第1次伊藤・黒田清隆内閣）となり，共同会議方式を改めて各国別に単独交渉を行い，1889年に米・独・露と条約を調印，英・仏の同意も取りつけた。ところが，大隈の新条約案の内容が『ロンドンタイムス』誌上に漏れ，大審院（だいしんいん）に外国人判事の任用を認めていることがわかると，ふたたび国内の批判が高まった。大隈は爆弾テロにあって片脚を失い，黒田内閣も総辞職した。明治政府は困難な外交交渉を要する条約改正を，議会開設の前に達成しようとしていたが，その試みは世論の強い批判のため，失敗に終わったのである。

【参考文献】
坂本多加雄『明治国家の建設（日本の近代2）』（中公文庫，2012年）
鈴木淳『維新の構想と展開（日本の歴史20）』（講談社学術文庫，2010年）
牧原憲夫『民権と憲法（シリーズ日本近現代史2）』（岩波新書，2006年）

第29章 憲法と議会

帝国憲法の制定

　1882年（明治15），伊藤博文はヨーロッパでの憲法調査に旅立った。政府はすでに天皇が憲法を制定する「欽定憲法」の方針を定めていた。議会開設までの間に，伊藤はみずから憲法を学び，憲法起草者としての正統性を身に着けようとしていた。ベルリン大学のグナイスト，ウィーン大学のシュタインらから講義をうけた伊藤は，翌83年に帰国し，宮中・華族制度の改革に取りくんだ。1884年，宮内卿となった伊藤は，宮中に制度取調局を置いてみずから長官となり，宮中の欧化を進めた。また同年に華族令を出して，公侯伯子男の5段階爵位を設定し，旧大名・公家のみならず，優秀な官僚を華族に引き入れた。これは将来の国会開設をにらみ，下院（衆議院）を牽制する上院（貴族院）の構成員として，華族を再編成したものであった。また1886年には帝国大学令が公布され，1887年に文官任用高等試験（高文）が設けられたことで，藩閥以外から優れた官僚を登用する制度も整えられた。

　1885年には内閣制度が発足し，伊藤は初代内閣総理大臣（首相）に就任した。これにより，首相と国務大臣が政治の中心となり，各省大臣の分担を明確化することで，議会の答弁に対応できるようにした。さらに宮内大臣（宮内省）は内閣の外に置かれ，宮中と政治との区別が明らかにされた。

　1886年末から，伊藤は憲法起草に着手し，ドイツ人顧問のロエスレルやモッセらの助言を得ながら，井上毅・伊東巳代治・金子堅太郎らと草案をつくった（夏島草案）。1888年に完成した草案は，同年設けら

れた枢密院（天皇の諮問機関）で，天皇臨席のもと審議が重ねられた。伊藤は首相を黒田清隆に譲り，みずから初代の枢密院議長となって審議を主宰した。こうして1889年2月，大日本帝国憲法が発布された。

憲法の内容は，天皇を統治権のすべてを掌握する「総攬者」として位置づけ，陸海軍を統率する統帥権，宣戦・講和・条約締結を行う外交大権，法律にかわって発令できる緊急勅令，非常事態に軍へ権限を与える戒厳令布告の権限などが，憲法に明文化された（天皇大権）。ただし天皇は憲法の条規に従い，国務大臣などの「輔弼」（補佐・助言）を得て統治を行うものとされており，天皇による独裁政治を容認するものではなかった。

他方で，帝国議会は皇族・華族・勅任議員・多額納税者などからなる貴族院と，選挙で選任される衆議院の二院制をとり，両院の権限は対等であった。議会は予算案を審議する権限をもち，法律案も議会の「協賛」を必要とした。予算の増額や新税の設定，および緊急勅令なども議会の同意を必要としており，議会の権限はかなり強く設定されていた。こうした帝国憲法の特徴は，議会開設直後の混乱と，のちの政府と政党の妥協を導くものであった。

初期議会の波乱

憲法発布の翌日，黒田清隆首相は鹿鳴館で「超然主義」の立場を声明した。その要点は，政府は政党の外に立ち，公正な立場から政治を行うというものであった。数日後，伊藤前首相も枢密院で同様の演説を行い，政党内閣を否定した。

ただし伊藤も黒田も，政党をまったく除外した政権運営を考えていたわけではない。とくに黒田内閣は井上馨（自治党）・大隈重信（改進党系）・後藤象二郎（大同団結運動の提唱者）らを閣内に引き入れ，板垣退助（自由党）にも入閣を呼びかけるなど，「一党一派」に偏らない政府

をめざしていた。だが，黒田内閣は条約改正問題で各方面から批判をうけ，大隈への爆弾テロで議会召集前に総辞職した。

　後任の首相には，山県有朋(やまがたありとも)（長州）が推された。山県は陸軍の創設に関わった実力者の軍人であるとともに，顧問モッセの助言をもとに，市制・町村制（1888年），府県制・郡制（1890年）を設立し，中央政府の統制を強めた地方制度の再編者でもあった。これらの準備のもと，1890年7月に第1回の衆議院議員総選挙が行われた（有権者数は約45万人，総人口の約1.1％）。結果は立憲(りっけん)自由党・立憲改進党などの民党が過半数を占めた。

　第一議会（1890年11月召集）において，山県首相は有名な「主権線・利益線」演説を行なった。日本の利益線を朝鮮とし，その防衛のための軍拡予算を要求したのである。これに対して，民党は地租軽減と政費節減を中心とする「民力休養(みんりょくきゅうよう)」を求め，議会は空転した。そこで第1次山県内閣は，板垣ら自由党土佐派を切(と)りくずし，予算の一部削減を認めることで，辛くも議会を切りぬけた。山県は議会後に総辞職し，つぎの首相には松方正義(まつかたまさよし)が就任した。

　第二議会（1891年）は召集前から波乱が予想された。そこに樺山資紀(かばやますけのり)海軍大臣が「薩長の政府というが，今の日本が安全なのは誰のおかげか」と発言して（蛮勇演説(ばんゆうえんぜつ)），議会の空気は険悪化した。第1次松方内閣は初の衆議院解散に踏みきり，大量の選挙資金と警察力を注ぎ込んで「選挙干渉」を行なった。死者25名・負傷者約400名が出て，民党は過半数を割り込んだが，政府系勢力も多数を占めるにはいたらなかった。総選挙後の臨時議会である第三議会（1892年）の後，松方は退陣を決意し，伊藤が後任首相に就いた。

　第四議会（1892年）にのぞんだ第2次伊藤内閣は「元勲総出」を唱え，山県・黒田ら元首相を閣内に置いて，藩閥政府の総力結集をめざした。議会では建艦費をめぐって政府と民党が厳しく対立したが，1893

年2月,天皇から「和協の詔勅」が発せられ,海軍改革と行政整理を前提に,予算は成立した。この経過を通じて,自由党は政府に接近するが,改進党などは条約改正問題で政府を批判し,日清戦争直前の第六議会まで政府と衆議院の対立はくり返された。

日清戦争

　開国以後,日本は安全保障の要として,朝鮮半島における影響力拡大(他国の影響力排除)を目標とした。1876年(明治9)の日朝修好条規締結以降,朝鮮では閔妃を中心として日本に接近する開化派が台頭したが,1882年に国王高宗の父大院君を擁立する軍隊が反乱し,日本公使館を包囲した(壬午軍乱)。この乱は清の軍隊が鎮圧し,大院君は逮捕され清に連行された。これ以降,閔氏らは清国に接近し始め,日本の影響力は低下した。そこで朝鮮国内の開化派(独立党)は,1884年に清仏戦争が起こると,日本公使館の支援を得て,クーデターによる巻き返しをはかった(甲申事変)。だが反乱は清国軍によって鎮圧され,日朝関係は悪化した。日本は伊藤博文を清へ派遣し,李鴻章と天津条約を結んで,両国の朝鮮撤兵と出兵時の相互通告を約束した。

　1894年,朝鮮で東学党徒を中心とする農民反乱が起こった(甲午農民戦争)。農民は減税と排日を唱えて勢力を増し,朝鮮政府は清に救援を求めたため,清は日本に出兵を通知した。第2次伊藤内閣の陸奥宗光外相は,ただちに対抗して清に出兵し,農民反乱の収束後も駐兵して,朝鮮の内政改革を要求した。7月23日,日本は単独で内政改革を行うと称して,王宮を占領し,25日に豊島沖で清海軍と戦闘を開始した。

　開戦は,国内外の状況を考慮して行われていた。朝鮮への派兵は,伊藤内閣が衆議院を解散した日に決定されたが,開戦により国内の世論は一変し,大本営が設けられた広島で開かれた第七議会では,戦争関連の支出や法案がすべて承認された。また,開戦はイギリスが日清間の仲介

をあきらめ，日本と領事裁判権の廃止などを定めた日英通商航海条約を締結した直後であった。

戦闘は日本側が優位に進め，黄海海戦で勝利をおさめた後，旅順要塞・威海衛を陥落させ，北京をうかがう情勢となった。清はアメリカの仲介で講和を申し入れ，李鴻章が全権として来日し，伊藤・陸奥と交渉が行われた。1895年4月，下関条約が締結された。そのおもな内容は，①朝鮮独立，②遼東半島・台湾・澎湖諸島の割譲，③賠償金2億両，④4都市の開市港である。ただし占領域外であった台湾への進駐は強固な抵抗をうけ，全島平定が宣言されるまで，なお半年近くの戦闘が続いた。

講和条約の内容が公表されると，遼東半島の割譲に反発したロシアは，フランス・ドイツとともに，同地の還付を日本へ要求した（三国干渉）。日本はこの要求を受け入れたが，国内ではロシアへの対抗を念頭に「臥薪嘗胆」が叫ばれ，さらなる軍備の拡張が進められた。

▎産業革命

松方財政の目的であった金融制度の安定化は，日本経済を成長へ導きはじめていた。貿易収支が輸出超過に転じ，銀本位制の確立で物価が安定すると，株式取引が活性化した。1886年（明治19）から89年にかけて，企業勃興とよばれる鉄道・紡績分野での会社設立ブームが発生する。これにともない，1887年前後から機械技術の本格的導入，いわゆる産業革命が日本ではじまった。

産業革命の中心は紡績業であった。幕末開港以来の綿製品輸入によって綿業は衰退していたが，手織機を改良した飛び杼の導入などで生産は回復し，1883年に設立された大阪紡績会社は，1万錘規模の紡績機械を導入して成功をおさめた。原料となる綿花を中国・インドから輸入し，綿糸を中国・朝鮮へ輸出する貿易体制が確立し，1890年に綿糸生

産量が輸入量を上回った。ただし綿業貿易全体で見れば，国際収支はそれほど大きくはなかった。

　外貨を獲得できた近代日本の産業は，国産の繭を原料とする製糸業であった。ここでも輸入機械を参考とした技術改良が進み，器械製糸の工場が農村部の生産拠点に続々と建設された。日清戦争期には，幕末期に普及した座繰製糸を，器械製糸が生産量で上回った。さらに日露戦争後には対米輸出が増加し，1909年には清国を抜いて世界最大の輸出規模となった。日清戦争の賠償金によって1897年に金本位制を確立し，貨幣価値を安定させたことも，貿易の発展を促した。

　鉄道分野では，1881年設立の日本鉄道会社が成功をおさめ，各地で会社が設立されて鉄道路線を建設した。1889年には官営を民営が営業キロ数で上回り，日清戦争後には青森＝下関間が開通した。日露戦争後の1906年，政府は軍事・経済上の利点から鉄道国有法を定め，約90％の路線が国有化された。

　重工業分野では，1901年に操業開始した官営八幡製鉄所など，政府主導の動きが強かったが，造船技術では三菱長崎造船所などが成長し，世界の技術水準と比肩できるようになった。水力発電を中心とする電力開発も進み，大都市には電灯会社も設立された。日露戦争後，長期の不況と財政危機のため経済発展はやや鈍足化するが，大戦期に飛躍的な発展をとげる諸産業は，このころに基盤を整えたのである。

【参考文献】
大谷正『日清戦争』（中公新書，2014年）
佐々木隆『明治人の力量（日本の歴史21）』（講談社学術文庫，2010年）
原田敬一『日清・日露戦争』（岩波新書，2007年）
御厨貴『明治国家の完成（日本の近代3）』（中公文庫，2012年）

第30章 日露戦争

三国干渉以後

　下関条約で巨額の対日賠償金を抱えた清は，借款を代償とする列強によって植民地・勢力圏を設定され，中国分割が本格化した。1898年の膠州湾（独）を皮切りに，旅順・大連（露・1898年），九竜半島・威海衛（英・1898年），広州湾（仏・1899年）などが租借地となり，鉄道建設などを通じて各国の勢力圏が固められた。またアメリカは直接中国に根拠地をもたなかったが，ハワイ併合（1898年）・フィリピン領有（1900年）などを通して西太平洋に進出し，1901年にジョン・ヘイ国務長官が中国の門戸開放・機会均等を提唱した。これらの動きに対して，日本はわずかに台湾対岸の福建省を他国に割譲・租借させないとの協定を結ぶにとどまり，台湾の平定と統治に重点を置いた。

　列強の分割によって中国のナショナリズムは高揚した。「扶清滅洋」を唱えて力を強めた義和団が，1900年に各地で外国人を襲撃し，北京の列国公使館を包囲した（義和団事件）。これに清も同調し，公使館の救援をはかる列強の軍を攻撃した（北清事変）。そのため，日本をはじめ列強8ヵ国は連合軍を派遣して，義和団を鎮圧し清を降伏させ，1901年に巨額の賠償と公使館周辺の治外法権・軍駐留権などを定めた北京議定書を締結した。さらにロシアは事変にさいして満洲を占領し，同地の独占的権益を得た。

　ロシアの影響力は，朝鮮半島でも強まっていた。日清戦争時に樹立された大院君政権は，三国干渉後にロシアへ接近していた閔妃の政権にかわった。そこで日本は閔妃を殺害したが，高宗はロシア公使館へ逃れ

て1年近くとどまり，1897年に大韓帝国の樹立を宣言した。1898年，日露両国は朝鮮の独立を確認する西・ローゼン協定を結ぶが，ロシアの満洲占領は日本を刺激した。

立憲政友会の成立

　日清戦争後，政府と政党は協調関係を強めた。第2次伊藤内閣は超然主義を転換し，自由党の板垣退助を内務大臣として入閣させた。1896年（明治29）に成立した第2次松方内閣も，進歩党（改進党の後身）と提携を進め，大隈重信を外務大臣として入閣させた。ところが，1898年に第3次伊藤内閣が成立すると，政府と政党の提携は破綻した。原因は戦後経営のために地租増徴が欠かせなくなったこと，および政党の政府進出を危惧した官僚が山県有朋のもとに集いはじめ，発言権を強めていたために，政党への譲歩が困難となったためである。ここに自由党と進歩党は合同して憲政党を結成し，打開の方策を失った伊藤は，憲政党への政権移譲を主張して辞職した。こうして日本初の政党内閣である第1次大隈内閣が誕生した。しかし大隈内閣は内紛のため短命に終わり，憲政党は自由党系（憲政党）と進歩党系（憲政本党）に分裂した。

　かわって山県が憲政党と結んで第2次内閣を率い，地租増徴を実現するとともに，選挙法の改正（選挙資格を直接納税額10円以上へ引き下げ，市部を独立選挙区とする），文官任用令の改正（官僚ポストの大部分を試験採用にする），治安警察法の制定（政治・労働運動の規制），軍部大臣現役武官制の導入（陸海軍大臣の資格を現役軍人に限る）などを行なった。これらは政党の政府進出を阻害する内容を含んでいたため，憲政党は山県から離反して伊藤に接近し，1900年に伊藤と憲政党が合同して，立憲政友会が成立した。山県は伊藤に政権を譲り，第4次伊藤内閣が成立するが，伊藤は貴族院の協力を得られず，閣内不一致で早期に退陣した。

　以後，伊藤・山県らは現役の首相として登板することなく，非公式に

天皇を補佐する元老(げんろう)として，外交方針や首相選定にかかわった。政界は伊藤のあとに政権を担った桂太郎(かつらたろう)(陸軍・長州)が貴族院を，政友会の後継総裁となった西園寺公望(さいおんじきんもち)(公家)が衆議院を掌握して，二大勢力が分有する形となった(桂園時代(けいえんじだい))。

開戦―講和―戦後の東アジア

1901年(明治34)に組閣した桂首相と小村寿太郎(こむらじゅたろう)外相，山県有朋らは，ロシアの牽制(けんせい)を意図してイギリスとの提携を模索した。ロシアとの協調を重視してモスクワを訪れた伊藤博文の交渉が不調に終わると，1902年に日英同盟(にちえいどうめい)が締結された。朝鮮・清国での両国の利益を承認し，戦時の厳正中立，第三国が参戦した場合には同盟国側に立って参戦すること，などが同盟の内容であった。しかし日英同盟の締結後，ロシアは満洲還付条約に調印したが，ロシア国内では対日強硬派が主導権を得たため満洲駐兵は続け

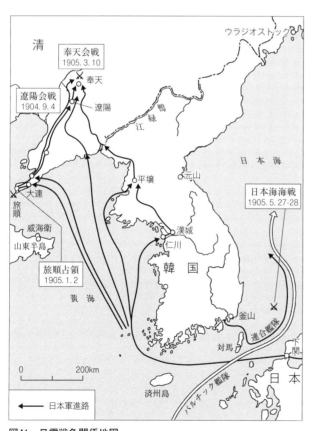

図41　日露戦争関係地図

られ，外交交渉は行きづまりをみせていった。日本国内でも対露強硬論が噴出し，1903年末に開戦方針が固まる。

1904年2月，日本は旅順・仁川でロシア艦隊を攻撃して，ロシアに宣戦布告した。日本はウラジオストックのロシア艦隊を撃滅して，8月には制海権を握った。陸戦でも遼陽会戦で勝利した日本は，多大な損害を出しながらも1905年1月に旅順を占領し，3月の奉天会戦で勝利した。さらに5月，ヨーロッパから回航したバルチック艦隊を日本の連合艦隊が攻撃し，壊滅的な打撃を与えた（日本海海戦）。これにより，日本は陸海ともに軍事的な勝利を得たが，継戦能力ではなおロシアに分があった。国力の限界に達した日本は，アメリカに講和の仲介を依頼した。

8月，アメリカのポーツマスにおいて日露の講和会議が開かれ，日本から小村外相，ロシアからウィッテ蔵相が全権として来訪する。韓国における日本の優越権と南満洲権益の譲渡は，日露ともに了承したが，賠償金と領土（樺太）割譲の交渉は難航した。最終的にロシアは南樺太の割譲を認め，9月にポーツマス条約が締結された。非白人国家の日本がロシアに戦勝したことは，世界に驚きをもって迎えられた。

他方で，講和条約の内容が公表されると，日本国内は賠償金が取れなかったことに騒然となり，調印の当日に日比谷公園で講和条約反対大会が計画され，集まった群衆が官庁や警察署，新聞社などを襲撃する騒擾が発生した（日比谷焼き打ち事件）。ナショナリズムを背景に，大衆が集団で示威行為を行う時代が訪れたのである。

またロシアが朝鮮半島・南満洲から退いたことで，日本はアメリカと桂・タフト協定，イギリスと第2次日英同盟を結び，韓国を保護国化することを列国に承認させた。そのうえで，第2次日韓協約で韓国の外交権を接収し，漢城に韓国統監府を置いて，伊藤博文が初代統監に就任した。ところが1907年に韓国皇帝がハーグでの万国平和会議に使節を送

り，日本の支配に抗議したため，日本は第3次日韓協約で内政権も奪い，韓国の軍隊を解散させた。これによって韓国各地で義兵運動が激化し，1909年には伊藤がハルピンで射殺された。1910年，日本は韓国を併合し，京城（漢城を改称）に朝鮮総督府を置き，寺内正毅（陸軍・長州）が初代総督として就任した。さらに1911年，清では鉄道国有化をめぐって発生した蜂起を契機に革命が勃発し，翌1912年に清朝は滅亡した（辛亥革命）。日露戦後に清と韓国がともに滅亡したことで，東アジアの情勢は大きく変化した。

大正政変

　1905年（明治38）末，ポーツマス条約の批准を終えて第1次桂内閣が退陣すると，1906年に立憲政友会を与党とする第1次西園寺内閣が成立した。西園寺内閣は鉄道国有法を制定し，日本社会党の結成を容認する姿勢を示した（翌1907年に結社禁止）。日露戦争後には，労働・環境など社会問題の高まりとともに，国家よりも個人・社会の問題を追求する風潮が強まり，アメリカの影響をうけた初期社会主義が広まりはじめた。西園寺内閣は社会主義に寛容な態度をとったために山県らの批判をうけ，また戦後不況による政策の行き詰まりもあって，1908年に政権を桂に譲った。

　第2次桂内閣は行財政整理を進めるとともに，戊申詔書を発して地方改良運動を進め，国民道徳の強化と地方共同体の再編をはかった。さらに大逆事件を契機に，社会主義者・無政府主義者に弾圧を加えるいっぽう，1911年に工場法を公布して労働環境の改善に配慮も行なった（実施は1916年）。韓国の併合と完全な条約改正を成し終えた桂は，1911年に再度政権を西園寺に譲った。桂園時代は二大勢力の志向の相違はあるものの，比較的安定性の高い政治が行われた時期であった。この両者の協調関係が崩れたのが，大正政変である。

国家財政の悪化のなかで組閣した第2次西園寺内閣は行財政整理をめざすが、海軍は建艦予算を、陸軍は師団増設予算をそれぞれ要求した。とくに陸軍は韓国併合と辛亥革命をうけて、南満洲での動員兵力を確保するために、朝鮮での2個師団増設を強硬に主張した。だが西園寺内閣が積極的な外交施策を行わず、海軍優先の姿勢をみせたために、山県や陸軍は反発を強め、上原勇作陸相は単独で大正天皇（1912年7月即位）に辞表を出した。西園寺内閣は総辞職し、宮中入りしていた内大臣・侍従長の桂が政界に復帰して、第3次内閣を組織した。

　ところが桂の組閣に世論は反発した。政友会の尾崎行雄、立憲国民党（憲政本党の後身）の犬養毅らが中心となって、野党・メディアに加えて商工業者・都市民衆が参加し、「閥族打破・憲政擁護」を唱える第一次護憲運動が発生した。桂は政友会との提携を解消し、国民党の一部を切り崩して結成した新党（桂新党）で対抗を試みるが、運動の盛り上がりの前に衆院解散をあきらめ、わずか50日あまりで総辞職した（大正政変）。桂の後継には、第1次山本権兵衛（海軍・薩摩）内閣が政友会と提携して成立するが、減税を求める商工業者の批判や、海軍高官がかかわった汚職（ジーメンス事件）のため反対運動が高まり、内閣は1年あまりで総辞職した。このように日露戦後の不況のなか、不満を抱いた民衆の示威運動が頻発し、政治の動揺は深まっていった。

【参考文献】
井口和起『日露戦争の時代』（歴史文化ライブラリー、吉川弘文館、1998年）
古屋哲夫『日露戦争』（中公新書、1966年）
山室信一『日露戦争の世紀―連鎖視点から見る日本と世界―』（岩波新書、2005年）
横手慎二『日露戦争史―20世紀最初の大国間戦争―』（中公新書、2005年）

第31章 世界大戦

世界大戦と大戦景気

　20世紀初頭，ヨーロッパでは軍拡と世界政策を進めるドイツと，オーストリア・イタリアが同盟関係を結び（三国同盟），ロシア・フランスと対立を深めていた。日英同盟で孤立主義を捨てたイギリスはフランスと協商を結び，日露戦争の敗北で東アジアからバルカン半島への進出へ転換したロシアも，イギリスと協商を結んだ（三国協商）。日本は日英同盟を改訂し，日露協約を結ぶなど，三国協商に接近していた。1914年（大正3），オーストリア皇太子夫妻が殺害されたサラエヴォ事件を契機に，ドイツ・オーストリア（同盟国）と三国協商（連合国）を対立軸とする第一次世界大戦が勃発し，4年あまり続く総力戦が展開された。

　世界大戦勃発時，日本では第2次大隈重信内閣が政権を担当していた。山県有朋・井上馨ら元老は，政友会に対抗するために国民的人気の高い大隈に政権を託し，大隈首相は立憲同志会（桂新党の後身）の加藤高明総裁を外相として，政友会を総選挙で打ち破った。加藤外相は日英同盟を理由に，世界大戦への参戦を決定した。日本軍はドイツの中国における根拠地である青島など山東省の権益を接収し，赤道以北のドイツ領南洋諸島を占領した。さらに加藤外相は，中国に21ヵ条の要求を突きつけ，山東省旧ドイツ権益の継承や，満洲など諸権益の期限延長を強要した。中国の袁世凱政権は要求のほとんどを受け入れたが，中国国民は日本に反発し，英米も日本の態度に疑念を抱いた。さらに山県ら元老も加藤の外交交渉を批判し，大隈内閣と対立を強めた。

他方で世界大戦の勃発は，日露戦後に不況へおちいった日本の景気を一挙に高揚させた。産業革命によって工業化が進み，軍需品を輸出したこと，アジア市場から欧州各国が撤退したこと，アメリカが戦争景気に沸いたことなどが，その要因であった。とくに船舶の需要が急増して海運業・造船業が好況となり，船成金とよばれる事業成功者が続出した。鉄鋼業・電力事業も進展し，八幡製鉄所の拡張や満鉄の鞍山製鉄所の開設のほか，民間会社もつぎつぎに設立され，猪苗代・東京間の長距離送電もはじまった。ドイツの化学製品輸入の途絶から，化学工業の国産化も進んだ。

　工業生産額は農業生産額を超過し，なかでも重化学工業は工業生産額全体の3割を占めるまでにいたった。従来は女性が主体であった工場労働者も，重化学工業の進展で，男性労働者が倍増した。工場労働者数全体も，大戦以前の5割増となる150万人超となった。さらに軽工業も活況となり，事業拡大と低賃金労働者の獲得のため，中国に工場を建設する紡績会社（在華紡）が急速に増加した。

　このように急激な輸出の伸びによって日本経済は急成長し，1920年には債務国から債権国へと転換した。ところが，資本家・成金が空前の利潤を得るいっぽうで，好景気で物価が高騰し，民衆の多数は生活苦におちいった。さらに依然として工業労働者の2倍以上の労働者を抱える農業の成長は停滞していた。大戦景気は貧富の格差を拡大し，人びとの政治的要求を掘り起こしていった。

米騒動と民衆運動

　1916年（大正5），大隈内閣が総辞職すると，山県は寺内正毅を後任首相に推薦した。寺内は中国の段祺瑞政権に巨額の借款を与えて，大陸での権益拡張につとめた（西原借款）。寺内内閣は与党をもたず，「挙国一致」を唱えながら政友会に接近した。同志会などの前内閣与党は憲

政会（加藤高明総裁）を結成して対抗したが，寺内内閣は衆議院を解散して憲政会を破り，政友会がふたたび第一党となった。

　このころ世界大戦の情勢は変わりつつあった。ドイツの無制限潜水艦作戦に反発していたアメリカが，1917年に連合国側にたって参戦した。また連合国の一角ロシアで革命が発生し，ソビエト新政権はドイツと講和した。このときシベリアでチェコスロバキア軍が孤立したため，この救助を名目に英米日仏の4ヵ国がロシアへ干渉出兵を行なった（シベリア出兵）。寺内内閣は列国から割り当てられた兵力を，大幅に上回る軍の投入を決定した。

　ところが1918年，出兵による需要をねらった米の買占めで米価が急騰し，富山県の漁村で主婦層らが米屋などを襲撃する事件が発生する。暴動は全国に広がり，東京・大阪など都市部の民衆や貧農，被差別民など約70万人が米商人らを襲う騒動に発展した（米騒動）。寺内内閣は騒ぎを軍隊で鎮圧したが，その責任をとって総辞職した。

　米騒動を機に，社会の改善・労働者権利の拡張・政治参加などを求める社会運動が高揚した。都市部の労働運動では，1912年に結成された友愛会が急速に成長し，1919年に大日本労働総同盟友愛会，1920年に日本労働総同盟と改称して日本初のメーデーを開催し，労資協調路線から階級闘争主義へと転換した。農村でも小作料減免を求める小作争議が多発し，1922年に結成された日本農民組合が各地の争議を指導した。さらに婦人運動では，女性の地位向上と参政権を要求する新婦人協会が1920年に結成され，被差別部落の問題でも，1922年に差別撤廃を求める全国水平社が設立された。こうした情勢のもとで，明治末期から沈滞していた社会主義運動も再興された。ロシア革命の影響をうけて，1922年には日本共産党が非合法で設立され，世界革命をめざすコミンテルンの支部として活動した。

　1919〜20年にかけて展開された社会運動のほとんどで，普通選挙の

実施が要求にかかげられた。大正初期に「民本主義」を説き，政治改革論で指導的な役割をはたした吉野作造（東京帝大教授）らは，1918年に黎明会を結成して啓蒙活動を行い，普通選挙の実施を政治目標として説いた。吉野の影響をうけた学生たちは，東大新人会などの団体を結成し，労働・農民・社会主義運動などと深くかかわっていった。これらの動きをうけて，政治の側でも，普通選挙制の導入が議論されはじめる。

本格的政党内閣

寺内の後任首相には，政友会総裁の原敬が就任した。山県は西園寺公望を推挙するなどして政党内閣の回避を試みたが，西園寺の固辞によって，ついに原の推薦を認めた。原は衆議院に議席をもつ最初の首相（平民宰相）として，陸海外の3大臣以外の閣僚をすべて政友会員で固め，本格的政党内閣を組閣した。

原内閣は政治体制の変革を試み，山県らがつくり上げた官僚・軍人中心の国家諸機構をつくり変えることをめざした。現役の陸海軍将官が占めていた植民地長官（朝鮮・台湾総督）に文官が就任できるよう改めたことは，その一例である。とくに三一独立運動（万歳事件）で多数の検挙者を出した朝鮮では，陸軍軍人の統治を改めて海軍大将の斎藤実を総督とし，憲兵警察を廃止するなど「武断統治」から「文化政治」への転換をうながした。満洲でも，日露戦後に設置された関東都督府を廃止し，関東庁と関東軍をおいて民政を軍事と分離した。貴族院・枢密院でも官僚のみならず財界・学者・議会政治家などを起用し，位階や爵位制度なども官僚への偏重を改めた。

図42　首相在任時の原敬

そのいっぽうで，原首相は社会政策や普通選挙制などについて，山県と同様に否定的であった。原内閣は選挙法を改正して，投票資格となる直接国税額を10円から3円まで引き下げるとともに，区割りを小選挙区制に改めて，政友会に有利な状況をつくった。さらに憲政会などの野党が普通選挙制の導入を訴えると，鉄道や教育機関の拡充を公約にかかげた原と政友会は，地方への利益誘導を強く打ち出し（積極政策），解散総選挙にのぞんで大勝を得た。

世界大戦が終結すると，原首相は西園寺公望を首席全権として，パリ講和会議に派遣した。この会議でヴェルサイユ条約が結ばれ，大戦中に日本が獲得した中国での権益が承認されると，中国では抗日運動が高まった（五四運動）。またシベリア出兵に批判的だった原首相は，田中義一陸相・内田康哉外相らと協力して，駐兵地域と兵力の減少につとめた。

原内閣の政策は，国際協調と政党政治の進展に寄与した。だが，中国のナショナリズムや普選問題などの課題は残された。さらに利権誘導を中心とした原の政治手法は，つねに批判にさらされていた。1921年（大正10），原は政治腐敗を憤った青年によって，東京駅丸ノ内改札で刺殺された。政友会総裁を継いだ高橋是清蔵相が後任首相となるが，内部対立のために半年で総辞職し，政党内閣はいったん途絶する。

ワシントン会議

原首相暗殺の1週間後，ワシントン会議が開催された。アメリカが海軍軍縮と太平洋・極東問題を協議するために，開催をよびかけたものである。日本政府は加藤友三郎（海軍）・幣原喜重郎（外務省）らを全権として派遣した。

会議では，まず太平洋の紛争を話しあいで解決するとした四ヵ国条約（米英日仏）が結ばれ，日英同盟の廃棄が決定された。さらに中国に関する領土保全と主権尊重，および門戸開放・機会均等を定めた九ヵ国条

約が結ばれた。日米両国は，大戦中に日本の中国における特殊地位を確認する石井・ランシング協定を結んでいたが，ここで廃棄された。さらに主力艦の保有比率を米・英・日＝5・5・3とするワシントン海軍軍縮条約が締結された。海軍部内では対英米7割を強く主張する声があがったが，加藤友三郎は反対論をおさえて条約を承諾した。さらに会議の場で英米が仲介し，日本の山東権益を中国へ還付する交渉も進められた（1922年に還付条約締結）。

　大戦後に主導権を得たアメリカによる東アジア秩序の構築は，日本の大戦中における獲得利権の一部をはき出させた。それでも，日本はこの枠組みを積極的に受けいれ，列強との協調外交を形成した。アメリカは経済的にも重要な相手国であり，現実的にアメリカにかわる提携可能な勢力もなかった。高橋内閣につづく加藤友三郎・山本権兵衛らの政権も協調外交を踏襲し，原の外交に批判的であった憲政会の加藤高明も，のちには対外政策を穏健化させ，政権樹立時には義弟の幣原喜重郎を外相として協調外交を継続した。ワシントン会議後に軍縮も推進された。1921年には日本の国家予算の5割を占めていた軍事費は，5年後の1926年には3割を切るほどに縮減されたのである。

【参考文献】
有馬学『「国際化」の中の帝国日本（日本の近代4）』（中公文庫，2013年）
伊藤之雄『政党政治と天皇（日本の歴史22）』（講談社学術文庫，2010年）
季武嘉也『原敬』（日本史リブレット人，山川出版社，2010年）

第32章 関東大震災

マグニチュード 7.9

　1923年（大正12）9月1日，午前11時58分。相模湾を震源とする巨大な直下型地震が発生した。マグニチュード7.9を記録した，関東大震災である。被害は1府6県，約340万人におよんだ。昼時であったために各地で火災が起き，死者9万人余のうち焼死は7万5000を超えた。東京市内では約48万世帯のうち，約30万世帯が全焼。日本橋・神田・浅草・本所などの被害が大きく，とくに本所被服廠跡では殺到した避難者が火災にあい，4万人超の焼死者が出た。神奈川県でも横浜を中心に約12万の家屋が倒壊し，横須賀・鎌倉・小田原などで市街地が焼失したほか，各所で土砂崩れによる被害が起きた。

　東京の新聞社が壊滅したため，当初は避難民の談話やうわさがメディアに載り，大津波や大地震の再来などの流言が出された。なかでも「社会主義者」や「朝鮮人」による放火や来襲のデマは多方面に広がり，軍・警察が保護の名目で検束をはじめると，住民が地域ごとに自警団を結成して，多数の朝鮮人を虐殺した。また社会運動家で中国人留学生の王希天，無政府主義者の大杉栄・伊藤野枝と大杉の7歳の甥のほか，労働運動家らが軍・警察に殺害されるなどの悲惨な事件が起きた。非常事態のなかで，異質とみなされた他者に対する，恐怖と排除の観念が浮き彫りにされたと言えよう。

　震災による被害は人びとの意識に強い影響を与えた。自警団の結成は他者への排除を含んでいたが，災害時には「協同一致」や互助精神のあらわれとして称えられた。また，上層も下層も家屋財産を失い，大戦景

気で拡大した格差が一時的に解消されて「平等無差別」となったことも，感慨をもって語られた。さらに震災を「天譴」（天の戒め）と考えて，腐敗した資本主義（都市や人工物）への批判，自然への回帰を訴える主張も目立つようになる。しかし現実には，復興を進めるなかで都市文化はいよいよ隆盛となり，享楽主義がはびこるなかでの「堕落」を指摘する声も強まった。

図43 震災で崩壊した浅草凌雲閣

未曽有の大災害を前に，政治は混迷を深めていた。加藤友三郎首相が病没したのち，震災復興の課題に直面したのは，震災の翌日に組閣した第2次山本権兵衛内閣であった。山本内閣の後藤新平内相（元外相・内相・東京市長など）は，組閣直後に遷都の否定・復興費30億・最新都市計画の採用などを基本方針としてまとめ，新設された復興院の総裁となった。後藤は犬養毅逓信大臣（革新俱楽部）らとともに普通選挙の実施を掲げ，震災復興事業を足がかりに，憲政会などを統合して政友会に対抗する政界再編成をめざしていた。ところが新党計画は頓挫し，憲政会はかえって政友会との連携に傾いた。また復興計画も大幅に削減され，臨時議会では復興院までも廃止が決定された（のち復興局に改組）。政友会の反撃にあった山本内閣は，解散総選挙にも踏み切れず，虎の門事件（摂政宮銃撃事件）を理由にわずか4ヵ月足らずで総辞職した。

恐慌の時代

世界大戦が終ると，日本は長い恐慌の時代に突入した。戦争から復興を遂げた欧州諸国は，すみやかに産業の合理化と基盤強化を行い，戦時に離脱していた金本位制に復帰して，アジア市場へ回帰した。ところ

が大戦で急成長した日本経済は，多くの不良企業を抱え込み，金融機関は不良債権にあえぎ，対外競争力を欠く脆弱な体質となっていた。輸出を増進するためには，為替の安定化をもたらす金輸出解禁（金本位制への復帰）の断行が必要と考えられたが，それには緊縮財政・財界整理が不可欠であった。だが政府は不良企業の整理に踏み切れず，日本銀行による救済や融資で破綻を取りつくろうことに終始し，企業の国際競争力低下は深刻化した。

　1920年（大正9），株価暴落をきっかけに戦後恐慌が発生した。輸出の要であった綿糸・生糸などの価格は半値以下に暴落し，預金の取り付け騒ぎのために銀行の休業があいついだ。養蚕農家は窮乏し，農村の不況は深刻化した。

　動揺した日本経済に，関東大震災が追い打ちをかけた。被災で支払い不能の手形が大量に発生したため，山本内閣の井上準之助蔵相は1ヵ月間の支払猶予令（モラトリアム）を出し，震災手形割引損失令を公布した。金融機関の所有する手形を日銀が引き取ることで救済を行い，日銀の損失は1億円まで政府が保障すると定められた。ところが，日銀が引き取った震災手形は，1924年度末で4億3000万円を超える巨額となった。さらに震災手形には大戦期の放漫経営による不良債権も含まれていたため，手形の決済は進まず，手形の整理期限は幾度も延長された。焦げ付いた震災手形は，さらなる恐慌の引き金となった。

　1927年（昭和2）3月，第五二議会で震災手形整理法案の審議にあたっていた片岡直温蔵相（第1次若槻礼次郎内閣・憲政会）が東京渡辺銀行の破綻を明言した。このため，まだ営業を続けていた渡辺銀行は休業し，東京・横浜の中小銀行に預金者が殺到した（金融恐慌）。

　政府は日銀からの非常貸出で事態を沈静化させたが，つづいて鈴木商店と台湾銀行の債務が問題となった。大戦景気で急成長した鈴木商店に約3億5000万円を貸し出していた台湾銀行は，1926年末時点で未決

済の震災手形約2億円のうち、約1億円を所有していた。震災手形整理法案が可決すると、台銀は鈴木商店への新規貸出停止を発表した。すると台銀への短期貸出資金が急速に回収され、4月に鈴木商店も破綻したため、台銀は絶体絶命におちいった。若槻内閣は支払猶予令と台銀救済の特別融資を行う緊急勅令案を枢密院に諮った。だが枢密院は支払猶予令のみの発令なら認めるが、特別融資は議会開催が必要だとして、政府案を否決した。若槻内閣は総辞職し、台銀も休業に追い込まれた。

金融の大混乱のなかで成立した田中義一内閣（政友会）は、蔵相に高橋是清元首相をすえ、ただちに枢密院の裁可を経て支払猶予令を発した。日本中の銀行は3日間休業し、その間に日銀は銀行に巨額の融資を行い、表面のみ印刷された紙幣（裏白）を大量に発行して、恐慌の拡大を抑えた。その後、中小銀行の整理統合は進み、預金が集中した三井・三菱・住友・安田・第一の5大銀行を中心に、金融界は再編された。

震災手形の処理終了をうけて、浜口雄幸内閣（民政党）は井上準之助を蔵相に起用し、緊縮財政と産業合理化を進めて、1930年に長年の課題であった金解禁を断行した。ところが、1929年秋に世界恐慌が発生し、輸出先のアメリカが不況におちいったことや、実質的な円高となる旧平価でのレートを設定したことなどで、昭和恐慌が発生した。国内の金は大量に海外へ流出し、企業倒産が続出して失業者が増大した。生糸の対米輸出に頼る農村の打撃は、とくに深刻だった。

1931年に成立した犬養毅内閣（政友会）でふたたび蔵相となった高橋是清が、金輸出再禁止に踏み切り、円安誘導と農村救済を打ち出すと、ようやく景気は持ち直し、1933年ごろには世界恐慌以前の生産水準にまで回復が進んだ。だがそのころ、すでにテロと批判によって大きな打撃を受けた政党政治は崩壊していた。そして経済摩擦の激化と軍部の台頭は、財政を急激に悪化させ、日本をとりまく国際環境をも厳しいものに変えていくのである。

都市と農村

　第一次世界大戦期に工業化が進んだ日本では，1920年代に入ると社会のさまざまな方面で都市化・大衆化が進展した。東京や大阪などの諸都市は，増加した人口を吸収し，様相を変貌させていった。都市の中心部にはビルディングが建設され，関東大震災後には耐震性が見込まれる鉄筋コンクリート造の建物が急増し，同潤会アパートなどの集合住宅もあらわれた。また都市近郊に住宅地が開発され，通勤用電車の敷設が進み，ターミナル駅の周辺には百貨店や，演劇場・映画館などの娯楽施設が設けられた。市電・乗合バス・円タクなどの交通機関も発達し，東京・大阪では地下鉄も開業した。

　都市には，公務員や銀行・企業の事務職としてのサラリーマンが大量にあらわれた。女性の社会進出も活性化し，女工・教員・看護婦などの従来の職種に加えて，電話交換手・タイピスト・百貨店店員・車掌（バスガール）など多様な分野で働く「職業婦人」が急増した。生活様式の洋風化も進み，男性の洋装姿も増えたほか，断髪姿でスカートをはくモダン・ガール（モガ），山高帽にステッキをもつモダン・ボーイ（モボ）などが，銀座・御堂筋などの大通りでみられるようになった。郊外の宅地では和洋折衷の文化住宅があらわれ，洋式の居間や洋風の書斎・応接間などが配置された。家庭の食事も箱膳の和食から，ちゃぶ台を囲む和洋折衷の食事が増え，カレーライス・コロッケなどの洋食も普及した。

　これらの変化は，中層階級を主体とする大衆消費社会が形成されたことを意味している。都市の急速な変貌とモダニズムの進展は，多くの人の目を奪った。ただし震災や恐慌の影響もあって，このころの都市文化には，いわゆるエロ・グロ・ナンセンスなどと表現される享楽的・退廃的な側面も強く，しばしば批判の対象ともなった。

　恐慌の影響を激しく受けた農村にも，乗合自動車や自転車など交通手

段の変化や，都会の流行を伝えるメディアなどを通して，変容する都市の様相は伝播していた。とくに発行部数を急速に伸ばしていた新聞や，1925年にラジオ放送が開始されるなど，メディアの拡大は著しかった。他方で，1920年代の農村では米増産などの技術進展はみられたものの，植民地米の移入などで米価は低迷し，さらに昭和恐慌で生糸関連の輸出が激減したことで，東北地方を中心に農家の困窮は激しくなった（農業恐慌）。小作争議も激増し，欠食児童や役場による女子の身売り斡旋なども社会問題となった。

のちの血盟団事件や五・一五事件には，農村出身者も多くかかわっていた。さらに陸軍関係者の多くは農村の出身であり，政党・財界への不満は軍部に広く共有されていた。都市と農村に生じた絶大な格差は，政治への批判とからまって，急進的な国家改造運動の伏流となっていくのである。

【参考文献】
筒井清忠『帝都復興の時代―関東大震災以後―』（中公選書，2011年）
中村政則『昭和の恐慌（昭和の歴史2）』（小学館，1988年）
成田龍一『大正デモクラシー（シリーズ日本近現代史4）』（岩波新書，2007年）

第33章　政党の政治

普選とデモクラシー

　第2次山本権兵衛内閣の総辞職後，首相となったのは枢密院議長の清浦奎吾であった。清浦を推薦した松方正義・西園寺公望の両元老は，政党と距離をおき，任期満了が迫った衆議院の総選挙を公平に行うことを考慮に入れていた。清浦は長年関係をもった貴族院から陸海外の3大臣をのぞく全閣僚を選び，1924年（大正13）初頭に組閣した。

　これに対して，政友会では高橋是清総裁が清浦内閣に反対する方針を決めると，清浦内閣を支持する一派は脱党して政友本党を組織した。政友会・憲政会・革新倶楽部の3党は提携して，清浦内閣を特権階級による超然内閣だと批判し，憲政擁護運動を起こした（第二次護憲運動）。解散総選挙の結果，護憲三派とよばれた3党が政友本党に勝利し，第一党となった憲政会総裁の加藤高明が首相となった。これは帝国憲法下において，選挙結果を基準に政権が移動した唯一の事例となった。

　第1次加藤内閣は護憲三派の連立政権として成立し（護憲三派内閣），公約であった普通選挙法を成立させた。満25歳以上の男性に選挙権が与えられ，有権者数は全人口の約20％に達した。日露戦争後にはじまった，市民的自由や政治参加を求める政治・文化・社会面での民主主義的思潮は「大正デモクラシー」とよばれることが多い。そしてこのとき政党による政治が大衆の政治参加要求に応えたことは，約8年間にわたる政党内閣の時代をもたらす重要な契機となった。

　他方で，加藤内閣は幣原喜重郎外相のもと，日ソ基本条約を結んでソ連と国交を樹立したが，このことは普選法案の審議にも影響を与え

た。加藤内閣は枢密院の要求をうけて、選挙法改正とほぼ同時期に治安維持法を制定した。この法は「国体」の変革や私有財産制を否認する目的の結社を処罰対象とし、共産主義思想の影響拡大を防ぎ、普選にともなう労働者階級の政治勢力化に備えるものであった。言論・出版・集会の自由を重視するデモクラシーの思潮のもと、大規模な反対運動が発生したが、制定後はしだいに拡大解釈され、後年には国民の思想統制に広く用いられた。

二大政党政治の成立

普選成立後、政友会の高橋是清総裁は引退し、後任総裁となった田中義一（陸軍・長州）は護憲三派内閣への入閣を拒んだ。政友会は革新倶楽部を吸収し、衆議院は憲政会・政友会・政友本党に三分される形となった。議席を増やした政友会は、税制改革をめぐって憲政会と対立して護憲三派内閣を総辞職に追い込むと、かつて分裂した政友本党と提携して政権奪取をねらった。

後継の首相を天皇に推薦する元老は、すでに松方正義が死去していたため、西園寺公望のみとなっていた。西園寺は元政友会総裁であり、かつて中国に21ヵ条の要求を行なった加藤高明を嫌っていたが、今回はふたたび加藤を首相に推した。加藤が普選を実施し、幣原外相を起用して堅実な協調外交を貫いたことで、西園寺は加藤の評価を見直していたのである。第2次加藤内閣は憲政会単独政権となり、政友会と政友本党が野党となった。ところが1926年（大正15）の議会中に加藤首相が病死したため、憲政会総裁を継いだ若槻礼次郎内相が首相となった。

第1次若槻内閣下で、政党間の競合は激化し、スキャンダラスな事件の暴露が応酬された。若槻首相が偽証罪で告発された松島遊郭疑獄、田中総裁の資金源として疑われた陸軍機密費事件、政友会が政府の監督責任を追及した朴烈写真事件などである。与野党の対立は深まり、1927

年（昭和2）はじめの議会には政友会と政友本党が内閣不信任案を提出した。

これに対して，若槻首相は大正天皇（1926年末に崩御）の諒闇（喪）中であることを理由に，解散総選挙を選ばず，田中総裁らとの会見で辞職をほのめかして，不信任案を撤回させるとともに，ひそかに政友本党と提携を進めた。ところが両党の提携を知った政友会は，議会で攻勢に転じ，震災手形法案を攻撃して片岡直温蔵相の失言を引き出した。さらに若槻内閣は，台湾銀行救済の緊急勅令案を枢密院に否決されて総辞職した（第32章）。政党間の政争は，金融恐慌を引き起こし，日本経済に大きな打撃を与えた。

政変をうけて，元老の西園寺と後継首相の人選を相談した牧野伸顕内大臣は，「憲政の常道」により田中義一を推薦するむねを西園寺に伝え，政党政治を軌道に乗せたいと考えていた西園寺も同意した。田中内閣の成立をうけて，憲政会は政友本党と合同して立憲民政党を結党し，衆議院は政友会と民政党の二大政党が分立する状況となった。これ以降，1932年の五・一五事件まで，現首相の不慮の事態による内閣総辞職の後は与党の次期総裁が，政策の行き詰まりによる内閣総辞職の後は野党第一党の総裁が次の政権を担当する。この二大政党による政権交代の方式は「憲政の常道」とよばれている。

昭和初期には，政党政治を実施する環境が整いつつあった。第二次護憲運動によって，貴族院に対する衆議院の優位は明らかとなり，民意をうけて統一した政策を実行する政党の政治的比重は高まっていた。政党に批判的な軍部や枢密院，各省の官僚も少なくなかったが，政党政治の打倒は困難であった。ところが，中国をはじめとする国際関係の動揺は，軍部の発言権を強め，軍縮を基調とする政党との対立は強まった。あいつぐ恐慌による経済の沈滞も，政党批判の追い風となった。さらに二大政党間の対立は，政党外勢力の政府批判に野党が同調する傾向を強

め，政策の混乱を生んだ。成立したばかりの政党政治は，国内外の難題に直面するなかで，しだいに支持を失っていくのである。

中国統一と日本

辛亥革命以降の中国は，国民党が支配する南方地域（広州など）と，北京政府が支配する北方地域に事実上分裂していた。国民党を創設した孫文は，最晩年の1924年にソ連の支援をうけた中国共産党と提携した（第1次国共合作）。孫文死去後に国民革命軍の総司令となった蔣介石は，北京政府・北方軍閥の支配地域に攻勢をかけた（北伐）。

ところが国共合作により，北伐の過程で共産党の大衆動員による外国資本（工場など）の破壊，暴動，居留民への略奪などが発生したため，イギリスなどの列強は北伐に厳しい目を向けた。1927年には南京事件・漢口事件など，列強の軍隊と民衆が衝突する事件が多発した。イギリスは日本の武力に期待したが，日本は幣原外相（第1次若槻内閣）の方針のもと，中国への不干渉政策をとって共同出兵を拒否した。現地居留民を保護しない幣原外交に対して，陸海軍や枢密院・野党政友会からは強い批判の声があがった。

1927年4月，蔣介石は列強の支持を得るため反共クーデターを決行し，南京国民政府を樹立した。同月，日本では田中義一内閣（政友会）が成立し，居留民保護のための派兵を積極的に行う方針に転換された。田中首相は蔣介石の実力を認めるとともに，北京政府の張作霖による満洲の支配も支持して，両者の勢力が折り合うことを期待した。そこで北伐が華北におよぶと，田中首相は革命の妨害ではなく，居留民の保護を名目として，3度にわたって山東出兵を行なった。

しかし日本軍と国民革命軍は済南で衝突し，日本軍が一時済南城を占領する事態に発展した（済南事件）。さらに北伐が北京に迫ったため，満洲に脱出をはかった張作霖を，関東軍の一部が独断で殺害した（満洲

某重大事件)。国民革命軍と蔣介石は日本への敵視を強め，故張作霖の跡を継いだ張学良も日本を警戒して，1928年に国民政府との合流を宣言した（易幟事件）。北伐の完了によって統一された中国では，民族運動とくに反日ナショナリズムの主張が高まり，満洲権益の返還を求める声が強まった。張作霖との交渉で，日本の権益拡充をめざした田中外交は完全に失敗したのである。さらに田中首相は，昭和天皇に張殺害の真相公表を約束しながら，閣僚や陸軍の反対で撤回したために天皇の不興をかい，内閣は総辞職した。

国家改造運動の胎動

1929年（昭和4），立憲民政党総裁の浜口雄幸が内閣を組織した。田中内閣の後をうけて，浜口内閣は幣原喜重郎を外相に復帰させて，条件付きで中国に関税自主権を認めるなど，対中関係の改善をはかった。さらに緊縮財政の方針のもと，金解禁（第32章）を断行した浜口内閣は，英米列強との協調と軍事費のさらなる縮減をめざして，1930年にロンドン海軍軍縮条約を締結した。この条約は，ワシントン海軍軍縮条約で除外された補助艦の保有量を定めるものであった。

ところが，浜口内閣が海軍の求める対英米7割の保有量を満たさないまま条約調印に踏みきったことで，海軍軍令部・枢密院・野党政友会は反発し，内閣が軍（天皇）のもつ統帥権を干犯したとして激しく攻撃した（統帥権干犯問題）。浜口内閣は軍の同意は得たとして，強い姿勢で枢

図44 「ライオン宰相」とよばれた浜口雄幸

密院を屈服させ，条約を批准させた。だが浜口首相は東京駅で右翼に銃撃されて重傷を負った（翌年死去）。

　統帥権干犯問題は，私利私欲にふけって軍を軽視する政党が政治を動かしては，国家の安全がおびやかされるとの危機感を，陸海軍の青年将校や右翼に強く抱かせた。折からの昭和恐慌もあり，政党・財閥などの支配層が贅沢な都市文化を享受するいっぽうで，貧困にあえぐ農村には無策であることも，彼らの憤りを強めていた。軍縮への反発，政党・財閥への批判，農村の窮乏と階級社会への不満などにくわえて，反日ナショナリズムが高揚する中国や，日系移民排斥などを行うアメリカへの敵対心も高まっていた。

　1931年春，陸軍青年将校を中心とした桜会の橋本欣五郎らが，陸軍首脳の一部や右翼の協力を得て，宇垣一成陸軍大臣を首相に擁立するクーデターを計画したが，未遂に終わった（三月事件）。4月には浜口内閣が総辞職し，第2次若槻礼次郎内閣（民政党）が成立して，幣原喜重郎外相・井上準之助蔵相がともに留任した。外交・財政の大幅な政策変更が期待できないなか，右翼や関東軍の一部では，支配層へのテロや国内外での謀略などが計画され，急進的な国家改造運動の兆しが現われはじめていた。

【参考文献】
粟屋憲太郎『昭和の政党』（岩波現代文庫，2007年）
伊藤之雄『政党政治と天皇（日本の歴史22）』（講談社学術文庫，2010年）
筒井清忠『昭和戦前期の政党政治―二大政党制はなぜ挫折したのか―』（ちくま新書，2012年）

第34章 満洲事変

満洲の「危機」

　1920年代末，満洲の日本人には危機感が広がっていた。日本による満洲「経営」の中核としての満鉄（南満洲鉄道）が，慢性的な経営不振におちいっていたからである。日本人居留民の大半が直接あるいは間接的に満鉄に依存して生活していただけに，満鉄の不振がおよぼす影響は深刻であった。満鉄赤字の原因の一つは，1929年の世界恐慌のあおりを受けて大豆の輸出が激減したために，運賃収入が減少したことにあった。

　さらに危機感をあおったのは，中国の鉄道政策である。中国は満鉄包囲線とよばれる鉄道網建設計画を立て，大連に対抗する葫蘆島の築港計画を発表した。こうした動きは，満鉄やその他の在満権益を脅かした。そのうえ，満洲の張学良政権は「排日」政策によってさまざまな面での圧迫を強めた。その圧迫を受けて，在満日本人は，たんに権益だけでなくみずからの存在自体に対する危機感すらもつようになった。

　1931年（昭和6）7月，長春付近で朝鮮人入植者と中国人農民との間にトラブルが発生し，日本側の領事館警察と中国側の官憲を巻き込んだ衝突にまで発展した。中国側の迫害としてこの事件（万宝山事件）が誇大に報じられると，朝鮮では華僑に対する襲撃が多発し，これに対抗して中国では日本製品不買のボイコットがはじまった。

　この事件に引きつづき，満洲西部で日本軍人が中国官憲によって殺害されるという事件（中村大尉事件）が発覚する。中国側が殺害の事実を認めず，謝罪・賠償等の申し入れにも応じなかったことは，日本側を刺激した。満洲問題解決のため武力発動の機会を狙っていた関東軍作戦参

謀の石原莞爾は，陸軍中央に武力行使を訴えた。しかし，このとき陸軍中央は，この事件を武力発動の機会とは認めなかった。

そして9月18日夜，奉天郊外の柳条湖で満鉄の線路が爆破される（柳条湖事件）。関東軍はこれを中国軍の仕業とし，自衛のためと称して奉天を制圧した。

謀略と事変拡大

柳条湖事件は関東軍高級参謀の板垣征四郎と石原莞爾を首謀者とする謀略であった。関東軍はただちに奉天を含む満鉄沿線の要地を占領した。さらに居留民保護を名目として，満鉄沿線から遠く離れた地域にも進出し，そのため手薄となった南満洲の防備を理由に朝鮮軍に援助を要請した。

事件の報を受けた第2次若槻礼次郎内閣は9月19日，事態不拡大の方針を決めた。陸軍中央は朝鮮軍の満洲進出を政府に要請したが，認められなかった。しかし，朝鮮軍は，以前からの関東軍との了解にもとづいて，陸軍中央が政府の承認と天皇の裁可を得る前に，9月21日独断で国境を越えた。若槻内閣は，朝鮮軍の越境を追認してしまう。天皇の裁可を得ない独断越境は，柳条湖事件の謀略と同様，軍紀違反であったはずだが，うやむやに済まされた。

事変の数ヵ月前，陸軍中央の中堅軍人たちのあいだには，在満権益に重大な侵害が加えられた場合には武力を発動する，という合意が成立していた。彼らは，武力発動の前に内外の理解を得るために1年ほどの世論工作が必要であるとしていたので，柳条湖事件の発生は早すぎたが，関東軍が武力行使に踏みきった以上，その行動を支持することは当然とみなされた。

いっぽう，現地の石原や板垣にとって，武力発動はたんなる自衛や権益擁護のためだけではなかった。石原は満洲全土の領有をめざした。満

洲領有によって対ソ国防上有利な態勢を築き，豊富な資源を確保して自給自足圏を構築しようとしたのである。自給自足圏の構築は，総力戦を戦う前提条件であった。さらに石原は，武力発動によって対外的な危機をつくり出し，危機に対処することを名目として，国内改造に進むことをもくろんだ。柳条湖事件の謀略は，総力戦に備えるための国内改造の一環でもあった。

しかしながら，満洲領有に対しては陸軍中央の首脳はもちろん中堅層も同調しなかった。このため石原らは方針を独立国家樹立に軌道修正したが，これに対しても積極的支持があったわけではない。関東軍の武力発動に対する支持は，自衛・権益擁護という理由にもとづいていた。陸軍中堅層のあいだでも当初期待されたのは，張学良政権に代わる親日政権の樹立であった。

満洲国の樹立

関東軍の軍事行動はほぼ計画どおりに進行した。それを可能にした理由の一つは，中国側が武力抵抗を試みなかったことにある。事変勃発時に張学良は東北軍の主力を率いて北平（北京）に滞在していたが，満洲にはなお20万の大軍が存在し，これに対する関東軍の兵力は当初わずか1万余であった。しかし，蔣介石は張学良に対して日本側を刺激しないよう命じ，張学良も奉天の部下に日本との衝突を避けるよう指示していた。

この年の夏には長江一帯に大水害が発生し，伝染病が蔓延していた。共産勢力と軍事的に対決していた中国国民政府に，対日武力抵抗を試みる余裕はなかった。そのため中国は2つの方法によって日本の行動を抑制しようとする。対日ボイコットと国際連盟への提訴である。

しかし，ボイコットは関東軍の行動を止められなかった。国際連盟も中国の期待どおりには動かなかった。英仏等の大国は，日本の行動が権

益擁護の自衛措置である限り，日本の立場に配慮しつつ自制を求めた。国際的な圧力によって日本を抑制しようとした中国の期待は実現されなかった。

　現地では関東軍が独走する。ソ連を刺激することを懸念して北満進出を抑えていた陸軍中央の制止を振りきって，11月に要衝チチハルを占領した。満洲内政への関与を禁じた政府の方針に反して，独立国家樹立への動きを背後で促進し，新国家の首班に予定する清朝のラスト・エンペラー溥儀を，謀略による騒動にまぎれて天津から連れ出した。

　現地での事態拡大によって，権益擁護のための自衛行動という日本の主張は説得力を失いはじめ，国際連盟の対日不信が強まってゆく。それでも連盟は12月，日本の同意を得て現地への調査団派遣を決定し，問題を先送りした。

　いっぽう，日本国内では，事変拡大に呼応するかのように，陸軍の中堅将校を首謀者とするクーデター計画が発覚した（十月事件）。クーデターは計画がずさんで未発に終わったが，政府にとっては無言の圧力となった。軍部の台頭に対抗するため，与党民政党と野党政友会との協力内閣をめざす動きが生まれた。しかし，この協力内閣運動をめぐって若槻内閣は閣内不一致をきたし総辞職した。12月，これに代わって政友会の犬養毅内閣が登場する。

　犬養首相はまず，陸軍中堅将校に人望のある荒木貞夫を陸相に起用し，荒木を通じて陸軍をコントロールしようと試みた。また，古くから中国国民党要人と親しい犬養は，密使を派遣して事変解決をはかろうとした。しかし，犬養の秘密交渉の試みは，書記官長の森恪をはじめ閣内からの抵抗と軍部の反対にあい，挫折してしまう。また，荒木陸相に期待して陸軍の統制を回復しようとする試みも，その期待を裏切られた。

　1932年（昭和7）1月，上海で日本人居留民を巻き込んだ衝突事件が発生する。上海に駐在する陸軍軍人が，列国の関心を満洲からそらすた

めに，関東軍の板垣の要請に応じて画策した謀略がきっかけであった。現地で緊張が高まり，1月28日，ついに日本海軍の陸戦隊と中国軍とが戦火を交えるにいたった（第1次上海事変）。

　上海での戦闘は，日本本国から陸軍が派遣されて大規模化したが，イギリスの斡旋によって3月中旬には事実上の停戦が成立し，5月5日に正式に停戦協定が調印された。停戦協定によって，上海には中国軍の駐屯を認めない非武装地帯が設定された。

　上海事変で列国の注視が満洲から離れているあいだ，満洲では独立準備が進行し，ついに3月1日には溥儀を元首（執政）とする満洲国の建国が宣言された。国際連盟のリットン調査団が現地入りする前であった。満洲国は「王道楽土」「民族協和」という理念をうたったが，実権を握ったのは関東軍であった。

▍満洲国承認と国際連盟脱退

　関東軍の独走による現地の事態の急展開に押されて，陸軍中央は新国家樹立を容認した。犬養首相は満洲国の国家承認に否定的だったが，五・一五事件で暗殺されてしまう。

　満洲国の承認については，政府よりも議会やマス・メディアのほうが積極的であった。6月，衆議院は満洲国承認決議案を可決した。犬養内閣に代わる斎藤実内閣の外相に就任した内田康哉は，帝国議会で，日本は「国ヲ焦土ニシテモ」主張を貫くと述べた。9月15日，日本は日満議定書を調印して満洲国を正式に承認した。リットン調査団の報告書が発表される前であった。

　10月に公表されたリットン報告書は，関東軍の行動を自衛の範囲内にあるとは認めず，満洲国が住民の自発的な独立運動によって生まれたとも認定しなかった。ただし報告書は，事変前への原状復帰が望ましいとも述べなかった。中国の主権と領土保全の原則を前提としながら，軍

閥を排し，満洲における日本の権益と歴史的なかかわりを考慮した地方自治政府の形成が望ましいと指摘したのである。

　リットン報告書をめぐって国際連盟の臨時総会が開かれることになったとき，日本の関係者のあいだでは，英仏など大国による斡旋によって何らかの妥協がはかられるものと観測された。ところが，連盟で作成され採決にもち込まれたのはリットン報告書にもとづく勧告案であり，満洲国を承認した日本は，もはやそうした勧告案を受け入れようとはしなかった。1933年2月，政府は，勧告案可決の場合は連盟を脱退すると決定し，連盟総会が勧告案を可決すると，日本代表団は会場から退場した。

　国際連盟で論争が繰り広げられていたころ，満洲では熱河作戦がはじまっていた。熱河は満洲国の版図とされながら関東軍のコントロールがおよばず，張学良が満洲国を動揺させようとゲリラ部隊を浸透させていたので，関東軍は実力で熱河を掌握しようとしたのである。関東軍が熱河作戦を開始すると，張学良の東北軍20万を含む中国軍は，2週間足らずで潰走した。これに驚いた蔣介石は，東北軍に西北軍を合せた25万の大軍を長城の防衛戦に投入した。

　関東軍は中国軍の頑強な抵抗にあい激戦を交えたが，ようやく長城線を越え，5月，北平近郊にまで迫った。蔣介石は，抵抗をつづけてさらに失地を広げるよりも，一時的に屈して妥協をはからざるを得なかった。こうして5月31日，天津郊外の塘沽（タンクー）で日中両国の軍事当局のあいだに停戦協定が調印され，長城の南に広大な非武装地帯が設定された。満洲事変は，この塘沽停戦協定をもって一応のピリオドを打つことになる。

【参考文献】
臼井勝美『満洲事変―戦争と外交と―』（中公新書，1974年）
北岡伸一『政党から軍部へ（日本の近代5）』（中公文庫，2013年）
重光葵『昭和の動乱』上・下（中公文庫，2001年）

第35章 内政・外交の変質

陸軍の政治的台頭

　満洲事変の衝撃によって日本の内政と外交は変質のプロセスを歩みはじめる。とくに重大であったのは，事変拡大の過程で陸軍の政治的影響力がきわめて大きくなったことである。

　事変勃発以後の対外的危機すなわち「非常時」的状況は，国防を担う軍の発言力を強めた。天皇に対して首相を推薦する元老の西園寺公望は，陸軍の政治的台頭に対処するため一時的に政党内閣を回避し，挙国一致をかかげて諸政治勢力を束ねる非政党内閣によって，変調をきたした状況を乗りきろうとした。これが，海軍長老の斎藤実，岡田啓介，外交官出身の広田弘毅といった非政党人を首班とする，いわゆる中間内閣であった。政党内閣が不可能になったわけではないが，犬養内閣以後，敗戦まで，政党内閣が復活することはなかった。

　状況をさらに複雑にしたのは，最大の政治勢力にのし上がった陸軍が激しい派閥抗争におちいったことである。荒木貞夫陸相は，長州閥とそれを引きついだと見なされた宇垣閥に対する反感から，それまで不遇であった彼の仲間を抜擢した。荒木を中心とするグループは皇道派とよばれ，彼らを優遇する人事があまりに派閥的であったため，陸軍中堅層の期待を裏切った。また，荒木陸相は予算獲得の面での能力に欠け，中堅層の信頼を失った。そのうえ，荒木はみずからの権力基盤を強化するためか，反体制的になりかねない青年将校運動の活動分子を味方につけようとした。中堅幕僚層は，これを軍組織の統制を乱すものとして批判したが，対立する青年将校たちは彼らを統制派とよんで対抗した。

満洲事変以後の日本の内政と外交には，このような政党政治の凋落，陸軍の政治的台頭と派閥抗争がさまざまな局面で大きな影響をおよぼすことになる。

国体明徴運動と二・二六事件

1935年（昭和10）2月，貴族院で東京帝国大学教授美濃部達吉の憲法学説が国体に反するとして，その取り締まりを要求する質疑がなされた。統治権の主体を国家であるとする美濃部の学説（いわゆる天皇機関説）に対しては，神聖不可侵の天皇を国家の「機関」になぞらえる国体破壊の邪説であるとの批判が以前からあった。衆議院でも政友会所属の議員が美濃部を攻撃し，その著書を不敬罪で告発した。

3月に入ると，貴族院では政教刷新建議案が，衆議院では国体明徴決議案が可決された。陸相と海相は岡田啓介首相に機関説排撃を要望した。4月には，陸軍皇道派の真崎甚三郎教育総監が，機関説は国体に反すると全軍に訓示した。司法省は美濃部の著書を発売禁止とした。

その後，右翼団体や在郷軍人会を中心とした機関説反対の国体明徴運動が全国に広がる。機関説排撃の政府声明，美濃部の処分，機関説論者の政府高官更迭を要求する決議や意見書が，政府首脳に送りつけられた。8月，政府は声明を発表したが，反対運動はその内容が曖昧であるとして反発を強めた。10月，政府はふたたび声明を発表して，統治権の主体は天皇にあり，天皇機関説は国体に反すると表明した。国体明徴運動はようやく収束した。

国体明徴運動は，日本の政治を取りまく言説空間を変えた。曖昧で多義的な「国体」という言葉で，みずからの主張を正当化したり，対立する相手を非難・罵倒することが横行しはじめたのである。

このころ，陸軍の派閥抗争も激しさを増していた。真崎教育総監が罷免され，1935年8月，それを画策した統制派の中心人物として陸軍省

軍務局長の永田鉄山が，皇道派将校によって斬殺された。この陰惨な派閥抗争の延長上に二・二六事件が起きることになる。

翌年2月に発生した二・二六事件は，青年将校運動のクライマックスであった。決起した青年将校が約1400人の兵士を率いて，首相官邸，警視庁などを襲撃，一時，政治の中枢である永田町一帯を占拠した。内大臣，蔵相，教育総監が殺害され，侍従長が重傷を負った。決起将校は，「君側の奸」を除去すれば天皇の真意にもとづく「昭和維新」が実現されるはずだと考えたが，天皇は彼らを「反乱軍」と断じ討伐を命じた。「反乱軍」は決起の2日後に帰順し，事件は収束した。決起を支持する方向に動いた皇道派の勢力は失墜した。

二・二六事件後，陸軍の政治的影響力はさらに増大する。決起による軍事クーデターが成功したからではない。クーデターを鎮圧した勢力が，「粛軍」をかかげるとともに，事件の原因が政治にもあるとして，その改革を要求したからである。事件後の広田弘毅内閣の組閣のさいに，陸軍は一部の閣僚候補を自由主義的であるとして排除した。予備役に追いこんだ皇道派将官の復権を防ぐためと称して，軍部大臣現役武官制を復活させた。

▍日中関係安定化の試み

日中関係は，塘沽停戦協定後，小康状態に入りつつあった。蔣介石が「安内攘外」の方針を採用し，共産勢力の撲滅を優先して満洲奪回は先送りしたからである。中国は満洲国との連絡にかかわる実務上の協議に応じ，1934年，鉄道連絡（通車）に関する合意，郵便の交換（通郵）に関する合意が成立した。中国側は満洲国承認にかかわる事項を一貫して拒否したが，実務上の合意の成立により華北の事態は安定化に向かった。

同年11月，蔣介石は共産勢力の本拠である江西省の瑞金を陥落させ，権力基盤を強化した。日本は，外相の広田弘毅と次官の重光葵が，

国民政府内の親日的とみられたグループとの協力を通じて日中提携をはかろうとする。1935年1月，帝国議会で広田外相は中国に対する不脅威・不侵略を唱え，5月に日中両国は，常駐外交代表を公使から大使に昇格させた。

ところが，このような日中親善に逆行する動きもはじまる。同年6月，天津で発生した親日派暗殺事件を国民党のテロ組織によるものであるとして，支那駐屯軍は国民党機関や中央軍の河北省撤退を要求し，受け入れさせた（梅津・何応欽協定）。察哈爾省の張北でも，関東軍が中国軍の長城以南撤退，反日機関の解散などを要求し，これを認めさせた（土肥原・秦徳純協定）。

このように出先軍人の策動は，安定化しつつあった日中関係に冷水をかけた。彼らは，失地回復をあきらめない国民政府の本質を「抗日」であるとみなし，華北にそのコントロールがおよぶことをはばもうとした。対ソ戦の場合，国民政府は抗日のためにソ連に協力するかもしれない，と警戒したのである。

ただし，関係安定化をめざす試みが断念されたわけではない。日中関係全体を改善するための原則として日本では，関係各省の協議により，①中国の排日言動の徹底的取締と欧米依存政策からの脱却，②満洲国独立の黙認（できれば正式承認），③防共のための協力，という方針がまとまった。これが広田三原則である。同年10月，広田外相はこの三原則を中国側に提示した。だが，広田三原則は日本側の一方的な要求に終始しており，中国側が受け入れる余地は小さかった。

華北分離工作

満洲事変の目的の一つは，対ソ戦略態勢を有利にすることであったが，北満洲という緩衝地帯がなくなったため，日本の脅威を深刻に受け止めたソ連は，極東の軍備強化に訴えた。その結果，日本は満洲事

変以前よりも戦略的にソ連に対して劣勢となった。陸軍はソ連を仮想敵国としてきたが，当面は対ソ戦を避け，軍備強化につとめるとともに，外交的にソ連を牽制しようとする。それが1936年（昭和11）11月の日独防共協定の締結につながることになる。

日独両国はともに国際連盟を脱退しており，対ソ関係の面でも利害の共通性があった。防共協定の交渉をはじめたのはドイツ駐在陸軍武官であり，その点で陸軍による外交介入の典型的なケースであった。じつは外務省も「防共」という理念を用いて，連盟の枠外で国際協調の道を模索していた。外務省は，ドイツ以外にイギリス，オランダなどにも働きかけたが，協定が成立したのはドイツだけであり，結果的にはドイツと対立する英仏との関係を悪化させてしまった。

外務省で「防共」外交を推進したのは重光である。重光は，「防共」を強調することによって，関東軍の関心を北方のソ連に向け，中国への干渉を抑制しようとした。しかし，事態は重光のもくろみどおりには動かなかった。

1935年11月，中国が幣制改革を断行し，経済的な面で国家統一を進めると，現地の日本軍はこれに猛反発する。関東軍や支那駐屯軍は，華北の軍閥を国民政府から分離させる工作（華北分離工作）を強行する。その結果，河北省東部の非武装地帯には国民政府から分離した冀東防共自治政府が成立した。北平には国民政府の地方行政機関として冀察政務委員会が設置された。これは国民政府，現地の軍閥，そして出先日本軍の三つ巴の暗闘から生まれた妥協の産物であった。

日本軍の華北分離工作によって，国民政府では，いわゆる親日派の影響力が低下した。汪精衛（汪兆銘）は何者かに狙撃され，行政院長兼外交部長を辞任した。汪の右腕として対日外交を担当してきた外交部高官は暗殺された。国民政府内の親日派との協力によって対中関係を安定化させようとしてきた広田・重光の外交は，その前提を失った。そして上

海,成都,北海,漢口などで日本人殺害事件があいついで発生し,日中関係をこじらせてしまう。

いっぽう,関東軍は,内蒙古の独立をめざす蒙古王族の徳王に協力し,内蒙工作を推進していた。1936年11月,徳王は支配地域を拡大するため綏遠省に侵入したが,中国軍に敗れて潰走した(綏遠事件)。中国では,この勝利が関東軍を打ち破った大勝利であると大々的に報じられた。綏遠事件は中国の抗日感情を昂揚させ,日本に対抗する自信を回復させた。

そして12月12日,西北の共産軍との戦いを督戦するため西安を訪れた蔣介石を,張学良が拘禁するという衝撃的な事件が起こる(西安事件)。最終的に蔣介石は釈放されたが,その後,中国は張学良が要求した内戦停止・一致抗日の方向に進んだ。

西安事件の衝撃を受けて,日本では,国民政府による統一を肯定的に評価する中国再認識論が説かれ,政府や軍の一部でも,華北分離のような政治工作を停止して,経済提携に重点を置く協力関係を築くべきだという主張が唱えられた。しかし他方では,関東軍のように,日本が従来の立場から後退すれば,中国の「排日侮日」の態度を増長させるだけだと断じる主張も依然として強力であった。

中国では抗日の気運が高まり,日本では対中政策の見直しをめぐって方針が一定しない状況のなかで,盧溝橋事件が発生する。

【参考文献】
高橋正衛『二・二六事件―「昭和維新」の思想と行動―』増補改版(中公新書,1994年)
服部龍二『広田弘毅―「悲劇の宰相」の実像―』(中公新書,2008年)
松本重治『上海時代―ジャーナリストの回想―』上・下(中公文庫,1989年)

第36章 日中戦争

▎盧溝橋事件とエスカレーション

　1937年（昭和12）7月7日夜，盧溝橋近辺で夜間演習中の日本軍と中国軍との間に小競り合いが生じた。この事件に対し，政府は事態不拡大・現地解決の方針をとったが，陸軍では，事件への対応をめぐり，いわゆる拡大派と不拡大派との対立が生じた。拡大派は，内地からの派兵によって中国を武力で威圧し，懸案の解決をはかろうとした。不拡大派は，派兵すれば事態が拡大し日本は泥沼のような中国との戦いにおちいってしまうと警告し，当面は満洲国の育成に専念するため中国との正面衝突を避けるべきだと説いた。拡大派といっても中国との全面戦争を意図していたわけではない。彼らは，華北で中国に一撃を加えればその屈服をうながし，むしろ事件の早期解決につながると判断したのである。

　7月11日，近衛文麿内閣は華北の事態を「北支事変」と命名し，華北への派兵を決定するとともに，各界要人を首相官邸にまねいて政府への協力を要請した。政府も陸軍拡大派と同様，威圧すれば中国は容易に屈服するとみなしたのである。日本は朝鮮と満洲から華北に増援部隊を送り，内地からの動員・派兵を決定した。その後，現地の事態沈静化が伝えられて内地からの派兵は中止され，約3週間，日中両軍の本格的な戦闘はなかったが，紛争解決の糸口もつかめなかった。

　日本の派兵による威圧に対して，中国は強力な中央軍を北上させてこれに対抗した。武力抵抗を避けた満洲事変のときとは異なる対応であった。日中両国とも妥協を拒み紛争をエスカレートさせた。そのエスカレーションのはてに，7月28日，支那駐屯軍は総攻撃を開始する。不拡

大派の参謀本部作戦部長石原莞爾は，派兵に反対していたが，中国中央軍の北上が華北の日本人居留民に脅威を与えているとして，内地3個師団の派兵と華北での総攻撃に踏みきったのである。

戦闘は日本軍の有利に進み，7月末には天津を占領，8月初旬には北平に入城した。ところが，華北の戦いが一段落したころ，戦火は上海に飛び火する。8月13日，海軍陸戦隊と中国軍が衝突（第2次上海事変），翌14日，中国空軍は上海に停泊している日本海軍艦船を爆撃した。

上海の居留民と権益の保護に責任をもつ海軍は，陸軍部隊の派遣を要請する。陸軍は上海への派兵に消極的であったが，結局は海軍の要請に応じざるを得なくなる。8月15日，日本政府は上海への派兵を声明し，9月2日には「北支事変」の呼称を「支那事変」に変えた。だが，事態は「事変」を超えて全面戦争の様相を帯びていた。

「事変」の長期化

事態が全面戦争の様相を帯びたころ，日本では宣戦布告の是非が検討された。検討の結果，宣戦布告は見送られた。宣戦を布告した場合，アメリカの中立法が発動されて，軍需物資の輸入ができなくなることが懸念されたのである。中国も日本に宣戦を布告しなかった。

戦場では，上海での戦闘が膠着状態におちいった。日本軍は中国軍の堅固な陣地を抜くことができなかった。しかし，11月上旬，ようやく戦局が動く。日本軍が杭州湾の上陸に成功し，側背に脅威を受けた上海の中国軍は雪崩をうって敗走する。それを急追した日本軍は奔馬のような勢いで首都南京に迫り，12月13日南京は陥落した。そのさい，日本軍による一般市民や捕虜の大量殺害という蛮行がなされた。

戦局の進展にともない，第三国の仲介による和平が模索された。仲介役を引き受けたのはドイツである。ドイツは，防共協定を結んだ日本と政治的友好関係にあり，中国とは武器輸出を通じて経済的に密接な関係

にあったうえ、軍事顧問団を派遣していた。ドイツ仲介の和平工作（トラウトマン工作）は、しかし、南京陥落後、日本が和平条件を加重したため成功しなかった。1938年（昭和13）1月16日、日本政府は「爾後国民政府ヲ対手トセス」との声明を発表して和平工作を打ち切った。「対手トセス」とは、国民政府「否認」を意味するものとされ、その後の「事変」解決を難しくしてしまう。

　南京攻略の後、日本軍は同年5月、要衝の徐州を陥落させ、6月には漢口作戦を開始し、中国軍の頑強な抵抗と、過酷な地勢や気候に悩まされながら、10月下旬武漢三鎮を攻略した。ほぼ同時に広東も占領した。日本は天津、青島、上海、広東という主要港湾都市を占領し、北京、南京、漢口という内陸の中枢都市を攻略した。にもかかわらず、重慶に首都を移した国民政府を屈服させることはできなかった。そして日本の軍事能力は広大な占領地の確保だけで手いっぱいで、ほぼ限界に達しつつあった。

　こうして軍事力以外の手段による解決が模索された。その一つが汪精衛（汪兆銘）に対する和平の試みである。この工作にはさまざまの思惑がからんでいたが、1938年12月、汪が重慶を離脱したとき、彼は日本にも重慶政権にも属さない第三勢力として和平運動を展開することを構想していた。ところがその後、汪は、日本占領地の南京に和平政権を樹立するという方針への転換をはかる。

　その和平政権は、1940年（昭和15）3月末に成立した。日本が同政権を承認したのは8ヵ月後の同年11月末である。その間、日本は蒋介石政権との直接和平を試みて、結局、失敗した。汪精衛政権はその統治地域が実質的に日本軍に占領されており、日本による過剰な干渉と監督を受けた。和平による実績を挙げて統治下の住民の支持を得ることはできず、占領地管理のための日本の傀儡に堕してしまった。

新体制運動

　日中戦争勃発後，日本陸軍は新設師団や既設師団の動員のために，1937年（昭和12）末には武器・弾薬の供給が追いつかなくなった。その後も師団増設があいつぎ，1938年末の段階で戦場に約85万の兵力を注ぎ込んでいた。いっぽう，海軍も1936年に軍縮条約体制を離脱してから軍備拡張を進め，アメリカ海軍とのあいだで激しい軍拡競争を繰り広げた。

　日本経済は，日中戦争前，高橋是清蔵相によるすぐれた財政政策もあって，列国のなかでいち早く世界恐慌から立ち直ったが，軍拡の負担は高橋財政の成功を帳消しにしてしまう。そして日中戦争勃発後，日本は経済統制によって準戦時下の経済負担を乗り切ろうとする。その代表的な例が1938年に制定された国家総動員法である。経済統制の進行は，陸軍が推し進める国家総動員態勢の構築と方向を同じくしていた。

　日中戦争の長期化にともない軍の発言力が強まることは避けがたかった。1937年11月に大本営が設置されたとき，政戦両略の一致をはかるため大本営政府連絡会議が設けられたが，うまく機能しなかった。そのため第1次近衛内閣は首相・外相・蔵相・陸相・海相からなる五相会議を設置し，統帥部（参謀本部と海軍軍令部）を外して日中戦争を指導しようとした。だが，これも成功しなかった。

　近衛は，首相を辞めたのち，政党に代わる新しい政治組織を結成して陸軍に対抗しようとする。この政治運動は新体制運動とよばれた。諸政党もこれに便乗し，1940年にはつぎつぎとみずから解党して，この運動に加わった。陸軍も，ナチス流の一国一党を期待して新体制運動を支援した。同年10月，新体制運動は第2次近衛内閣の下で大政翼賛会を誕生させたが，陸軍に対抗する諸政治勢力の結集とはならず，陸軍が期待した一国一党にもならなかった。

こうした動きの背景には,議会政治や政党政治に対する不信があった。財閥(ざいばつ)や地主など既得権(きとくけん)層を代弁しがちな政党では,汲み上げられない利益や要求が日本社会に蓄積され国民の不満が鬱積(うつせき)していた。新体制運動には,そうした利益や要求を政治に反映させ国民を再統合しようとする一面もあったのである。このような動きの一翼を担ったのは革新官僚とよばれた少壮(しょうそう)官僚たちであったが,彼らも主導権を握ることはできなかった。大政翼賛会は,保守的な旧政治勢力と,互いに矛盾する目標をもったさまざまな革新勢力（官僚,軍,無産政党など）との寄せ集めとしかならなかった。

欧州大戦と三国同盟

　日中戦争長期化の過程で英仏米は,日本の行動を九ヵ国条約やパリ不戦条約違反と非難し,日本は,そうした条約がもはや東アジアの事態にはそぐわないと反論した。英仏米との関係が悪化すると,これと対立する独伊の陣営に日本は傾斜する。1937年11月にイタリアが防共協定に加入し,やがて防共協定を同盟に強化しようという構想が具体化する。日本は対象をソ連とする同盟を望んだが,ドイツは英仏をも対象に含むことを主張した。陸軍はドイツの主張に同調し,海軍や外務省は英仏を対象とすることに反対したため,1939年（昭和14）1月に近衛内閣を引き継いだ平沼騏一郎(ひらぬまきいちろう)内閣では五相会議で約70回も協議したにもかかわらず,結論を出すことができなかった。

　同年8月下旬,独ソ両国は突如,不可侵(ふかしん)協定を結び世界を驚かせる。なかでも日本が受けた衝撃は大きかった。日本は5月以来,満洲国とモンゴルとの国境線をめぐりノモンハンでソ連と事実上の局地戦争を激しく戦い,大きな犠牲を出していたからである。ソ連を対象として同盟を結ぼうとしてきた日本はドイツに裏切られる結果となった。平沼内閣は,ヨーロッパ情勢が「複雑怪奇(ふくざつかいき)」であるとの声明を発表して総辞職し

た。

　同年9月，ドイツのポーランド侵攻によりヨーロッパで戦争が始まる（第二次世界大戦）。日本は，この戦争を「第二次欧州大戦」とよび，戦争「不介入」政策をとって，日中戦争と欧州大戦とを分離した。平沼内閣につづく阿部信行内閣と米内光政内閣は，英米との関係改善を模索したが，成果を挙げることはできなかった。

　1940年（昭和15）5月，ヨーロッパの戦局が一変する。ドイツの快進撃によってノルウェー，デンマーク，オランダ，ベルギー，フランスが降伏し，イギリスの命運も風前の灯のようにみえた。イタリアはドイツ側に立って参戦した。日本では，ふたたび独伊との同盟論が浮上した。力の真空地帯となった東南アジアの列国植民地への進出を唱える主張も大きくなった。独伊との同盟にも南進にも消極的とされた米内内閣は退陣を余儀なくされた。

　再登場した第2次近衛内閣のもとで，同年9月，日本は日独伊三国同盟を結び，北部仏印（フランス領インドシナ）に進駐した。かつて日本はソ連を対象とした三国同盟を望んだが，ここで実現したのは南進のための同盟であった。そして，三国同盟と南進とによって，日本は，日中戦争と欧州大戦とを結びつける方向に突き進んだのである。

【参考文献】
石射猪太郎『外交官の一生』（中公文庫，1986年）
石川達三『生きている兵隊』（中公文庫，1999年）
臼井勝美『新版　日中戦争―和平か戦線拡大か―』（中公新書，2000年）
筒井清忠『近衛文麿―教養主義的ポピュリストの悲劇―』（岩波現代文庫，2009年）
秦郁彦『南京事件―「虐殺」の構造―』増補版（中公新書，2007年）

第37章 太平洋戦争

南進と開戦

　日本の武力南進の前に立ちはだかったのはアメリカである。ドイツを主敵とするアメリカにとって、国防の第一線はドイツと死闘を戦っているイギリスであり、日本の南進はそのイギリスと東南アジアの植民地やオセアニアの自治領との連絡を絶ち切る脅威(きょうい)を与えた。

　日本の南進の究極の狙いは、オランダ領東インド（現在のインドネシア）の石油資源にあった。これを外交的手段で確保できず武力を行使する場合、イギリスと戦うことは避けられないと判断された。問題は、そうした場合、アメリカが対日参戦するかどうかであった。1940年（昭和15）夏の時点で日本は、アメリカの参戦の可能性は低いと判断して南進を強行し、アメリカに対する牽制(けんせい)を強めるために三国同盟を結んだのだったが、屑鉄(くずてつ)の禁輸というアメリカの制裁を引き出してしまった。対米抑止をはかった三国同盟は逆効果をもたらした。

　その後、楽観的な武力南進論は後退し、日本は南進のために武力を行使する事態を2つのケースに限定した。対日経済制裁によって「自存自衛」への脅威が高まった場合と、米英中蘭（ABCD）の対日包囲陣が強化された場合である。また、アメリカに対する抑止を強めるため、日本は1941年（昭和16）4月、日ソ中立条約を結んで日独伊ソの四国協商を成立させたかにみえたが、その2ヵ月後に独ソ戦が勃発、四国協商はあえなく崩れてしまった。

　同年7月、日本は南部仏印に進駐する。この行動にはいくつかの動機がからんでいたが、致命的なことにアメリカの反応を読み誤っていた。

アメリカはただちに石油の禁輸，在米日本資産の凍結という制裁を発動した。これは，南進のために武力を行使すべきであると想定されていた事態にほかならないと判断された。日米間では4月以来，戦争回避のための交渉が続けられていたが，御前会議はこの交渉に期限を設定し，期限内に交渉がまとまらなければ対米開戦に踏み切る，と決定した。

　日米交渉で主要な論争点となっていたのは中国からの撤兵である。アメリカは早期撤兵を要求したが，日本では陸軍がこれを拒んだ。その背後には，1941年末までに日中戦争の戦死者が18万を超えるという事実があった。陸軍は，この犠牲を無にして簡単に撤兵はできないと主張したのである。

　陸軍のかたくなな態度のために第3次近衛内閣は総辞職し，頑固な陸軍を代表した陸相の東条英機が後継首相となった。ところが，戦争回避を望む天皇の意向が伝えられると，東条は以前の御前会議決定を「白紙還元」して審議をやり直す。東条は首相のほかに陸相と内相を兼任した。それは戦争回避となった場合に，軍や右翼の主戦論者による混乱を抑えるためであった。

　東条のもとで開戦をめぐる審議が再開されたが，議論は新たな方向には発展しなかった。そうするうちに，アメリカからこれまでの交渉の経緯を無視するかのような提案がなされた（ハル・ノート）。日本はこれを最後通牒と受け取り，12月1日開戦を決定した。政治と軍事の指導者が責任をもって開戦の合意に達した以上，立憲君主としての天皇はそれを拒むことはできなかった。

戦争の理念

　太平洋戦争開戦の詔書には，米英中蘭の列国から経済的・軍事的に圧迫されたがゆえに，日本は「自存自衛」のために戦争に訴えざるを得ない，という趣旨が記されている。ただし，この場合の「自存自衛」と

は，日本本国だけのことではなく，植民地の台湾と朝鮮，南洋の委任統治領，事実上の保護国としての満洲国，日中戦争によって肥大化した中国における諸権益などを合わせた日本「帝国」の存続と防衛を意味していた。また，列国から圧迫を受けたことは事実としても，その圧迫の大部分は日本の行動が引き起こしたものであった。

　自存自衛と並んで，日本は「大東亜新秩序の建設」も戦争目的であると標榜した。日中戦争長期化の過程で，1938年（昭和13）に日本は「東亜新秩序の建設」を戦争目的であるとうたっていたが，こうした目的を政府が打ち出したのは当時，国民の多くが何のために中国と戦っているのか理解できなかったからである。だが，この戦争目的はあまりに抽象的すぎて，かえって理解を困難にした。

　大東亜新秩序は東亜新秩序を受け継ぎ，やはり曖昧で，しばしば矛盾する意味に理解された。たとえば，新秩序が欧米列国による植民地体制の打破を意味することは共通の理解だったが，日本が新秩序の「盟主」となることを主張する者があるいっぽうで，解放された植民地の独立を支援することを論じる者もあった。

　1943年（昭和18）11月，東京で大東亜会議が開催され，大東亜共同宣言が発表された。この宣言は，大東亜各国の自主独立，人種差別撤廃，資源開放などをうたい，はじめて新秩序の内容を明確にした。日本が盟主であるとの文言はなく，かかげられた理念も普遍性を帯びていた。だが，そこには，連合国の反攻に対して劣勢となった日本が，戦争遂行のために，東南アジア各地住民の協力を引き出したいという思惑がからんでいた。そして，その後の日本の行動は，植民地独立支援よりも，むしろ現地の協力を強制的に引き出す方向に向かったのである。大東亜共同宣言の理念は空疎なものとなってしまった。

　少なからぬ日本人が大東亜解放の理念に共鳴して植民地独立に協力した。しかし，国家としての日本が理念実現のために真剣に努力したわけ

ではない。日本はむしろ欧米の植民地権力に代わる新たな占領者としてのぞんだ。東南アジアの独立運動は日本を利用しつつ，日本に抵抗して進んだのである。

戦局の推移

　開戦時の日本の戦争計画は，東南アジアの戦略的要衝と主要交通線を確保して長期不敗態勢を築き，中国を屈服させるとともに，ドイツ・イタリアと協力してイギリスを屈服させ，アメリカの継戦意志を喪失させる，というものであった。強大な国力を有するアメリカを軍事的に敗北させることが不可能であることは軍人たちもよく理解していた。

　緒戦段階はほぼ計画どおり進んだ。日本軍はハワイ真珠湾のアメリカ艦隊を撃滅し，その後，シンガポール，ジャワ，フィリピン，ビルマの攻略に成功した。士気の低い植民地軍が相手とはいえ，南方の戦略的要衝を攻略し主要交通線を確保した。ところが，第二段作戦をめぐって陸海軍のあいだで論争が起きる。陸軍は当初の計画どおり戦略守勢に入ろうとし，海軍は攻勢継続を主張した。海軍内部でも，真珠湾奇襲を成功させた山本五十六の連合艦隊と軍令部とのあいだに論争があった。妥協の産物としてミッドウェーを攻略することになったが，1942年6月のミッドウェー海戦で連合艦隊は敗北を喫し，貴重な空母戦力を大きく減らしてしまう。

　いっぽう，南太平洋のガダルカナル島では，制空権と制海権を失ったうえ，米軍の反攻を過小評価して敗北を重ね，補給・食糧が途絶えて同島は日本軍にとって「餓島」となった。1943年（昭和18）2月，日本軍は撤退を開始したが，戦死者は餓死者を含め2万5000を数えた。

　致命的だったのは，ニューギニア方面の陸戦でも空戦でも米軍と消耗戦を重ねたことである。消耗戦である以上，国力の大きなほうが優位に立つことは明白であった。日本にとってはパイロットの損耗が痛手だっ

た。同年9月，日本は「絶対国防圏」を定め，あらためて戦略守勢を固めようとしたが，絶対国防圏は米軍の進撃の前にすぐ破られてしまった。1944年6月，委任統治領のサイパンが陥落し，同月のマリアナ沖海戦と10月のレイテ沖海戦で日本海軍は艦船の主力部分を失った。サイパンを獲得した米軍は，ここを基地として日本本土空襲が可能となった。

このころから特攻がはじまる。死を必然とした特攻は「統帥の外道」と言われてきたが，日本軍は特攻をたんに非常のさいの例外的な攻撃としたのではなく，特攻のための兵器を開発し，訓練を実施し，作戦を立案したのである。沖縄での航空作戦や海軍作戦は特攻にほかならなかった。本土決戦も特攻を前提としなければ成り立たなかった。

サイパン失陥で敗戦は必至となった。しかし，戦争はそれから1年以上も続いた。

終　戦

敗戦が濃厚となり勝利の展望を失ってから日本がめざしたのは，敵に一撃を与えたうえで妥協によりできるだけ有利な和平を勝ち取ることであった。1944年（昭和19）7月，東条内閣に代わった小磯国昭内閣がフィリピンでの決戦を呼号したのも，そこで米軍に打撃を与え和平の糸口をつかもうとしたからである。しかしフィリピンでは決戦自体が成り立たず，沖縄決戦も戦略持久をはかって本土決戦準備の時間稼ぎに役立てようとするだけであった。そして連合国は，1943年11月のカイロ宣言で表明した対日無条件降伏要求から後退するそぶりを見せなかった。

一撃和平が無理だという判断が浮上するのは，1945年4月鈴木貫太郎内閣が登場してからである。同年5月ドイツが降伏すると，天皇や木戸幸一内大臣，東郷茂徳外相らの和平派は，徹底抗戦を主張する陸軍を説得し，ソ連の仲介によって無条件降伏ではない和平を求めることを了

解させた。日本はソ連に働きかけたが，ソ連は日本の窮状を知りつつ，その働きかけをはぐらかした。

　7月26日，連合国はポツダムで日本に降伏をうながす共同宣言を発表した。鈴木首相はこのポツダム宣言を「黙殺」する（ignore）と語ったが，それが外国では拒絶する（reject）と訳された。8月6日に広島に原爆投下，9日にはソ連が中立条約に違反して対日参戦し，2発目の原爆が長崎に投下された。同日，御前会議は，「国体護持」を条件にポツダム宣言を受諾すると決定した。これに対するアメリカの回答は曖昧だったが，14日御前会議はあらためて宣言受諾を決定した。

　終戦（降伏）の決定は天皇の「聖断」によるものだったとされる。開戦は政軍指導者の意見が一致したため，天皇はこれを承認しなければならなかった。しかし，ポツダム宣言受諾をめぐっては，政軍指導者の意見が真っ二つに割れ，天皇の判断が仰がれた。「聖断」を引き出したのは鈴木首相と木戸内大臣の巧みな連係プレーであった。

　降伏の決断の遅れは，2発の原爆投下とソ連の参戦を招いてしまった。しかし，北方領土をのぞきソ連による分割占領を防いだという点では，危ういところで間に合った。なお，1937年以降の戦没者は約310万人，そのうち軍人・軍属をのぞく，いわゆる民間人の死者は約80万人を数えた。

【参考文献】
須藤眞志『ハル・ノートを書いた男―日米開戦外交と「雪」作戦―』（文春新書，1999年）
波多野澄雄『幕僚たちの真珠湾』（読みなおす日本史，吉川弘文館，2013年）
森山優『日本はなぜ開戦に踏み切ったか―「両論併記」と「非決定」―』（新潮選書，2012年）
読売新聞社編『昭和史の天皇』1〜4（中公文庫，2011〜2012年）

第38章 占領と講和

「大日本帝国」の崩壊

　1945年（昭和20）8月15日正午，ポツダム宣言の受諾を告げる玉音放送により，「帝国臣民」は敗戦の事実を知らされた。玉音放送は日本本土のみならず，戦前に日本の内地であった樺太・千島，外地とよばれていた朝鮮や台湾，委任統治領であった南洋群島，さらには日本の傀儡国家であった満洲国や，中国および南方の占領地域にも流された。戦前の「大日本帝国」を構成するほぼ全域に史上はじめて流れた天皇の肉声は，皮肉にもその崩壊を告げるものとなった。

　ポツダム宣言により，日本の主権は，本州・北海道・九州・四国および連合国が決定する諸小島に局限された。戦争終結時，日本本土以外の旧帝国圏には約353万人の軍人・軍属が展開しており，彼らはポツダム宣言に従って武装解除を行い，各種の労務などに従事しつつ，1948年1月までにおおむね復員を完了した。また，300万人を超える海外所在の民間人は，在外資産を現地に残したまま全地域から本国へ引揚げることを余儀なくされた。これら復員・引揚げのプロセスは苦難に満ちたものとなり，多くの問題が生じた。

　中国東北部（満洲）や樺太・千島では，ソ連によって約60万人の日本軍兵士や民間人がシベリア等に移送され，強制労働に使役された（シベリア抑留）。その帰還は1946年12月に開始され，1956年の日ソ国交回復時に完了したが，約6万人が死亡したとされる。東南アジアでは，英国によって10万人を超える作業隊が約1年間の残留延長を強いられたほか，インドネシアやベトナムなどでは，残留日本兵が独立戦争

にかかわった。中国山西省でも約2600人の日本軍人が現地に残留して国共内戦に参加し、約550人が命を落とした。また、技術者や医療関係者を中心に多くの日本人が国民党軍や共産党軍によって「留用」された。満洲からは100万人を超える民間人が引揚げたが、過酷な退避行の途中に戦闘や飢餓、集団自決などによって多くの人が犠牲になるとともに、数千人におよぶ「残留孤児」や「残留婦人」が生じた。

　こうして、明治維新から約80年の歳月を経て膨脹した「大日本帝国」は急速に崩壊した。そのいっぽうで、アジア各地では独立運動が活発となり、同時に、日本の撤退により軍事的・経済的空白地帯となったこれらの地域は、アジア冷戦の舞台と化したのである。

連合国の占領政策

　ポツダム宣言の受諾と降伏文書の調印によって、日本は米国を中心とする連合国の占領下におかれた。占領軍の主体となったのは米軍であり、1945年（昭和20）8月末に日本本土への展開を開始した米陸軍は、同年11月初旬までに北海道から九州にいたる本土各地への進駐を完了した。占領行政は日本政府を介した間接統治方式がとられ、10月1日に連合国軍最高司令官総司令部（GHQ／SCAP）が発足したことにより本格化した。対日占領政策の最高決定機関としては極東委員会がワシントンに置かれ、また最高司令官マッカーサーの諮問機関として対日理事会が東京に置かれるなど、米国以外の連合国が占領政策に関与する枠組みもつくられたが、実際にはマッカーサーが指導力を発揮した。

　初期占領政策の目標は、日本の非軍事化と民主化の徹底にあった。改革の対象は、日本軍の武装解除や陸海軍省の解体、軍需工場の閉鎖、選挙法改正、労働改革、教育改革、農地改革、財閥解体、公職追放など、政治、経済、社会のあらゆる分野におよび、とくにGHQの民政局や経済科学局などのニューディーラーが先頭に立って改革にあたった。

とくに米国の頭を悩ませたのは，天皇と天皇制をどう処遇するかという問題であった。米国内では天皇を訴追して天皇制を打倒すべしとの声が高まっていたが，日本政府は一貫して「国体護持」を至上命題としており，円滑な間接統治を実施するためには天皇の影響力を利用することが望ましいと考えられた。1945年9月27日に昭和天皇と会談したマッカーサーは，以後，天皇を占領の協力者とする方針をとるようになり，天皇は1946年元日の「人間宣言」によってみずからの神格を否定し，国民とともに「新日本ヲ建設」することを宣した。マッカーサーはただちにこれを歓迎する声明を発表し，同月末には，天皇を戦犯として裁くべきではないとの勧告を米本国政府へ送付した。

　しかし，連合国内ではなお天皇処罰の意見が強く，天皇の戦争責任や戦犯裁判に権限を有する極東委員会の第1回会議の開催（1946年2月26日）までに天皇制存続の方向性を決定づける必要があった。そこで焦点となったのが憲法改正問題であった。

　日本政府はマッカーサーの指示を受けて，1945年10月から憲法問題調査委員会を発足させて草案の起草作業を行なっていた。しかし，GHQは日本政府案を保守的であるとみなし，マッカーサーは三原則（①天皇制の維持，②戦争放棄，③封建制度の廃止）をホイットニーGHQ民政局長に示して憲法草案の起草を命じた。これにより民政局内では1946年2月4日から9日間で憲法草案を完成させ，2月13日に日本政府に提示した。日本側はこれに驚愕したが，GHQ草案の内容にそった「憲法改正草案要綱」を3月6日に発表し，その後，帝国議会において審議・修正された新憲法案は同年11月に公布され，翌1947年5月に施行された。

　こうして天皇を戦犯として訴追することが避けられるとともに，天皇制は新たに象徴天皇制として存続することとなり，新しい日本のかたちが定まっていったのである。

占領下の政治状況

　敗戦から間もない時期に、国内では政党の再編や結成の動きが活発化した。1945年（昭和20）12月の選挙法改正によって20歳以上の男女すべてに選挙権が与えられ、1946年4月には戦後初の総選挙が行われた。選挙の結果、39人の女性議員が誕生し、日本自由党が第一党となった。同党総裁の鳩山一郎が組閣に着手するも公職追放処分を受けたため、幣原喜重郎前内閣の外相であった吉田茂が後継総裁となり、1946年5月に日本進歩党と連立して第1次内閣を組織した。この内閣は、旧憲法下で成立した最後の内閣であった。

　このころ、極度のインフレと復員・引揚者の急増による失業問題によって国民生活が危機的状況にあり、とくに敗戦後の記録的な凶作とあいまって日本は深刻な食糧難に見舞われていた。吉田内閣の成立直前の5月19日には「食糧メーデー」が行われ、皇居前広場には25万人が集まった。こうした状況に対して昭和天皇は、玉音放送以来となるラジオ放送の録音を行い「同胞たがひに助けあつて、この窮況をきりぬけなければならない」と国民に呼びかけた。さらにその数日後に天皇はマッカーサーと会談し、その席で天皇から「食糧援助に対する感謝と更なる援助の御要請」がなされたのである。

　吉田内閣は、経済安定本部の設置や傾斜生産方式の導入、復興金融金庫の創設などを実施して経済の安定化をはかったが、生活の危機は大衆運動をいっそう高揚させた。労働組合法の成立により官公庁や民間企業では労働組合の結成があいつぎ、1947年2月1日を期してゼネラル・ストライキが計画されたが、GHQの指令により中止となった。

　1947年4月の総選挙では日本社会党が第一党となり、新憲法下最初の首班指名で片山哲委員長が選出された。片山は民主党・国民協同党と連立内閣を組織したが、炭鉱国家管理問題などで社会党内左派からの

攻撃を受けて総辞職した。ついで1948年3月には民主党総裁で元外交官の芦田均が組閣したが，昭和電工事件で退陣した。片山・芦田内閣を支援してきたGHQの民政局は，民主自由党（民自党）幹事長の山崎猛を次の首相とする工作を進めたが，結局山崎が議員辞職し，1948年10月に吉田が第2次内閣を組織した。そして1949年1月の総選挙で民自党は絶対多数の議席を獲得し，以後吉田は，1954年まで首相をつとめて，講和や安保，経済復興などの諸課題に取りくむことになる。

サンフランシスコ講和への道

1947年（昭和22）3月，マッカーサーが記者会見で早期講和を提唱したことにより講和予備会議の開催が現実味を帯びると，すでに講和に向けた検討を開始していた日本政府は，芦田均外相を中心に講和に関する希望を記した文書を作成して，連合国側との接触をはかった。しかし，ソ連の拒絶により予備会議開催の道が閉ざされると，米国は，日本を自由主義陣営の一員として強化することが先決であるとして，講和の実現が先送りにされた。

1948年以降，冷戦が本格化するなかで対日講和問題は膠着状態におちいった。その後，1949年のソ連による核兵器保有に関する報道や中華人民共和国の成立によって「全面講和」の道が遠のくと，東側諸国を除外した「多数講和」が有力な選択肢として浮上した。日本国内ではこれらの講和方式をめぐって，政党や学者らのあいだで議論が沸騰した。

1950年6月に朝鮮戦争が勃発し，極東情勢が緊迫化するなかで，米国は対日講和実現の意思を明確に示し，極東委員会構成国との非公式協議を開始した。1951年1月に来日した米国のダレス特使は，3度にわたって吉田首相と会談し，平和条約と安保協定の基本的な枠組みについて合意した。その後米国は，吉田・ダレス会談をふまえて作成した平和条約草案について関係各国と協議を行なった。その過程で賠償条項が条

約案に加えられたことに日本側は強い懸念を示したが、結局、賠償を負担することは「苦痛」であるとしながらも、早期講和の実現のためには甘受せざるを得ないとの姿勢を示すこととなった。

講和会議は、1951年9月にサンフランシスコのオペラハウスにて開催され、52ヵ国が参加した。そして9月8日、ソ連、ポーランド、チェコスロバキアをのぞく49ヵ国が平和条約に署名した。同日、サンフランシスコ郊外の米陸軍基地施設内にて日米安全保障条約の調印式

図45　安保条約に署名する吉田茂
（朝日新聞社提供）

が行われた。平和条約には吉田や池田勇人をはじめとする日本全権団6名が署名したが、安保条約には吉田が単独で署名した。

その後、米国議会の平和条約批准を促進するために吉田首相は、中国との講和に関して、中華民国（台湾）と交渉する意思があることを明らかにした書簡を1951年12月にダレスに宛てて発出した（「吉田書簡」）。また、安保条約にもとづいて日本に駐屯する米軍の法的地位を規定する協定の交渉が、1952年1月下旬より東京にて、岡崎勝男国務大臣とラスク特使とのあいだで開始され、2月末に日米行政協定として成立した。平和条約と安保条約は4月28日に発効して日本は独立国家としての主権を回復し、国際社会に復帰することとなった。

【参考文献】
井上寿一『終戦後史 1945−1955』（講談社選書メチエ、2015年）
加藤聖文『「大日本帝国」崩壊─東アジアの1945年─』（中公新書、2009年）
楠綾子『占領から独立へ（現代日本政治史1）』（吉川弘文館、2013年）
福永文夫『日本占領史1945−1952─東京・ワシントン・沖縄─』（中公新書、2014年）

第39章 国際社会への復帰と戦後処理

冷戦と「吉田路線」

　1947年（昭和22）のトルーマン・ドクトリンやマーシャル・プランの実施によって本格化した冷戦は，東アジアにも波及した。朝鮮半島では1948年に北朝鮮と韓国が成立し，南北の分断状態が固定化された。中国では，国共内戦に敗れた国民党が台湾に逃れ，1949年に中華人民共和国が成立した。こうした情勢を背景に1948年以降，米国は対日占領政策を転換し，日本を経済的に復興させて政治的に安定した東アジアの主要な友好国とすることを目標とした。1950年6月に朝鮮戦争が勃発すると，占領下の日本はその立場を鮮明にして米国を中心とする国連軍に協力し，冷戦を背景に「多数講和」による平和条約を結んだ日本は，西側自由主義陣営の一員として国際社会に復帰した。

　独立を回復した日本は，1952年にIMF（国際通貨基金）と世界銀行に，1955年にGATT（関税及び貿易に関する一般協定）に加盟し，自由貿易体制の枠組みのなかで経済復興と経済成長を遂げていくこととなった。いっぽうで，講和と前後して米国は，日本に対して，防衛力増強を実現することで自由主義陣営における相応の責任をはたすことを求めるようになった。

　朝鮮戦争勃発時にマッカーサーの指示で警察予備隊が創設されていたが，これが講和後，1952年に保安隊，54年に自衛隊に改編された。米国は日本側にその強化を求めたが，吉田茂首相は，講和交渉や1953年の池田・ロバートソン会談などの機会を通じて米国側の要求に抵抗した。その理由として日本側が挙げたのが，憲法の制約に加え，再軍備よ

りも経済復興を優先したいという国内事情であった。結局，1954年に第五福竜丸事件が発生して日米間の緊張が高まるいっぽう，インドシナ休戦により極東の軍事的緊張が緩和されると，米国政府内では，当面において日本の政治的・経済的安定化を重視し，防衛力増強の圧力を緩和することはやむを得ないとのコンセンサスが形成されるようになった。

　1958年には岸信介内閣のもとで安保改定交渉が開始された。その結果，国内における反対運動を押し切るかたちで1960年に新安保条約が結ばれ，米国の日本防衛義務や事前協議制を規定し，内乱条項を削除するなど，旧安保条約のさまざまな不備が是正されることになった。

　こうして日本は新安保条約のもとで高度成長期をむかえ，「政治の季節」から「経済の季節」へ転換することになるが，それを可能とした背景には，冷戦期において，安全保障に関しては米国の核の傘に依存し，国力の大部分を経済成長に傾注するという戦後日本に特徴的な政治外交路線（「経済優先路線」）があった。吉田による米国の再軍備圧力への抵抗の構図はその原型とみなされ，しばしば「吉田路線（吉田ドクトリン）」とよばれるようになったが，冷戦終結後には，この路線が内包した問題が噴出することになる。

賠償と経済協力

　占領初期において連合国は実物賠償主義のもと，平和的な日本経済または占領軍に対する補給のために必要とされるもの以外の物資や設備，施設の引渡しを賠償の基本方針としていた。極東委員会は，日本にとって厳格な内容のポーレー使節団報告書（1945年12月）にもとづいて中間賠償計画を決定し，1947年（昭和22）4月には同計画の30％即時取立て指令が発せられた。日本側は対象となった指定工場等の保全と撤去の実施につとめたが，米国の対日政策の転換により，1949年5月，マッコイ極東委員会米国代表は中間賠償の取立て中止を声明した。講和

時，主要連合国は賠償請求権を放棄したが，甚大な戦争被害を受けたフィリピンなどがこれに激しく抵抗し，平和条約では第14条において，希望する諸国と講和後に二国間交渉で賠償問題を解決することとなった。

独立を回復し，経済復興と対外関係の再構築に向けて動き出した日本は，戦前期において最大の市場であった中国大陸の喪失という冷戦的文脈を踏まえ，かつて「大東亜共栄圏(だいとうあきょうえいけん)」と称して侵略の対象とした東南アジア地域へ再進出することで「アジア復帰」を志向した。

東南アジア地域との関係を再構築するにあたって日本政府は，ECAFE(エカフェ)（国連アジア極東経済委員会）やコロンボ・プランに加盟（1954年）するいっぽうで，米国の資金・日本の潜在工業能力・東南アジアの資源を相互補完的に結合した地域経済統合構想（「アジア版マーシャル・プラン」「東南アジア開発基金」など）を繰り返し表明した。しかし，米国の消極的態度と，対日不信感が根強く残るなかで東南アジア諸国の抵抗に直面したことにより，岸信介内閣期までにこうした多角的な地域主義アプローチは後退し，賠償問題の解決による二国間関係の再構築という個別的アプローチがとられるようになった。その結果，1950年代においてはビルマ（現ミャンマー，54年），フィリピン（56年），インドネシア（58年），南ベトナム（59年）とのあいだで賠償協定が締結された。また，賠償に類するものとして1960年代以降，「シンガポール血債問題」や「タイ特別円問題」などの戦後処理問題にあたった。

「賠償は一種の投資」という吉田茂の発言にみられるように，東南アジア諸国との賠償交渉を進めるにあたって日本政府は，国内の経済事情と冷戦的文脈のなかで，「賠償と経済協力の一体化」を方針として交渉にのぞむこととなった。そして，賠償問題において日本が経済的観点を優先すればするほど，戦争に対する日本の贖罪(しょくざい)意識をめぐる議論は後退していったのである。

日ソ国交回復と日韓・日中国交正常化

　ソ連はサンフランシスコ講和会議に出席はしたものの,平和条約には調印しなかったため,日本とソ連との法的な戦争状態は継続していた。1954年(昭和29)12月,吉田政権を「対米従属」と批判し「自主外交」を掲げた鳩山一郎を首班とする政権が誕生すると,翌年1月,ソ連側は国交回復交渉を開始する意思を示し,日ソ交渉が開始された。

　第1次交渉は1955年6月から9月にかけてロンドンで行われたが,シベリア抑留問題や千島・樺太をめぐる領土問題で決裂した。その後の交渉も難航し,また交渉方針をめぐって自民党内の対立も激化した。

　1956年7月から9月にかけてモスクワで行われた交渉では,重光葵外相が一時はソ連側が提示した歯舞・色丹の二島分離返還に応じる姿勢をみせる場面もあった。これには政府首脳が反対し,米国のダレス国務長官もまた,日本がソ連に妥協するならば米国も沖縄に対する「完全な主権」を主張すると述べて,重光の姿勢に強硬な態度を示した。結局,同年10月に鳩山自身が訪ソし,領土問題を棚上げにして日ソ共同宣言に調印することで国交回復が実現した。同時にソ連は日本人抑留者の送還と日本の国連加盟支持を承認し,その結果,1956年12月には日本の国連加盟が実現した。その後日本は,1957年から59年にかけてポーランドやチェコスロバキア,ハンガリー,ルーマニア,ブルガリアといった東側諸国とも交渉を行い,国交を結んだ。

　1948年に成立した大韓民国(韓国)は講和会議への参加が許されず,平和条約では朝鮮の独立承認と日本の朝鮮に対する権利放棄が規定されていた。条約調印直後の1951年10月から日韓関係正常化のための予備会談が開始され,翌52年2月からは本会談となったが日韓両国間の認識と主張には隔たりがあり,交渉は難航した。1953年10月には日本側代表の久保田貫一郎が日本の朝鮮統治を再評価する発言をし,

これに韓国側が反発を強めたため,その後交渉は4年半にわたって中断された。1958年4月の再開後も,在日朝鮮人の北朝鮮帰還問題などをめぐって交渉はふたたび停滞した。

1961年5月の軍事クーデターにより朴 正煕（パクチョンヒ）政権が誕生すると,日本の池田勇人政権とのあいだで交渉が進展し,1962年の大平正芳外相・金 鍾泌（キムジョンピル）中央情報部長会談で,無償3億ドル,有償（政府借款）2億ドル,民間商業借款1億ドル以上という枠組みが決定し,請求権問題は事実上決着した。1965年に結ばれた日韓基本条約で日本は韓国政府を「朝鮮にある唯一の合法的な政府」と認め,国交正常化が実現した。同時に結ばれた日韓請求権協定において請求権問題は「完全に,そして最終的に解決されたもの」とみなされた。

なお,朝鮮民主主義人民共和国（北朝鮮）との関係では,1990年代以降,しばしば日朝国交正常化交渉の動きがみられたが,拉致問題や核開発問題によって先行きが不透明な状況である。

中国もまた講和会議には招待されず,日本は平和条約が発効した1952年4月28日に台湾の中華民国政府とのあいだに日華平和条約を締結し,これにより台湾は賠償請求権を放棄した。大陸の中華人民共和国とは民間貿易と経済交流が続いていたが,1958年の長崎国旗事件によって中絶した。その後1962年に北京で高碕達之助と廖 承志とのあいだに「日中長期総合貿易に関する覚書」（LT貿易協定）が成立し,政経分離のもとで両国間の貿易は増大した。

1971年に台湾に代わって中国が国連代表権を獲得し,72年2月にニクソン米大統領が中国を電撃訪問すると,日本国内でも親中国ムードが高まった。同年7月に田中角栄が首相に就任すると,田中は9月に北京を訪問し,日中共同声明に署名して日中国交正常化が実現した。同声明で中国側は,戦争賠償の請求を放棄することを宣言し,その後,1978年には日中平和友好条約が成立した。

沖縄返還

　太平洋戦争末期，激しい地上戦により民間人を含む約20万人もの犠牲を出した沖縄は，1945年（昭和20）6月の戦闘終了後に米軍の軍政下におかれた。そして1946年1月にはSCAP指令により，北緯30度以南の南西諸島が日本の政治・行政の管轄から分離された。講和時に米国は沖縄に対する日本の「潜在主権」を認めたものの，平和条約第3条にもとづいて引きつづき沖縄を間接統治した。沖縄では1956年に「島ぐるみ闘争」とよばれる大規模な反基地闘争が起こり，1960年には沖縄県祖国復帰協議会が結成されて復帰運動が高まった。

　1965年8月，戦後首相としてはじめて沖縄を訪問した佐藤栄作は，「沖縄の祖国復帰が実現しないかぎり，わが国にとって戦後が終わっていない」と演説して沖縄返還への熱意を示した。佐藤首相は，1967年11月の佐藤・ジョンソン会談で「両3年以内」に返還の時期について決定することで合意し，1969年11月のニクソンとの会談では，「核抜き・本土並み」で1972年中に返還することが共同声明に明記された。

　こうして1971年に沖縄返還協定が調印され，翌72年5月に本土復帰が実現した。しかし，沖縄返還をめぐっては，日米繊維問題を背景に「糸と縄の交換」という批判が生じたほか，核兵器の持ち込みや事前協議に関する「密約」の存在が問題となった。

図46　核持ち込みの「密約」に関する外交文書
（毎日新聞社提供）

【参考文献】
池田慎太郎『独立完成への苦闘（現代日本政治史2）』（吉川弘文館，2012年）
西山太吉『沖縄密約—「情報犯罪」と日米同盟—』（岩波新書，2007年）
宮城大蔵『「海洋国家」日本の戦後史』（ちくま新書，2008年）

第40章 「経済大国」日本の模索

55年体制の成立

　講和にともない鳩山一郎や石橋湛山,岸信介ら多くの政治家が公職追放を解除されて政界に復帰し,保守政党を中心に戦後政治の再編成がはじまった。講和後の吉田茂政権は国民からの支持を徐々に失い,自由党内にも吉田首相に反発する勢力が増大した。1953年(昭和28)4月には自由党が吉田自由党と鳩山自由党に分裂し,54年11月には改進党(総裁・重光葵)と日本自由党(総裁・三木武吉,幹事長・河野一郎),そして鳩山らが結集して新たに日本民主党が結成された。吉田内閣は同年12月に総辞職し,鳩山内閣が成立した。

　いっぽう,日本社会党内では平和条約と安保条約への賛否をめぐって対立が生じ,1951年10月に左派社会党と右派社会党に分裂した。その後,議席数において左派優位の状況となったが,1954年に入って吉田政権が末期症状を呈すると両派統一の気運が高まり,55年2月の総選挙ではそれぞれ同文の「社会党統一実現に関する決議」を採択してのぞんだ。同年10月に結党大会を開催し,左派の鈴木茂三郎を委員長,右派の浅沼稲次郎を書記長として左右統一が実現した。統一時の議席数は,衆議院467議席中155,参議院250議席中69であった。

　鳩山内閣は民主党単独の少数与党内閣であり,左派社会党の伸長とあいまって財界からは保守勢力の合同を求める声が強まっていた。社会党統一の影響もあり,自由・民主両党内でも合同への動きが加速化し,1955年11月に両党が解党して自由民主党(自民党)が結成された。鳩山を引きつづき首班とするいっぽうで,最後まで紛糾した党首につい

ては総裁公選を行うこととし，それまでは代行委員による集団指導体制がとられた（1956年4月に初代総裁として鳩山が選出された）。

　左右社会党統一と自由民主党結成によって成立した保革対立の構図は「55年体制」とよばれるようになったが，それは政権交代のある二大政党制ではなく，実態は「1と2分の1政党制」という自民党一党優位体制にほかならなかった。結党後最初の総選挙となった1958年の総選挙で自民党は287議席を占めたが，社会党も166議席を獲得し，その後も自民党は憲法改正に必要な3分の2以上の議席を獲得できなかった。こうした状況は，1993年（平成5）に自民党が下野するまでつづくことになる。

高度経済成長と日本社会の変化

　朝鮮特需によって息を吹き返した日本経済は，外貨危機などによりいったん深刻な不況におちいったが，1955年（昭和30）以降，景気は劇的に回復し，56年の『経済白書』は「もはや戦後ではない」と記した。以後，石油危機が発生した1973年まで日本経済は成長率が年平均10％を超える空前の成長をつづけ，1968年には国民総生産（GNP）が西ドイツを抜いて米国につぐ資本主義諸国第2位となった。技術革新と設備投資により，低コスト・高品質の工業製品の大量生産体制が整備されて日本商品の海外輸出が拡大し，日本に有利な固定相場と海外からの安価な資源の輸入により，1960年代後半以降は大幅な貿易黒字がつづいた。

　1960年に安保改定問題で退陣した岸内閣の後を継いだ池田勇人内閣は，「国民所得倍増計画」と「寛容と忍耐」にもとづく低姿勢な経済中心路線をとって高度成長を後押しした。池田内閣時代において，GATT35条の援用による対日貿易差別問題を解決し，国際収支の赤字を理由に輸入制限を行わないとするGATT11条国および貿易にともなう為替

取引規制を撤廃するIMF8条国に移行するとともに，1964年には経済協力開発機構（OECD）に加盟して，先進自由主義諸国の一員としての地位を高めることとなった。同年秋の東京オリンピック開催は，日本がもはや敗戦国ではなく，先進国の一員であるという自信を象徴するできごととなった。

　こうした急速な経済成長は，日本社会に大きな変化をもたらした。大量生産体制の確立は消費革命をもたらし，テレビ・洗濯機・冷蔵庫（「三種の神器」）や自動車・カラーテレビ・クーラー（「新三種の神器」）などの耐久消費財が爆発的に普及した。また，食の洋風化やスーパーの躍進，都市郊外の団地建設が進むなどライフスタイルもめまぐるしく変化し，地方から都市への大規模な人口の移動により核家族化が進んだ。マス・メディアの発達や，高校・大学進学率の上昇などを背景に，日本人全般に「中流意識」が浸透するようになった。

　いっぽうで，急激な成長と開発は，地方の過疎と都市の過密化や公害などの深刻な問題をもたらした。高度成長による「歪みの是正」を掲げた佐藤栄作内閣はこうした状況に対して，1967年に公害対策基本法を，68年に大気汚染防止法・騒音規制法を制定したほか，71年には環境省を設置するなどして対応した。しかし，成長のマイナス面に対する住民の反発は強く，1967年に社会党・共産党が推薦する美濃部亮吉が東京都知事に当選したのをはじめ，70年代には多くの自治体で知事や市長が革新首長に占められることとなり，自民党の地方支配に動揺をもたらすこととなった。

デタント期の政治と外交

　1970年代における米ソのデタント（緊張緩和）や米中和解，ベトナム戦争の終息，石油危機といった一連の国際環境の変動は日本の政治や経済・外交にも大きく影響した。とくにデタントにより日本が戦争に

「巻きこまれる不安」が減少したことは，日米安保体制の存在意義を再検討させる契機となった。

いっぽう，1976年（昭和51）に三木武夫内閣は「防衛計画の大綱」を閣議決定したが，これは防衛力整備の目標を「限定的かつ小規模な直接侵略の独力排除」に設定し，国民の国防意識の向上や関係諸法令の整備など防衛力の基盤強化を重視する「基盤的防衛力構想」にもとづくものであった。これにより，日本防衛のための日米安保体制の重要性が相対的に高まったが，ベトナム戦争終結後，米国がアジアからの兵力撤退を進めたことは，日本に「見捨てられる不安」を引き起こすこととなった。そうしたなか，1978年には米国とのあいだで「日米防衛協力のための指針」（旧ガイドライン）を決定し，日本有事における日米共同の対処行動についてはじめて取り決めるとともに，自衛隊と米軍の合同演習が拡充されることとなった。

1970年代後半にデタントは退潮に向かったが，76年12月に三木内閣に代わって成立した福田赳夫内閣やその後の大平正芳内閣は，ベトナム戦争後のアジア・太平洋地域における国際秩序への関与に積極的な姿勢をみせた。1977年のASEAN（東南アジア諸国連合）首脳会議において表明された「福田ドクトリン」は，①日本は軍事大国とならない，②東南アジア諸国とのあいだに政治・経済のみならず社会・文化を含めた「心と心のふれ合う相互信頼関係」を築く，③対等の協力者としてASEAN諸国の連帯と強靭性強化の自主的努力に積極的に協力し，東南アジア全域の平和と繁栄に寄与するというもので，国際社会から高い評価を得た。また大平首相は，「環太平洋連帯構想」を提起して各国の文化的独自性への理解を示すとともに，「総合安全保障論」において，エネルギーや食糧の安定確保，自由貿易体制の維持，大規模地震対策など非軍事的アプローチによる日本の貢献を提唱した。このように，この時期の日本外交は，多様な領域においてその存在感を高める姿勢をとった

ことに特徴がある。

　1973年の第1次石油危機により高度成長の時代は終焉をむかえ，翌年には戦後初のマイナス成長となったが，75年からはふたたびプラス成長に転じ，日本は安定成長の軌道にのった。高度成長を経て，1975年にはじまった先進国首脳会議(サミット)のメンバーとなった日本は「経済大国」として認知されたが，いっぽうで安全保障面においては「ただ乗り」と批判され，国際社会からはしだいに「経済大国」にふさわしい役割を求められることになった。福田や大平の試みは，そうした状況に自覚的に対応したものであったが，1970年代においては日本がはたすべき役割についてなお模索段階にあったといえる。

「戦後政治の総決算」

　1979年(昭和54)のソ連のアフガニスタン侵攻により米ソ関係にふたたび緊張が生じ，「新冷戦」の時代をむかえた。そうした状況のなかで1982年に成立したのが中曽根康弘内閣である。中曽根内閣は，対外的には「世界の平和と繁栄に積極的に貢献する『国際国家日本』の実現」を，国内的には「21世紀に向けた『たくましい文化と福祉の国』づくり」を「戦後政治の総決算」としてかかげ，5年にわたって政権を担った。

　中曽根首相は，就任早々の1983年1月に訪米し，レーガン大統領に対して日米が「運命共同体」であるとの認識を示すとともに，安全保障問題で日本が責任分担を積極的にはたす姿勢をみせた。2人は個人的な信頼関係を構築し，日米関係は緊密な「ロン＝ヤス時代」をむかえた。また中曽根は，サミットの場においても独自の存在感を示した。

　内政面においては，防衛費の対GNP1％枠を正式に撤廃するいっぽう，歳出削減，民営化，規制緩和などの行財政改革を推進して「小さな政府」の実現をめざした。また，鈴木善幸前内閣時に発足した「第2次臨時行政調査会」(会長・土光敏夫)の答申を受けて，電電公社(現NTT)・

専売公社(現JT)・国鉄(現JR)の3公社の民営化が断行された。これらの実績を背景に，1986年に行われた衆参同日選挙で自民党は，公認候補のみで衆議院300の議席を獲得する歴史的大勝利をおさめた。

　このように，戦後40年をむかえた1980年代半ばにおいて，中曽根首相の指導力のもとで外交・内政の両面において積極的な政策がとられたが，いっぽうでその限界もみられた。

　国交正常化後に首相としてはじめて韓国を訪問した中曽根は「日韓新時代」を唱え，また中国の胡耀邦総書記とも個人的な友好関係をもったが，1980年代前半からの歴史教科書問題や靖国神社への公式参拝(85年)をめぐって，日韓・日中関係にはきしみが生じるようになった。また米国との関係においても，日本の対米貿易黒字が激増したため自動車などの輸出自主規制が求められたほか，半導体問題や農産物の輸入自由化などをめぐって鋭く対立した。すなわち，1980年代を通じて日米同盟関係が深化するいっぽうで，ライバル化も進んでいたのである。

　1980年代後半，冷戦構造はその崩壊に向けて大きく動き出していた。同じ時期，日本は，プラザ合意(85年)後に円高が加速して輸出産業に一時的な不況が訪れたものの，内需拡大に支えられて大型景気をむかえ，地価や株価が投機的に高騰するなかでバブル経済が加速していった。国際環境の大変動が胎動する時期にあって，「経済大国」の日本は国際社会においていかなる役割をはたすべきか。「国際国家」の実現を標榜した中曽根時代においてもなお，明確な答えがみつかってはいなかったのである。

【参考文献】
五百旗頭真『経済大国の〝漂流〟(NHKさかのぼり日本史①――戦後)』(NHK出版，2011年)
武田晴人『高度成長(シリーズ日本近現代史8)』(岩波新書，2008年)
中島琢磨『高度成長と沖縄返還(現代日本政治史3)』(吉川弘文館，2012年)
若月秀和『大国日本の政治指導(現代日本政治史4)』(吉川弘文館，2012年)

第41章 冷戦後の日本

「湾岸戦争のトラウマ」

　1990年（平成2）8月，イラクのクウェート侵攻にはじまる湾岸危機が発生した。これは冷戦後の国際社会が直面した最初の危機であったが，冷戦期に機能不全におちいっていた国連安全保障理事会が迅速に武力行使容認決議を成立させたことは，新たな時代の到来を予感させた。

　当時，世界経済の15％を占め，石油の7割を中東に依存していた日本は，湾岸危機にさいして米国から国力に応じた貢献を強く求められた。1990年10月，海部俊樹内閣は人的貢献を可能にするための国連平和協力法案を国会に提出したが，自衛隊の海外派遣については武力行使の一体化を禁止する憲法的制約などから反発が強く，結局この法案は廃案となった。湾岸危機において日本は，合計約130億ドルにのぼる資金提供を行なったが，国際社会からは「too little, too late」との批判を受け，日本外交は深い敗北感を味わうこととなった。

　1990年代以降の日本外交および安全保障政策は，こうした「湾岸戦争のトラウマ」を克服する方向性で進んでいったといってよい。

　1992年6月，宮沢喜一内閣は，参加五原則などを条件にPKO協力法案を成立させて，同年9月に自衛隊をカンボジアに派遣した。以後日本は，モザンビークや東ティモール，ゴラン高原，南スーダンなどにも自衛隊を派遣して実績を重ねており，その活動は国際的に評価されている。

　また，冷戦終結にくわえ，北朝鮮の核開発問題や沖縄基地問題などに対処するため，1990年代後半には日米安保体制を再定義する作業が行われた。1996年には「日米安全保障共同宣言」を発表して，安保条約

をアジア・太平洋地域の平和と安定の維持のための国際公共財として位置づけるとともに，翌97年には「日米防衛協力のための指針」の改定を行なった（新ガイドライン）。これを受けて1999年には周辺事態法を成立させ，米軍に対する自衛隊等の後方地域支援を規定した。

2001年9月11日の同時多発テロおよびそれにつづくアフガニスタン戦争・イラク戦争は，多くの政府当局者にとって「湾岸戦争のトラウマ」を克服する絶好の機会と受けとめられた。小泉純一郎内閣は，「9・11」を「新しい戦争」とみなした米国のブッシュ大統領に積極的に協力する姿勢をみせ，テロ対策特別措置法やイラク復興支援特別措置法を成立させて自衛隊をインド洋やイラクに派遣し，米軍への協力や現地での医療・給水・輸送などの活動に従事させた。国内的にも，武力攻撃事態対処法（2003年）や国民保護法（2004年）が成立し，戦後はじめて有事法制が整備されることとなった。

こうして冷戦後の日本は，冷戦期に「吉田路線」のもとで直視してこなかった安全保障問題に関して，「湾岸戦争のトラウマ」から日本の国際的役割を拡大する方向で制度的整備をはかってきた。国内においては，憲法との関係や戦争への加担を懸念する声も少なくなかったが，この方向性はさらに，2010年代の第2次以降の安倍晋三内閣における「積極的平和主義」につながっていくことになる。

政権交代と連立政権の時代

1980年代末，バブル経済によって日本は経済的繁栄の絶頂にあったが，消費税導入への反対やリクルート事件の発覚などにより，自民党政治は動揺していた。

1990年代に入りバブル経済が崩壊して平成不況をむかえるなかで，佐川急便事件やゼネコン汚職事件が明るみに出て，政財界と大企業との癒着や自民党の金権体質は国民の激しい批判を浴びた。こうした状況

のもとで自民党は分裂し，1993年（平成5）7月の総選挙では過半数を大きく割りこんだ。その結果，翌8月に日本新党の細川護煕を首相として自民党と共産党をのぞく非自民8党派の連立政権が誕生し，自民党は結党以来はじめて政権の座からすべり落ちることとなった。

　細川内閣に対する国民の期待は非常に高く，発足時の支持率は当時としては空前の7割を超えたが，連立政権内の対立などで短命に終わった。ついで成立した羽田孜内閣も戦後憲法下で最短のわずか63日で倒れ，1994年6月には村山富市社会党委員長を首班とする社会党・新党さきがけ・自民党の3党連立政権が成立し，下野から1年あまりで自民党が与党に返り咲いた。

　55年体制の崩壊後における日本政治の特徴として，「連立政権の時代」を挙げることができる。55年体制下においては，自民党から分立した新自由クラブと連立した第2次中曽根内閣期（1983-86）をのぞいては，すべて自民党による単独政権であった。しかし，55年体制の崩壊後は，第2次橋本龍太郎内閣期（1996-98）をのぞいて，衆議院の過半数を占めた時であっても，与党は「自民・公明」や「民主・社民・国民」など連立の枠組みを維持することとなった。その背景には，1989年以降，与党第一党が単独で参議院議席の過半数を占めたことが一度もなく，野党が参議院の多数派となる逆転現象がしばしばみられるようになったことと関係がある。すなわち，1990年代以降，「ねじれ国会」を乗りきり，安定的な政権運営を実現するために連立の必要性についての認識が強まったと考えられる。

　また，細川内閣で進められた政治改革のうち「小選挙区比例代表並立制」の導入は，その後の日本政治のありかたを大きく変えることとなった。1990年代後半以降，野党が勢力を結集して政権獲得をめざす動きが本格化し，1998年4月に民主党が成立すると，政府と対決して政権交代をめざす戦略を重視するようになった。そして2009年8月の総

選挙で民主党は，単一の政党としては戦後憲政史上最高の議席・議席占有率となる308議席（定数480）を獲得し，ついに政権交代を実現した。また，その後の2012年の総選挙では，今度は自民党が294議席を獲得して政権を取り戻すなど，二大政党制への途が開かれつつあるが，これが定着するかは，より長期的な視点でみていく必要があるだろう。

未完の戦後処理問題

1990年代，戦後50年をめぐる諸問題や戦後補償問題を背景に，アジア・太平洋戦争の戦後処理をめぐってさまざまな問題が表面化した。

1993年（平成5）8月，細川首相は就任直後の記者会見で，首相としてはじめて「先の大戦」について「侵略戦争」であったと発言した。この細川発言は波紋を呼び起こすこととなり，以後，国内外において「歴史認識」問題が大きな争点となった。1995年6月に衆議院本会議で「歴史を教訓に平和への決意を新たにする決議」が採択されたが，国内では「謝罪決議」反対運動が展開し，採択にあたっては与党からの約70人を含む多数の欠席議員を出す異例の事態となった。

また村山首相は，1995年8月15日にいわゆる「村山談話」を発表して，「植民地支配と侵略」に対する「痛切な反省」と「お詫びの気持ち」を表明した。この談話は，政権交代にかかわらず踏襲されるべき長期的視野に立ったものとして作成され，かつ閣議決定を経たものであり，近隣諸国には広く浸透することとなった。1998年の日韓共同宣言には，この談話をふまえて，「植民地支配」による「多大の損害と苦痛」に対し，「痛切な反省と心からのお詫び」を表明する文言が盛り込まれた。また，戦後60年の「小泉談話」，戦後70年の「安倍談話」においても，「村山談話」の骨子は踏襲された。

戦後補償問題をめぐっては，1990年代初頭より慰安婦問題が噴出し，政府は1993年に日本軍の関与を認めて謝罪した河野洋平官房長官談

話を発表した。具体的な対応としては，村山内閣が1995年に「アジア女性基金」を発足させて元慰安婦らに「償(つぐな)い金」を支給することとなったが，韓国，台湾では反発が強く，支給は難航した。その後，慰安婦問題は，人権問題として国際的な展開をみせたが，2015年12月の日韓外相会議では，元慰安婦支援の事業実施を前提に，この問題が「最終的かつ不可逆的に解決」されたとみなすことで合意に達した。この合意は日韓関係に新たな段階をもたらす可能性を秘めているといえよう。

このように歴史認識をめぐる問題は，日韓・日中関係全般にも好ましからぬ影響を与えてきたが，いっぽうで，2000年代に入って，日韓および日中間で歴史共同研究が実施されるなどの歴史対話が実現したことは，今後の両国間関係にとって前向き志向の試みとして記憶されるべきものだろう。またほかにも，戦没者の遺骨収集(いこつしゅうしゅう)問題のように，戦後処理問題は21世紀に入ってなお未完の問題として存在しつづけており，その意味で「戦後」はまだ終わっていないといえる。

東日本大震災後の日本

2011年（平成23）3月11日，三陸沖(さんりくおき)を震源とするマグニチュード9.0，最大震度7を記録した未曽有(みぞう)の大地震とその直後に発生した巨大津波は，東日本を中心にきわめて深刻かつ甚大な被害をもたらした。これにともない発生した東京電力福島第一原子力発電所の事故は，国際尺度で「最悪な事故（レベル7）」に分類され，放射能もれ等の影響で多くの人びとが故郷からの避難を余儀なくされた。これら東日本大震災(ひがしにほんだいしんさい)の記憶は，同時代の日本人に深く刻まれることとなり，以後の日本の歴史については，「戦後」であると同時に，「3・11後」の時代としてとらえる視点が必要となってくるだろう。

東日本大震災時に政権をになっていた民主党政権は，政権交代の勢いのもとでさまざまな改革に着手したが，政治とカネの問題や沖縄普天間(ふてんま)

基地移設問題などで安定しなかった。震災にさいしては，原発事故への対応や震災関連の議事録未作成問題などで批判を受け，2012年の総選挙で民主党が大敗すると，自民党の安倍晋三が首相に返り咲いた。

　安倍政権は，高い支持率のもとで「アベノミクス」とよばれる経済政策を推進して「失われた20年」からの脱却をめざすとともに，「積極的平和主義」を掲げて従来の安全保障政策からの転換をはかった。とくに，2015年に成立した安保法制により，憲法解釈を変更して集団的自衛権の行使が可能であるとしたことは，戦後史上における一大転換となった。さらに，安倍政権下では，選挙権が18歳以上に引き下げられ，TPP（環太平洋パートナーシップ）協定への署名が実現し，憲法改正をも視野に入れるなど，戦後70年を経てさまざまな面で変革がもたらされようとしている。こうした変革の背景として，日本を取りまく環境が急激に変化しつつあることが挙げられる。世界第2位の経済を誇っていた日本は，2010年にはGDP（国内総生産）で中国に抜かれ，第3位に転落した。今後ますますの少子・高齢化が進展し，国力の停滞が確実視されるなかで，日本は21世紀における新たな国家像を構築すべき時期にきている。

　戦後の日本は「吉田路線」のもとで「経済大国」化に成功したが，「東洋の奇跡」「ジャパン・アズ・ナンバーワン」とうたわれた時代はもはや過去の栄光になった。そう遠くない将来，「経済大国」という看板をおろす日が来たときに，われわれは日本という国に新たな価値や希望を見いだすことができるだろうか。

【参考文献】
佐道明広『「改革」政治の混迷（現代日本政治史5)』（吉川弘文館，2012年）
中北浩爾『自民党政治の変容』（NHKブックス，2014年）
波多野澄雄『国家と歴史—戦後日本の歴史問題—』（中公新書，2011年）
服部龍二『外交ドキュメント 歴史認識』（岩波新書，2015年）

より深くまなぶための文献案内

I 基礎的な参考書

本書の内容を理解する時、利用すると便利な年表や辞書を紹介します。

1，年表

1）ハンディな年表

①歴史学研究会編『日本史年表』第4版（岩波書店，2001年）

②東京学芸大学日本史研究室編『日本史年表』増補5版（東京堂出版，2014年）

2）詳細な年表

①市古貞次他編『日本文化総合年表』（岩波書店，1990年）

②『対外関係史総合年表』（吉川弘文館，1999年）

③『近代日本総合年表』第4版（岩波書店，2001年）

2，歴史辞典

1）ハンディな辞典

①朝尾直弘他編『角川新版　日本史辞典』（角川書店，1996年）

②永原慶二監修『岩波日本史辞典』（岩波書店，1999年）

2）本格的な辞典

①『国史大辞典』全15巻（吉川弘文館，1979〜97年）

②樺山紘一他編『歴史学事典』全16巻（弘文堂，1994〜2009年）

3，国語辞典

1）一般的な辞典

①『広辞苑』第6版（岩波書店，2008年）

2）本格的な辞典
　①『日本国語大辞典』第2版，全13巻＋別巻（小学館，2000～02年）
　　『日本国語大辞典』精選版，全3巻（小学館，2006年）
　②諸橋轍次『大漢和辞典』修訂2版，全13巻（大修館書店，1989～90年）

4，地名辞典
　①『日本歴史地名大系』全50巻（平凡社，1979～2005年）
　②『角川日本地名大辞典』全51巻（角川書店，1978～90年）

5，その他の事典
　①黒田日出男他編『日本史文献事典』（弘文堂，2003年）
　②『平凡社大百科事典』全15巻，索引1（平凡社，1984～85年）

II　もっと知りたい時の文献案内（1990年代以降）

本書を読んで，もっと詳しく知りたいと思った時に読むと参考になる文献を紹介します。

1，シリーズ
　市民向けの教養書で，幅広い内容を読みやすく叙述した文献です。
　①『日本の歴史』全21巻＋別巻（集英社，1991～93年）
　②『日本の歴史』全26巻（講談社，2000～03年）
　③『全集日本の歴史』全16巻＋別巻（小学館，2007～09年）

2，講座
　専門的な研究に取り組むときに参考になる文献です。
　①『岩波講座日本通史』全21巻＋別巻4（岩波書店，1993～96年）
　②『日本歴史大系』普及版，全18巻（山川出版社，1995～97年）
　③『日本の時代史』全30巻（吉川弘文館，2002～04年）

④歴史学研究会・日本史研究会編『日本史講座』全10巻（東京大学出版会，2004～05年）

⑤『岩波講座日本歴史』全22巻（岩波書店，2013～16年）

3，時代別講座・シリーズ

各時代に限定して，時代の特徴を詳細に記述した講座・シリーズです。

1）原始

①『講座　日本の考古学』全8巻（青木書店，2010～14年）

②『先史日本を復元する』全4巻（岩波書店，2001～05年）

③『縄文時代の考古学』全12巻（同成社，2007～12年）

④『弥生時代の考古学』全9巻（同成社，2008～11年）

⑤『古墳時代の研究』全13巻（雄山閣出版，1990～93年）

2）古代

①『古代王権と交流』全8巻（名著出版，1994～96年）

②『列島の古代史　ひと・もの・こと』全8巻（岩波書店，2005～06年）

③『文字と古代日本』全5巻（吉川弘文館，2004～06年）

④『シリーズ日本古代史』全6巻（岩波新書，2010～11年）

⑤『日本古代の歴史』全6巻（吉川弘文館，2013～19年）

3）中世

①『日本の中世』全12巻（中央公論新社，2002～03年）

②『日本中世の歴史』全7巻（吉川弘文館，2009～10年）

③『シリーズ日本中世史』全4巻（岩波新書，2016年）

4）近世

①『日本近世の歴史』全5巻（吉川弘文館，2011～13年）

②『シリーズ日本近世史』全5巻（岩波新書，2015年）

③『シリーズ近世の身分的周縁』全6巻（吉川弘文館，2000年）

④『幕末維新論集』全12巻（吉川弘文館，2000～01年）

5）近現代

①『日本の近代』全8巻（中公文庫，2012～14年）

②『シリーズ日本の近代』全7巻（中公文庫，2012～14年）

③『岩波講座　アジア・太平洋戦争』全8巻（岩波書店，2005～06年）

　『岩波講座　アジア・太平洋戦争』戦後編（岩波書店，2015年）

④『シリーズ日本近現代史』全10巻（岩波新書，2006～10年）

⑤『日本近代の歴史』全6巻（吉川弘文館，2016～17年）

⑥『シリーズ　戦争の経験を問う』全13巻（岩波書店，2010～15年）

⑦『現代日本政治史』全5巻（吉川弘文館，2011～13年）

⑧『シリーズ　戦後日本社会の歴史』全4巻（岩波書店，2012～13年）

⑨『戦後日本スタディーズ』全3巻（紀伊國屋書店，2008～09年）

4，分野別講座・シリーズ

研究分野に基づいた講座・シリーズです。多岐にわたるので主なものに限りました。

①『史跡で読む日本の歴史』全10巻（吉川弘文館，2009～10年）

②『街道の日本史』全56巻（吉川弘文館，2000～06年）

③『環境の日本史』全5巻（吉川弘文館，2012～13年）

④『日本の対外関係』全7巻（吉川弘文館，2010～13年）

⑤『戦争の日本史』全23巻（吉川弘文館，2006～09年）

⑥『日本の外交』全6巻（岩波書店，2013年）

⑦『日本女性生活史』全5巻（東京大学出版会，1990年）

5，人物の伝記を知るシリーズ

①『人物叢書』（吉川弘文館，1958年～刊行中）

②『ミネルヴァ日本評伝選』（ミネルヴァ書房，2003年～刊行中）

編者・執筆者紹介

生年／現職（執筆担当）―執筆順，＊は編者

阿部朝衛（あべ　あさえい）

1955年生まれ／帝京大学文学部史学科教授（第1章）
主要論文：「子ども考古学の誕生」上・下（『考古学雑誌』第97巻第1・2号，2012・13年）

高木暢亮（たかき　のぶあき）

1973年生まれ／帝京大学文学部史学科准教授（第2章）
主要著書：『北部九州における弥生時代墓制の研究』（九州大学出版会，2003年）

宮川麻紀（みやかわ　まき）

1983年生まれ／帝京大学文学部史学科准教授（第3～5章）
主要著書：『日本古代の交易と社会』（吉川弘文館，2020年）

相澤　央（あいざわ　おう）

1972年生まれ／帝京大学文学部史学科教授（第6～8章）
主要著書：『越後と佐渡の古代社会』（高志書院，2016年）

＊木村茂光（きむら　しげみつ）

1946年生まれ／元帝京大学文学部史学科教授，東京学芸大学名誉教授（第9～13章）
主要著書：『日本中世百姓成立史論』（吉川弘文館，2014年）

*深谷幸治（ふかや　こうじ）

　　1962年生まれ／帝京大学文学部史学科教授（第14〜18章）
　　主要著書：『中近世の地域と村落・寺社』（吉川弘文館，2020年）

山本英貴（やまもと　ひでき）

　　1979年生まれ／帝京大学文学部史学科准教授（第19〜23章）
　　主要著書：『江戸幕府大目付の研究』（吉川弘文館，2011年）

山下須美礼（やました　すみれ）

　　1977年生まれ／帝京大学文学部史学科准教授（第24〜27章）
　　主要著書：『東方正教の地域的展開と移行期の人間像―北東北における時代変容意識―』（清文堂出版，2014年）

*小山俊樹（こやま　としき）

　　1976年生まれ／帝京大学文学部史学科教授（第28〜33章）
　　主要著書：『憲政常道と政党政治―近代日本二大政党制の構想と挫折―』（思文閣出版，2012年）『五・一五事件』（中公新書，2020年）

*戸部良一（とべ　りょういち）

　　1948年生まれ／元帝京大学文学部史学科教授，防衛大学校名誉教授，国際日本文化研究センター名誉教授（第34〜37章）
　　主要著書：『外務省革新派―世界新秩序の幻影―』（中公新書，2010年）

浜井和史（はまい　かずふみ）

　　1975年生まれ／帝京大学教育学部教育文化学科准教授（第38〜41章）
　　主要著書：『戦没者遺骨収集と戦後日本』（吉川弘文館，2021年）

大学でまなぶ日本の歴史

2016年(平成28)4月1日　第1刷発行
2024年(令和6)3月20日　第6刷発行

編者
　木村茂光
　小山俊樹
　戸部良一
　深谷幸治

発行者　吉川道郎

発行所　株式会社　吉川弘文館
〒113-0033　東京都文京区本郷7丁目2番8号
電話　03-3813-9151〈代〉
振替口座　00100-5-244
https://www.yoshikawa-k.co.jp/

印刷・製本・装幀＝藤原印刷株式会社

© Kimura Shigemitsu, Koyama Toshiki, Tobe Ryōichi, Fukaya Kōji
2016. Printed in Japan
ISBN978-4-642-00831-0

JCOPY　〈出版者著作権管理機構　委託出版物〉
本書の無断複写は著作権法上での例外を除き禁じられています．複写される場合は，そのつど事前に，出版者著作権管理機構（電話 03-5244-5088，FAX 03-5244-5089，e-mail: info@jcopy.or.jp）の許諾を得てください．